羅光全書

册廿四

我們的天父
耶穌基督是誰
我們的聖母
我們的彌撒

臺灣學生書局印行

冊廿四 總目錄

廿四之一 我們的天父

廿四之二 耶穌基督是誰

廿四之三　我們的聖母

廿四之四 我們的彌撒

羅光全書

冊廿四之一

我們的天父

臺灣學生書局印行

序

我曾向輔大任教的神父修女講一笑話。

我作一個夢，夢我去世後，往叩天堂的門，聖伯鐸開了門，問說：「你是誰？」我答：「羅光總主教」。聖伯鐸搖頭說：「沒有聽說過。」我答：「你翻看台灣天主教通訊錄就知道。」聖伯鐸答：「那是地上的東西，我這裡沒有、主教來進天堂，必定帶教友來，你怎麼一個人來。我看你穿中國長袍，你大概是孔子的徒弟，孔子的家就在那邊，你到那裡去。」說完，就關了門。我無精打采地去敲孔子的門，子路開了門，問我是誰？我答是輔仁大學校長，也是哲學教授，還寫了中國哲學思想史。子路說：「似乎聽說過，不過，人家都說你破壞了孔夫子的思想，把天主教的信仰滲在裡面，你不是孔夫子的門生，你還是到伯鐸那面去。」子路說完，也就關了門。

我垂頭喪氣，不知道往那裡去。恰好，來了一個老太太，她喊我說：「主教，你在這裡？我讓你去敲伯鐸的門」，我讓她引我去敲門，聖伯鐸開了門，生氣說：「你怎麼又來了？」老太太卻說：「他是我們的主教。」聖伯鐸問：「真的？」老太太說：「當然是真的，主教還到我家來訪問過，領我們唸玫瑰經。」外面又來了一個老先生，走來親我的手，聖伯鐸問說：「你認識他？」老先生說：「他是我的主教，我家在台南，主教到我家訪問，同我祈禱。」聖伯鐸說：「好！你們三個都進來。」

笑話不是單單逗著大家笑，實在有它的意義，近些年，人家說我似乎忘了自己是主教，專心研究中國哲學，沒有勸化一個人進教。我自己真正也屢次反省，是不是有虧職守！因此，近年放開哲學書，提筆寫宗教性的書籍。寫了「生活的修養與境界」，寫「耶穌基督是誰」。今年我八十歲，便寫這冊「我們的天父」，分送朋友作爲紀念。

八十歲的生命，爲天父的恩物。生命來自造物主，生命的繼續，依賴造物主的照顧。造物主天父，又由聖子耶穌賞給了我神性的生命，賜我成爲祂的義子。我的雙重生命，全是來自天父的愛，我對於天父，便應有孝愛的真情。

孝愛天父，有多種的方式，有不同的途徑，在天主教會內，歷代的聖人都全心孝愛天父，各有孝愛生活的重點。我景仰他們的成就，把他們靈修的重點列出，貫成一系，作靈修生活的道路，也寫成書，送給朋友們參考。大家不要想，少壯時不專心修德，老年時還有什麼希望？少壯時每天手頭案頭的事很多，常分心，在馬上要決定要實現的事務上，靈修的工作被疏忽了。老年時，外面的事都減少了，不必操心要作計劃、要作決定，要去推動，把心收回來，專注靈修的工作，有何不可？天父不負有心人，祗要人願意走近祂，用心尋找，祂會樂意幫助老年人，扶助老人走，我奉勸年近古稀的朋友們，提振精神，雖不能邁步，更不能跑，但還可以步步向前。尤其可以希望基督以祂的十字架作我們的拐杖，健步向前行。

羅光　民國七十九年八月十日
序於天母牧廬

我們的天父

目錄

一、生生的天父（生物學）

一、

每天常在中國古書裡翻來翻去，我真佩服中國古代先賢的智慧，相信乃是天　主聖神的基層啓示（Primitif rivelation）。例如《易經．繫辭》說：

「天地之大德曰生，聖人之大寶曰位。何以守位？曰仁。」（繫辭下　第一章）㈠

又如在《論語》裡，孔子說：

「予欲無言！子貢曰：子如不言，則小子何述焉？子曰：天何言哉！四時行焉，百物生焉，天何言哉！」（陽貨）

中國古代的先賢，日夜對著變動的宇宙，看日出日落，月圓月缺，年年隨著四季，看著稻麥「春生，夏長，秋收，冬藏」，便有了《易經》的這個重要觀念「生生之謂易」（繫辭上 第五章）。㈡宇宙的變化，在於使萬物生生不息。宋朝理學家朱熹乃說：

「天地以生物為心，天包著地，別無作為，只是生物而已。亙古至今，生生不窮。人物則得此生物之心以為心。」（朱子語類 卷五十三）

「仁者，天地生物之心。」（同上）

儒家便看著宇宙萬物，爲一個整個的生命，日日夜夜，化生不停。這對於以農耕爲生活的人，一點不稀奇。農夫一年四季所做的，所觀察的，不就是稻麥的生長？宇宙的一切，不是都和稻麥的生長有關係嗎？中國古人的日曆，一年有四季，有十二月，有二十四節氣，有七十二候。季、月、節氣、候，把田裡工作分成相關的階段。從稻麥的生長來計算一年的季節。

中國人的特性，不和歐洲人的特性一樣在於理性，而是在於感情。中國傳統的民族性是藝術性，由農夫的生活看宇宙萬物都有生命，宇宙萬物和人的生活，相通爲一。人的喜樂憂苦使萬物有喜樂憂苦；萬物的喜樂憂苦使人也感受喜樂憂苦。例如李白說：

「浮雲遊子意，落日故人情。」（李白　送友人）

杜甫說：

「感時花濺淚，恨別鳥驚心。」（杜甫　春望）

范仲淹作〈岳陽樓記〉，描述春天登樓的歡心，秋日登樓的愁緒。詩人畫家的生命和宇宙萬物的生命相通，作文作詩，繪畫雕刻，須要含有生意。中國詩中乃有田園詩，散文中有山水遊記，繪畫中有山水畫。詩、文、畫的最佳作品爲神品，神品蘊藏著神妙莫測的生氣，使欣賞的人在生命上發生感應。宇宙萬物和人的生命互相感應，人的生命擴充到上天下地，便能夠「心包萬物而有餘」，超越物質；顏回在陋巷中，「一簞食，一瓢飲，居陋巷，人不堪其憂，回也不改其樂。」（雍也）㈢

現在的世界，抬頭一看祇有磚牆，耳朵裡充滿了汽車的響聲。青天縮小祇有窗口那麼寬，月亮星辰都躲進了夢裡。生態環境瀰漫著廢氣，草木和垃圾在爭地盤。找尋生命，我祇好在窗前的小花盆裡看紫羅蘭的綠葉，再在供在聖女像前；看蝴蝶蘭的花瓣。

二、

但是我翻開「地球生態史」，念著「人類出現在地球上只不過五十萬年不到的時間，然而以整個地球生命而言卻是相當近的事。六億年前才有簡單的動物在古代的海洋中浮游，二億年前爬蟲類和兩棲類才爬上了陸地；幾百萬年之後，鳥類長出羽毛和翅膀，能夠飛上天。哺乳動物長出毛髮，成爲溫血動物，也差不多是同時。六千五百萬年前，爬蟲類神祕地消失，哺乳類成爲陸地的主宰，直至今日。」(四)今日，人類成了天地的主人，於是「一株費時二百年才長成的大樹，如今只要一小時就砍倒……所以森林正以比以前要迅速的速度消失，每一年都有一片如瑞士那麼大面積的森林被砍伐，而一旦樹林被砍掉，樹木的根部就再也無法保持住土壤。於是大雨一來就將土壤沖走，河流成爲棕黃色的急湍，土地變成沒有土壤的荒地。而世界最豐富的動植物寶藏也消失了。」(五)

生態環境，自然地在千萬年中漸漸長成；現在遭遇著自私的人類，在幾十年內陸續被摧毀。人類的罪惡，以往在互相殘食，現在，則殘殺宇宙的自然生命。

「宇宙的範圍太大，……呈現在我們面前為我們所知道的，只不過如同一片亮麗的鱗片，我們處身的位置，在中心部份地球八十億光年的星辰之中，而我們至今所能探知的宇宙範圍，約在一六〇億光年的方圓內。……宇宙中有數千億星系，平均每星系包含一千億顆恒星，而在所有星系裡，行星的總數大約和恒星一樣多。」(六)

我閉著眼，我沒有辦法去計算，也沒有辦法去想像宇宙多廣大。眼前祇是一片光，在光中什麼都沒有，又什麼都有。

再翻開《宇宙的奧祕》，我念著：

「宇宙大霹靂時所發出的物質和能量，經過不知多少時間，這段時間當中，宇宙是無形無狀的，沒有星系，沒有行星，也有沒有生命。到處是一片無法穿透的漆黑，虛無中有氫原子，到處都有稠密的氣體聚集物在成長，而物質所聚結的球體也逐漸緊縮，一氫氣的「雨滴」比太陽還大。而在這些氣體球體中，最先孕育了潛伏於物質中的核火，於是第一代恒星出世了，使宇宙中充滿了光亮。……巨大的恒星很快用盡了核子燃料，由於巨大爆炸的震動，它們也把大部份的物質還原到曾一度壓縮的藻氣體中。在恒星之間黑暗的雲層間，由許多元素所組成的「雨滴」逐漸形成，於是恒星的後代出生了。附近較小的「雨滴」長大，但是體積不夠大，無法點燃核子火，就漸漸形成行星。在這些行星中，有一個由石頭和鐵所構成，就是早期的地球。地球逐漸凝結、溫暖，於是釋放出沼氣、阿摩尼亞，水和被困在地球中的氫氣，而形成原始的大氣層和最早的海洋。……有一天，一個分子很意外地「製造」出一個和它相同的分子。後來出現了更多能複製精確個體的分子。……在毫不被覺察的情況下，生命終於開始了。單細胞植物開始出現，於是生命開始製造自己的食物。光合作用使大氣能變換，性行為也發明了。……單細胞有機體演進為多細胞聚合體，而將各種部份轉化為特殊的器官系統。眼睛和耳朵也出現了，如今宇宙能看也能聽。……然後，某些樹居的小動物從樹上爬下來，變成直立行走，並且教導自己使用工具，馴服其他動物、植物和火，並且發明了語言，星際煉金術的塵埃如今變得有知覺，並且以愈來愈快的腳步發明了書寫、城市和科學，把太空船送上其他行星和恒星。這些便是氫原子歷經一

百五十億年的宇宙演化後的成果。這段話有神話的味道，的確，不過它只是由我們科學所顯示的宇宙演化過程。」(七)

生命在宇宙演化中，經過了大約四十億年。現在學者在實驗室裡經過不過四十年，已經能造出生命的結構體。但是「生命絕不會只是構成蛋白質的氨基酸，也不單只是構成核酸的核苷。」(八)這些實驗，「只是生命樂章的音符，而不是樂章本身。」

一個氫氣體，霹靂爆炸，演化成第一代恒星，初放光火，再演化第二代恒星，然後有行星和地球。地球演化大氣層，演成初期海洋。海洋中飄出單細胞有機體，分化成複雜有機體，出現了生物。四十億年前，地球是分子的樂園。三十億年前，一群單細胞植物結合成複體。二十億年前，雌雄兩性分別成立。十億年前，植物互相合作，綠色植物可以製造氧氣。藻類繁殖，海洋充滿藍綠藻。藻草底下，產生了蟲，漸漸有了魚。魚類中兩棲動物登上陸地，陸地出現了昆蟲，同時樹木和爬蟲也出現了。恐龍佔據大陸，哺乳動物產生了，鳥類接著繁殖。「不到一千萬年前，第一個類似人類的生物出現，他的腦部組織不斷擴充而有可觀的成績。往後的短短的數百萬年內，第一個真正的人就應運而生了。」(九)

這一段科學的史話，可能不是「紙上談兵」，幾十億年的歷史遺跡，從那裡去找呢？但是科學作成這種演化史，是依據從現在知道的化學和物理學的原則推測。

大到無法測量的氫氣體，是有極強的動力，按著一定規則繼續演化，達到了今天的宇宙。宇宙應該是至高至大的上帝天主！氫氣卻是物質物，物質物怎麼能夠自變，更怎麼能以無靈的盲目物規定自己演變的規則呢？宇宙的大和久，我沒法去想；但我細看窗台上排的四盆紫羅蘭，每盆一種顏色：白的、淺紫的、深紫的、淡紅的。每盆花的綠葉，綠色也深淺不同。花色和葉色，明鮮柔和；花朵襯著小葉，玲俐可愛。難道小花小葉，是各種物質自相聚合而成的嗎？那太巧妙了！人們用盡自己的靈性理智，還造不出一盆活花！物質偶然聚合，結成不一株紫羅蘭，為什麼卻保持了這種集合，一代一代的生殖下去，生出來的紫羅蘭常是同種的紫羅蘭呢？這種結合便不是偶然的集合，而是有規律的集合了。

三、

「在起初天主創造了天地。大地還是混沌空虛，深淵上還是一團黑暗，天主的神在水面上運行。天主說有光，就有了光，天主見光好，就將光與黑暗分開。……這是第一天。

天主說：在水和水之間要有穹蒼，將水分開！事就這樣成了。……天主稱穹蒼為天。……這是第二天。

天主說：天下的水聚在一處，使旱地出現！事就這樣成了。天主稱旱地爲陸地，稱水匯合處爲海洋。……天主說：地上要生出青草，結種子的蔬菜，和各種結果子的樹木，在地上的果子內都含有種子！事就這樣成了。……這是第三天。

天主說：在天空中要有光體以分別晝夜，作爲規定時節和年月日的記號，要在天空放光，照耀大地！事就這樣成了。……並造了星宿。……這是第四天。

天主說：水中要繁生蠕動的生物，地面上，天空中要有鳥飛翔！事就這樣成了。……這是第五天。

天主說：地上要生出各種生物，即各種牲畜、爬蟲和野獸！事就這樣成了。……天主說：讓我們照我們的肖像，按我們的模樣造人。……天主於是照自己的肖像造了人，就是照天主的肖像造了人；造了一男一女，……天主看了他造的一切，認爲樣樣都很好。……這是第六天。

這樣，天地和天地間的一切點綴都完成了。到了第七天天主造物的工程已完成，就在第七天休息。」（舊約　創世紀　第一章）

把這一章聖經的話和上面所抄天文學者的話，放在一起，才明白了宇宙的起源和演化。上帝天主用自己的神力，創造了宇宙，給了宇宙一種演化的創生力，按照祂所定的規則，繼續變化，化生萬物。宇宙是個生命體，具有造物主的生命活力，宇宙演化的規則，大小銜接，結成雄偉和精緻的美。

舊約《聖詠》第一百〇四首，歌讚造物主的化工：

「吁嗟吾魂，盍不頌主。我主蕩蕩，威耀寰宇。
地基既立，永不動搖，被之以水，有如褞袍。
山嶽以升，眾谷以沉，高卑定位，實合天心。
作之防閑，莫使相侵。引泉入谷，水流山麓。
群獸來飲，野驢解渴。飛鳥來集，巢於其林。
相顧而樂，嚶嚶其鳴。……」（吳經熊 聖詠譯義）

小的時候，夏天稻禾割了，穀在屋後小山上晒，晚晌家叔守夜。在二更以前，由我們小孩看守，我同弟弟和堂姐們坐在守夜的草棚裡，仰看天上的星辰。高高的藍天上，密密地佈滿了點點星子。教堂裡的先生，曾經告訴我們，天主住在天上，星子替天主看家。我數數星子，數不清，祇覺得好怪！這麼多，怎麼不掉下來？堂姐說天主用線拉住它們，派天使捧著它們。小山週圍沒有樹沒有房子，天非常寬，又非常高，我小小心靈裡，深刻地留下一種神祕不可言宣的神祕感覺。大了以後，黑夜看天空，神祕的感覺就湧上心頭。三年前，夏天，我到陽明山中國飯店休息一星期，堂外甥孫女淑芳陪著我，晚飯後，在旅館後面的小路上散步，清靜無人，每夜祇看見天上出來的第一顆星子，天空和周圍的高山相接，黑成一片，我問淑芳，天黑可不可怕？她答說：我們不是小孩，怕什麼？我則又有兒童時看天空的神祕感，不見星子祇見黑，而且高山的黑似乎要倒下來，心頭感到神祕的壓力。我常常奇怪地球懸在自己的空間，常常循著自己的軌道旋轉，它怎麼可以懸在空中呢？一切的星辰也都是這樣，一座銀河中，有一億以上的行星，行星都不亂。假使亂了，就要像福音上耶穌所預言，天地動搖，星辰下墜，世界要終窮了。我又很奇怪，一個有理想的人，怎麼會想這些星辰都是自然變化而來，宇宙一切都是偶然而成，或者宇宙自己有力，使自己成就，使自己變化？這是不合理性，也不合事實！我們看見一件東西，就要問是誰作的或自己有的，若是自己有的，背後也要有一個造成它的。像莊子那樣的玄想者，也還是認宇宙有造物者。我一看宇宙的奇妙神祕，就欽佩造物主天主的無限奇妙神祕。

中華民族是欣賞生命的民族，《易經》的作者，仰觀天象，俯看地面，再體驗自身，理會到天地人的變化，都是爲著生命，便製作了八卦，再變爲六十四卦，以象徵宇宙的變易，進而說明「生生之謂易」，宇宙的變化，都爲化生萬物。

中華民族的倫理道德，以天人合一爲巔峰，人間的聖人法天而發展心靈生命，參加天地的化育。聖人不僅修養高尚的品德，更能協助上天發育萬物，首先愛護人民，施行仁民，又愛惜諸物，禁止濫殺，禽獸草木都能及時生長，欣欣向榮。

四、

我望著窗外的一線青天，夕陽的光已經淡黃，窗台的紫羅蘭對著我微笑；我合掌捧著經書，默默地唸著：

上主的化工，請讚美上主。
上主的天使，請讚美上主。
層層的高天，請讚美上主。
高天的雨水，請讚美上主。
太陽和月亮，請讚美上主。
雨露和春風，請讚美上主。
火熱和寒暑，請讚美上主。
霜露和冰雪，請讚美上主。

光明和黑暗，請讚美上主。
閃電和雲彩，請讚美上主。
山嶽和丘陵，請讚美上主。
清泉和海洋，請讚美上主。
魚蝦和水藻，請讚美上主。
飛鳥和走獸，請讚美上主。
普世的人類，請讚美上主。
聖者和謙者，請讚美上主。
上主在穹蒼，應永受讚美。
應受光榮，應受頌揚，永無止息。

忘記日間所有的事，靜靜地走進小聖堂，跪在長明燈微照的聖體櫃前，對著櫃裡的耶穌基督。祂就是若望福音所標明的聖言，「萬物是藉著祂而造成的；凡受造的沒有一件不是由祂而造成的。在祂內有生命，這生命是人類的光明。」（第一章第三節）

耶穌是聖言，是天主聖子，是天父的肖像。天父藉聖言造了宇宙，創世紀記載「天主說有光……有地……」就照樣有了。

聖言是全能、全知、全善、全美。聖體櫃卻一點聲音都沒有，絲毫沒有動靜在無聲無色的寂靜裡，我體會聖櫃佈散著深入我心靈的愛，射出震動我身體的生命力。上主天父第七天完成了造物的工程而休息，由聖言繼續經理所造的宇宙，聖言引導受造物「慎終追始」，歸到生存的根源，讚頌上主天父的愛。

小小的聖堂裡，收縮了整個宇宙；稀薄的光明，照耀了天地。一百六十億光年大的宇宙，四十億年演化的地球，祇是一片光芒，光芒中瀰漫著上主天父的愛。

全能、全善、全美的上主天父，祇是爲愛，把自己的美善施給受造物。上主既然是全能、全善、全美，祂所創造的宇宙，不能不偉大，不能不美好。

註：

(一) 今譯：天地之大德，在於使萬物生生不息。聖人之大寶，在於有崇高的地位，何等著職佔呢？那就要靠仁愛的道德了。（周易今註今譯　台灣商務）。

(二) 今譯：生生不息，變化前進不已，就是「易」（同上）

(三) 今譯：吃的只有一籃飯，一瓢湯，住的是房屋低舊的小弄，在別人將憂愁得了不得；而顏回仍舊不改變歡樂的態度。

(四) 地球生態史　大衛。艾登堡著　張談譯　桂冠圖書公司　頁十七。

(五) 同上，頁三百一十四。

(六) 宇宙的奧祕　卡爾沙根著　蘇義穠譯　桂冠圖書公司　頁二十至二十二。光速每秒走十八萬立千英哩，大約三十萬公哩，而光線一年可走十兆公里，約是六兆英哩，我們據此將這個距離，稱之為光年，光年不是時間單位，是距離單位。

(七) 宇宙的奧祕，頁三百八十頁。

(八) 同上，頁五十五。

(九) 宇宙的奧祕　頁四十九。

二、唯一的天父（比較宗教史）

一、

翻開一冊比較宗教史，各種神靈，琳瑯滿目。圖騰崇拜，萬物崇拜，巫術崇拜，祖先神崇拜，精靈崇拜；天神地祇，山川鬼神，廟宇林立，香火鼎盛。

屈原曾作〈天問賦〉，滿篇疑問，沒有答案：

「遂古之初，誰傳道之？
上下未形，何由考之？
冥昭瞢暗，誰能極之？
天何所沓，十二焉分？
日月安屬，列星何陣？……」

屈原卻又作了〈九歌賦〉，歌頌楚國人民所祭鬼神。

「靈皇皇兮既降，猋遠舉兮雲中。」（雲中君）

「令沅湘兮無波，使江水兮安流。」（湘君）

「紛總總兮九州，何壽夭兮在予。」（大司令）

「夫人自有兮美子，蓀何以兮愁苦。」（少司令）

「靈之來兮如雲，九嶷繽兮並迎。」（湘夫人）

「若有人兮山之阿，被薜荔兮帶女羅。」（山鬼）

「青雲衣兮白霓裳，舉長矢兮射天狼。」（東君）

「靈偃蹇兮姣服，芳菲菲兮滿堂。」（東皇太一）

「與女遊兮九河，衝風起兮橫波，乘水車兮荷蓋，駕兩龍兮驂螭。」（河伯）

中國最古的史書《尙書》，在第一篇〈舜典〉說：「肆類於上帝，禋於六宗，望于山川，徧於群神。」

上帝居最高位，以下有天神地祇。戰國有五行的思想，形成了五帝，漢代皇帝乃祭上帝和青帝、赤帝、黃帝、白帝、黑帝。唐高宗顯慶二年，廢五帝祭祀，祇在南郊祭昊天上帝。

《詩經》有祭上帝的〈歌章〉：

「皇炎上帝，臨下有赫，監視四方，求民之莫之。」（皇炎）

「天之方難，無然憲憲，天之方蹶，無然泄泄。」（板）

漢朝、唐朝的皇帝，留在史書中有祭天的祭文：

「嗣天子臣治敬告於昊天上帝，有隋位極顛危，天數窮否，生靈塗炭，鼎祚渝亡。高祖伏黃鉞而救黎元、錫元珪而極沉溺。」（唐高宗　泰山玉牒文）

「皇皇上天，照臨下土，平地之靈，降甘風雨，庶物群生，各得其所。靡今靡古，惟予一人某，敬拜皇天之祐，……。」（漢昭帝　祭天文）

中華民族自古以來，信仰皇天上帝，唯一至尊。天，爲頂爲巔，不能有雙。中華民族原先爲遊牧民族，歐亞的原始民族都以遊牧爲生，都信仰上天，稱呼上天的名詞，第一個字音都是「帝」音（Div），梵文為Dyauspitar，希臘為Zeus，在拉丁文為Deus，巴比倫為Tngim Dim-mei。民俗學家威廉斯彌特（William Schmidt S.V.D.）主張各處的原始民族信仰一位尊神，多神教和偶像崇拜較後產生。㈠遊牧民族日常生活所接觸，所關注的是頭上的蒼天，信仰蒼天的神靈，高高在天。中華民族由遊牧進為農業民族，生活所依賴的是「地」，然更靠天的「風調雨順」，乃祭祀天地，以地祭配天的郊祭，郊祭仍居尊位。

二、

造物主天主曾自選擇亞伯漢的子孫以色列民族作為特選的民族，傳承祭祀天主的祭禮和信仰。當摩西（梅瑟）率領以色列人逃出埃及，在曠野遊走時，天主告訴摩西：「你要這樣告訴雅各伯家，訓示以色列子民說：你們親自見了我怎樣對待了埃及人，怎樣好似鷹將你們背在翅膀上，將你們帶出來歸屬我。現在你們若真聽我的話，遵守我的盟約，你們在萬民中將成為我的特殊產業。的確，普世全屬於我，但你們為我應成為司祭的國家，聖潔的國民。你應將這話訓示以色列子民。」（舊約 出谷記 第十九章第三節）以色列民族被選為天主的特殊產業，他們要祭祀唯一的天主，成為「司祭的國家」；遵守天主的誡命，成爲「聖潔的國民」。天主頒了「十誡」：

「我是上主你的天主，是我領你出了埃及，奴隸之所。除我之外，你不可有別的神，不可爲你製造任何彷彿天上或地上或地下水中之物的雕像，不可予以敬拜。因爲我，上主，你的天主是忌邪的天主。凡惱恨我的，我要追討他們的罪，從父親一直到兒子，甚至三代四代的子孫。凡愛我和遵守我的誡命的，我要對他們施仁慈，直到他們的千代子孫。不可妄呼上主你天主的名；因爲凡妄呼他名的人，上主決不讓他們免受懲罰。」（同上，第二十章第二節）

以色列人接受了天主的誡命，用牛犢的血潑在約書上，立誓遵守。可是當摩西四十天留在山上，以色列人就鑄了一隻金牛像，供在祭壇上：

「他們遂說：以色列，這就是領你們出埃及的天主，……次日清晨，他們起來，就奉獻了全燔及和平祭。以後百姓坐下吃喝，起來玩樂。」（同上，第三十二章第四節）

天主大怒，要消滅他們，摩西爲他們苦口禱告，「上主遂撤銷要加於百姓的災禍。」（同上 第十四節）摩西下山，粉碎了金牛，殺死了拜牛的三千人，然後重新接授「十誡」。

以色列民族的歷史，繼續在天主和邪神的崇拜裡，輾轉經歷。每次因敬邪而遭罰，重新回到上主，剛得到平安，又重新敬拜偶像，上主的罰越來越重，終至於亡國，流竄他邦。

上主頒佈十誡，以色列國王違反誡命，上主遲遲不罰，惟獨敬拜邪神偶像的罪，則絕不寬貸。例如以色列最英明的國王達味，犯了奸淫婦人巴特舍巴，借刀殺了他的丈夫。天上派先知指摘，他認了罪，天主又派先知告訴他：

「上帝已赦免你的罪，你不至於死了。但因你在這事上蔑視了上帝，你奸生的孩子，必要死去。」（列王傳上 第十二章第十三節）

達味王一生忠於天主，絕不沾染邪神偶像，他的兒子撒羅滿聰明絕倫，到了老年，迷於女色，跟著妃子敬拜神靈。天主大怒，遣先知訓誡他：

「你既然這樣行事，不遵守我的盟約，和我吩咐你的誡命，我必要奪去你的王國，……但為你父親達味的緣故，在你活的日子，我不實行；我要由你兒子手中奪去。但仍為你父親和我所選的耶路撒冷城留情，給你兒子還留下一份國土，不完全奪去交給別人。」（列王傳上 第十一章第十一節）

撒羅滿死後，猶太國就分裂了，分成猶太和以色列兩國，以色列的國王常在邪神偶像前奉獻犧牲，猶太的國王尚有敬拜天主的賢者。有一次，以色列國王阿哈布在路上遇見了先知厄里亞，就對他說：

「叫以色列遭難（三年不下雨）的人，不就是你嗎？厄里亞答說：不是我叫以色列人遭難，而是你和你父親的家族，因為你們拋棄了上主的誡命，歸順了巴耳邪神。現在，你派人去召集以色列人，同受依則貝爾王后供養的那四百五十個巴耳的先知，上加爾默羅山上，到我跟前來。」（列王傳上 第十八章第十七節）

民眾和巴耳的四百五十個先知到了山上，厄里亞對他們說：

「你們搖擺不定，模稜兩可，要到幾時呢？如果上帝是天主，你們就應該隨從上帝，如果巴耳是天主，你們就該隨從巴耳。人民一句話也不回答。」（同上 第二十一節）

「厄里亞建議巴耳的先知和他，各宰一條牛，預備獻祭，不許舉火，巴耳先知求巴耳降火，厄里亞求天主降火，降火的神是真天主，大家都信服。民眾接受了建議。巴耳的四百五十個先知，從早晨直到中午，呼求巴耳，卻一點音信都沒有，厄里亞嘲弄他說：『你們再高聲喊叫，因爲他是神，或者他正在沉思冥想，或者他暫時隱退，或者正在外旅行，或者他正在睡覺，必須把他叫醒。』……他們仍繼續狂喊亂叫，直到晚祭的時候，但仍然沒有聲音，也沒有答應，也沒有理會的。」（同上，第二十七節）

厄里亞就預備祭壇，供上牛犢，沓水洗滌，然後祈禱：

「上主，亞伯漢，依撒格和以色列的天主求你今天使人知道你是以色列的天主，我是你的僕人，我是奉你的命作這一切事。上主，求你應允我，應允我！使這人民知道你是上主，是真天主，是你叫他們心回意轉。於是上主的火降下，焚盡了全燔祭、柴木、石頭和塵土，也燒乾了溝中的水。全體人民見了，都俯伏在地說：上主是天主！上主是天主！厄里亞對民眾說：你們捉住巴耳的先知，不要讓他走脫一個。民眾立刻捉住他們。厄里亞帶他們下到『克雄』小河旁，在那裡將他們全部殺掉。」（同上 第三十五節）

天降大雨，結束了三年的旱災。但是以色列民族並沒有回歸上主，猶太國的人民屢次叛離天主，巴比倫的國王滅了他們的國，俘虜他們到巴比倫做奴隸。先知曾警告猶太王默納舍說：

「看，我要使這樣的災禍降在耶路撒冷和猶太，使聽見的人兩耳都要齊鳴。我要用測量撒瑪黎雅的繩索，和測量阿哈布家的鉛錘來測量耶路撒冷，要擦淨耶撒路撒冷如同人擦淨盤子一樣，擦淨以後，就翻過來；我要拋棄作我產業的遺民，將他們交於敵人手中，使他們成為一切敵人的掠物和勝利品。因為他們自從他們的祖先出離埃及的那一天起，直到今日，行了我視為惡的事，使我發怒。」（列王傳下 第二十一章第十一節）

天主所視為惡的事，就是以色列人不敬祂是唯一天主，轉而敬拜邪神偶像。因此先知依撒意亞對猶太王說：

「你聽上主的話罷！日子要到，凡你宮中所有的，及你祖宗直到今日所積蓄的，都要被帶到巴比倫去，什麼也不會留下！」（列王傳下 第二十章第十六節）

巴比倫王拿步高為王十九年五月七日，燒燬了耶路撒冷，擄走了人民，「只留下當地一

部份最窮的平民作園丁和農夫。」（列王傳下 第二十四章第十二節）

三、

「有一個經師問耶穌說：一切誡命中，那一條是第一條呢？耶穌回答說：第一誡是：以色列，你要好好聽，上帝我們的天主是唯一的天主！你應當全心全靈全意全力愛上帝，你的天主。第二條是：你應當愛你的近人如同你自己。再沒有別的誡命比這兩條更大的了。」（馬爾谷福音 第十二章第二十九節）

全心、全靈、全意、全力，愛唯一的天主，原來就是天主吩咐摩西（梅瑟）頒佈給以色列人的誡命，耶穌又重新肯定。以色列人爲天主的選民，承傳這種信仰，執行這條誡命。他們沒有遵守；但是唯一天主的信仰則留傳下來。天主要救人類出罪惡，引回到自己懷中，按照預定救贖計劃，派遣聖子，降生成人，誕生於猶太，取名耶穌基督。

人類的生命，由靈肉兩層相結合，人的生活離不了肉體。天父則是絕對精神，無形無像，看來離世界很遠。以色列人受天主直接派來的先知，訓誡敬拜天主，崇拜邪神。以色列人還是守不住完全精神體天主的信仰，時常傾向偶像的邪神，顯露人的信仰也離不開形跡。

天主聖子降生，取了人形，真正是人，但又是真正的天主。耶穌乃向宗徒們說：

「誰看見了我，就是看見了父，你怎麼說：把父顯示給我們呢？你不信我在父內、父在我內嗎？我對你們所說的話，不是憑我自己講的，而是住在我內的父，作為自己的事業。你要相信我，父在我內，我也在父內。若不然你們至少該因那些事業而相信。」（若望福音第十四章第九節）

人世的最大改變，神在人間，天主成了人又不失天主性，人敬拜耶穌就是敬拜天主，敬拜聖子也就敬拜聖父。聖子已經不是無形無像的冥想，而是具體的人。耶穌乃說：

「你們不要以為我來，是為把平安帶到地上；我來不是為帶平安，而是帶刀劍；因為我來，是為叫人脫離自己的父親，女兒脫離自己的母親，兒媳脫離自己的婆母；所以人的仇敵就是自己的親人。」

「誰愛父母超過我，不配是我的徒弟；誰愛兒子或女兒超過我，不配是我的徒弟。誰不背起自己的十字架來跟隨我，不配是我的徒弟。」

「誰獲得自己的性命，必要喪失性命；誰為我的緣故喪失了自己的性命，必要獲得性命。」（瑪竇福音 第十章第三十四節）

假若耶穌不是天主，這幾段話出自祂的口，就要像是從瘋狂自大的人所說。人世沒有人敢要求自己的徒弟愛他在愛父母兒女以上。就是因爲耶穌是天主；祂與聖父同體，愛祂就是愛聖父，才會說出這種驚人的嚴厲的話。

耶穌基督指定價値的標準；天主在萬有以上，爲愛天主要能犧牲一切。天主教的歷史，記載了成千成萬的殉道聖人烈士，男女都有，老少也有，爲著保持對天主的信仰和敬拜，甘願犧牲了性命，古羅瑪皇帝三百年迫害教會，把信仰基督的人趕入門獸場，讓獅子虎豹吞食。或懸在十字架上，焚火燒死。或用各種苦刑，解肢割首。後來傳教士到了美洲、亞洲、非洲，多少被殺身亡。近四十年，在中國大陸，幾百幾千的天主教徒，被囚禁牢獄和勞改營！他們都愛耶穌在父母妻兒和生命以上。

「耶穌聽（青年）後，便向他說：你還缺少一樣：把你一切所有的都變賣了，施捨給窮人，你必有寶藏在天上，然後來跟隨我。」（路加福音 第十八章第二十三節）

愛天主在萬有之上，爲跟隨耶穌，甘願捨棄一切。「伯鐸（比德）說：看，我們捨棄了我們的一切所有，跟隨了你。」（同上，第二十九節）

天主教會從聖伯鐸以來，不斷有成百成千甚至成萬的人，棄捨了自己的所有，跟隨耶穌，修身克己，投身教會的工作。教士不成家結婚，獻身教會。修會士女宣誓絕財絕色絕意，以基督爲唯一資產，在人世而不度人世生活。

「沒有人能事奉兩個主人，他或是要恨這一個而愛那一個，或是依附這一個而輕忽那一

個。你們不能事奉天主而又事奉錢財。」（瑪竇福音 第六章第二十四節）

基督標出人生價值觀，天主在金錢以上，爲愛天主不能愛錢，爲事奉天主，不能用錢。

孔子曾說：

「富而可求也，雖執鞭之士，吾亦為之；如不可求，從吾所好。」（述而）

孔子所好爲義，求錢要合於義，基督教訓人求錢，應以天主的倫理規律，在倫理規律中包含有孔子的義。不義之財，不能貪；和於義的財，也要不佔住我們的心。

「有一個富人，他的田地出產豐富。……我要拆毀我的倉房，另建更大的，好在那裡收藏我的一切穀類和財物。以後需要對我的靈魂說：靈魂哪！你存有大量的財物，足夠多年之用，你休息罷！吃喝宴樂罷！天主卻給他說：糊塗人哪！今夜我就要索回你的靈魂，你所備置的，將歸誰呢？」（路加福音 第十一章第十五節）

金錢如水流，天主永恒在；愛錢的人隨著錢轉，在時間裡消逝；愛天主的人和天主相結合，永恒存在。死，誰也不能免。心放在人世間的人物上，死時，被剝奪了一片，對著死亡好恐怖。心和天主結合的人，死時，生命祇是改變並非毀滅，脫離了棄世，進入天主的永恒安息所。

在現世裡，若是以金錢爲最高，以享樂爲最愛，在金錢的享樂中，心靈並不能愉快，儒家還安貧樂道，君子憂道不憂貧；目前社會的人，免不了要罵這是古董，這是迂腐！可是，目前已經有大學生學禪靜坐，追求心樂安寧。愛天主的人，不僅心靈消極地空虛世物，積極地充滿天主的精神愛，心靈對著真美善的天主，體會天主慈父的愛，世物進不了心內！這樣，才真是「樂道」，安樂於真實的天主。由天主的愛，而看宇宙人物，宇宙萬物也表現天主的愛，表現天主的美善；宇宙便祇有天主造物主的愛了，造物主乃是唯一的天父。

註：

㈠ 斯彌著有比較宗教史　曾又簡縮爲一冊，作比較宗教史教科書 Manuale di Storia Comparatioa delle religioni Brescia. p.56.

三、唯一的祭祀（彌撒聖祭）

一、

今年二月二日，我在榮民總醫院行眼科手術，割除右眼白內障。二月五日，再行手術，割除左眼白內障，習慣閉著眼，躺在床上。先是眼前一片昏黑，空洞空虛，一無所有。漸漸絲絲白光在昏黑裡閃鑠，白光越佈越寬，整個眼前一片光明。光明中漸漸顯出一個十字架，架上逐漸顯明被釘的基督，光明裡沒有任何別的形相，十字架周圍祇有光明。

靜靜地對著十字架，心裡沒有思索，後來忽然想起基督是人類唯一中保，又想起基督所說除非經過祂誰也不能達到天父。

眼前一片光明，乃是天主所造的宇宙。宇宙無靈，沒有思想語言，祇有人類能想能說。宇宙要藉著人類歸向造主，歌頌造化的奇妙化工。人類卻一面愚昧，一面又自作聰明，個個爭著舉揚自己，滿足私慾的慾望。人類社會自古到今充滿污穢罪惡，到處爭奪殺戮。宇宙萬物反而被人類牽制，供人類的利用，更不能純淨地歌讚造主。

古代尚未開化的社會，人還不知道，也還不敢自作宇宙主人，在神靈台前，獻祭頂禮。有男人的神像，有女人的神像，有野獸家禽的神像，有石頭草木的神像。如同聖詠所說：「原來是我愚昧毫無理性，在爾面前竟然好像畜牲。」（第七十三篇）不知道思索，畜牲還認識自己的主人，人卻不認識造主天主！

《聖詠》第一百一十五篇說：

「豈同若輩手製之偶像兮，乃金銀之所成，
口不能言，耳不能聽，目不能視，鼻不能聞，
手不能握，足不能行，雖具喉舌，寂寂無聲。
是知造像者固麻木而不仁矣，
而信奉之者又安得而非冥頑不靈者乎。」（吳經熊　聖詠譯義）

然而認識造主天主的民族，則奉獻祭祀，殺牛宰羊，大燔犧牲，認罪悔過，求福免禍。但是造主天主啓示先知依撒意亞譴責以色列人說：

「你們爲什麼向我奉獻那麼多的犧牲？我已飽饜了公羊的燔祭和肥犢的脂膏；牛犢，羔羊和山羊的血，我已不喜歡。你們來見我面時，誰向你們要求了這些東西？這簡直是蹂躪我

的殿院，不要再奉獻無謂的祭品！馨香已爲我所憎惡、月朔、安息日、集會、齋戒和盛大的宴會，我已經不能忍受，我的心痛恨你們的月朔和你們的慶節，它們爲我是種累贅，使我忍無可忍。你們伸出手時，我必掩目不看；你們行大祈禱時，我決不俯聽，因爲你們的手染滿了血！你們應該洗滌，應該自潔，從我眼前革除你們的惡行，停止作孽，學習行善，尋求正義。」（依撒意亞 第一章第十節第十六節）

《聖詠》第五十一首，懺悔吟也呼號說：

「燔牲祭獻，非主所珍。主之所悅，痛悔之忱，謙卑自牧，實愜聖心。」

以色列人乃造主天主的選民，親自以神權教訓，治理他們；他們卻仍偏於罪污，竟至遭造主天主所摒棄，所獻祭祀不蒙悅納。然而即使這種選民能夠清心寡慾，謹守十誡，他們所獻祭品，又怎麼可以愉悅天主的心？人和天主相距太遠了，豈祇是天和地的距離！我曾養一隻純白狐狸狗，喚叫「多福」，非常有靈性，善懂主人心，我在家，寸步不離我身。我覺得它很可愛，很加疼愛。但是「多福」究竟是隻狗，它的表情，祇是狗的表情，那能和人相比！人在天主面前，較比狗在人前，還要差得遠哩！

耶穌基督在開始傳道的第一年，遇到一個撒瑪黎雅的婦人，婦人問說：

「先生，我看你是個先知。我們的祖先一向在這座山上朝拜天主，你們卻說：應該行朝拜的地方是在耶路撒冷。耶穌回答說：女人，你相信我罷！到了時候，你們不在這座山上，也不在耶路撒冷朝拜父。你們朝拜你們所不認識的，我們朝拜我們所認識的，因爲救恩是出自猶太人。然而時候要到，且現在就是，那些真正朝拜的人，將以心神以真理朝拜父，因爲父就是尋找這樣朝拜他的人。天主是神，朝拜祂的人，應當以心神以真理去朝拜祂。

「婦人說：我知道救主要來，一來，必會告訴我們這一切事。……」

「耶穌向她說：同你談話的我就是。」（若望福音 第四章第十九節第廿六節）

耶穌基督開始了向天主的新敬禮。祂是天主聖子，和天父同性同體，降生成人，結合了人性，成爲一位天主而人的新人。新人稱天父爲父，因爲祂是天父的唯一聖子。祂遵行天父的旨意，以自己的生命，作爲向天父的敬禮。祂的敬禮，是天主向天主的敬禮，相稱天主的尊嚴，相稱天主的聖善。在這種新的敬禮中，表現天人關係的真理和實情，在心靈的精神中完成。

二、

「基督一進入世界，便說：犧牲和素祭，已不是父所欣悅，卻給了他一個身體；全燔祭和贖罪祭，已不是父所喜，於是我說：請看，我已來到！我來為承行你的旨意。……我們就是因這旨意，藉基督的身體，一次而為永遠的祭獻，得到聖化。」（希伯來人書 第十章第五節第十節）

人類從原始的祖先，違背天主的旨意開始，離開了造主天主，輾轉在各種的罪惡中。聖保祿宗徒說：

「他們自負為智者，反而為愚蠢，將不可朽壞的天主的光榮，改歸於可朽壞的人，飛禽走獸和爬蟲形狀的偶像。因此，天主任憑他們隨從心中的情慾，陷於不潔，以致彼此玷辱自己的身體。……天主任憑他們陷於可恥的情慾中，以致他們的女人，把順性之用變為逆性之用，男人也是如此，放棄了和女人順性之用，彼此慾火中燒，男人和男人行了醜事。……他們既不肯認真地認識天主，天主也就任憑他們陷於邪惡的心思，去行不義的事，充滿了各種不義、毒惡、貪婪、凶殘、滿懷嫉妒，謀殺、鬥爭、欺詐、乖戾。成為讒言毀謗的人，仇恨天主的人，忤逆父母的人，高傲、自誇、為害旁人的人，冥頑、背信、無情、不惻隱的人。他們明明知道造主在人性的正義規定，凡作這樣事的人，應受嚴罰以致死刑。但是他們不僅自己作這些事，還贊成別人作這些事。」（羅瑪人書 第一章第二十二節第三十一節）

這些罪惡不祇是在基督降生以前，或者祇是在不信基督的人裡，才發生，就是信仰基督福音的人也作這些惡事，一直繼續到人類的終期。天主當然懲罰，然而天主造人不是爲懲罰，而是爲愛人，使人幸福。天主聖子，降生成人，便自己奉獻自己，作爲補贖人類的代價。祂有人的身體，可以受苦，祂也有天主聖子的名份，祂犧牲的身價，是天主的身價，祂代表整個的人類，把從人類原祖一直到最後的一個人所犯的罪，都加在自己身上，自作贖罪犧牲。

聖保祿宗徒說：

「因爲所有的人都犯了罪，都失掉了天主的光榮。所以眾人都因天主白白施給的恩寵，在耶穌基督內蒙救贖，成爲義人。這耶穌即天主公開立定，使祂以自己的血，爲信仰祂的人作贖罪祭的。」（羅瑪人書 第三章第二十四節）

「我們就是全憑天主豐厚的恩寵，在祂愛子內，藉祂愛子的血，獲得了救贖，罪過的赦免。」（厄弗所書 第一章第七節）

「因爲是祂（天父）由黑暗的權勢下救出了我們，並將我們移植在祂愛子的國內，我們且在祂內得到救贖，獲得了罪赦。」（哥羅森書 第一章第十四節）

「就如因一個人的過犯，眾人都定了罪；同樣，也因一人的正義行爲，眾人也都獲得了正義和生命。正如，因一人的悖逆，大眾都成了罪人；同樣，因一人的服從，大眾都成了義人。」（羅瑪人書 第五章第十八節）

人類原祖違背造主天主的命令，使自己和子孫世世代代離開天主，成爲天主的仇敵，并且因著離開天主而墮落到各種罪惡中，成爲一個有罪的人類。耶穌基督降生，承擔了這個有罪的人類的罪惡，自作犧牲，用一種被釘死在十字架的血祭，洗滌了人類的罪，引人重新歸向造主天主，接受天主的恩寵。

基督成了一個得有救恩的新人類之原罪，祂所生的人類稱爲天父的義子。聖若望福音說：

「那光是真光（基督），它來到世照亮每個人。祂已在世上，世界是賴祂而成的，而世界卻沒有認識祂。祂來到自己的地方，自己的人卻沒有接受祂。凡接受祂的人，就是信祂名的人，祂賜權給他們成爲天主的子女；這些人不是由血氣和肉慾，也不是由人慾，而是由天主生的。」（若望福音 第一章第九節）

信仰基督的人，因著聖洗重生，耶穌曾教訓尼可德慕說：

「我實實在在告訴你，人除非由上而生，不得見到天主的國。尼可德慕反問：人老了，怎能再生呢，難道他能重返母胎再次出生嗎？耶穌回答：我實實在在告訴你，人除非由水和聖神所生，不能進入天主的國。肉身所生的是肉，聖神所生的是神。」（若望福音 第三章第三節）

聖洗因水和聖神，洗滌人的罪，又賜給人新的生命，即是基督的天主性生命。人領洗和基督結成一個奧體，爲聖神所生，成爲基督奧體的肢體。奧體的頭是基督，肢體是受了洗的人，聖保祿宗徒說：

「就如我們在一個身體上有許多肢體，但每個肢體都有不同的作用；同樣，我們眾人在基督內，也都是一個身體，彼此之間，每個都是肢體。」（羅瑪人書 第十二章第四節）

「我們眾人，不論是猶太人，或是希臘人，或是爲奴的，或是自主的，都因一個聖神受了洗，成爲一個身體，又都爲一個聖神所滋潤。」（格林多前書 第十二章第十三節）

「我（耶穌基督）是葡萄樹，你們是枝條，那住在我內，我也住在他內的，他就結許多果實，因爲離了我，你們什麼也不能作。誰若不住在我內，便仿佛枝條，丟在外面而枯乾了，人便把它拾起來，投入火中焚燒。」（若望福音 第十五章第五節）

耶穌基督再造一個新的人類，祂是新人類的始祖。這個新人類不由血肉所生，而是由聖神在聖洗中所生。新人類的生命是基督的天主性生命，因此稱為天主的義子，也稱為天主的選民新以色列。這個選民的生活，發揚耶穌基督的生活，全心全意全力崇拜天主聖父，作人類和宇宙萬物的代表，感謝造主，歌頌造主。

三、

我閉著眼睛，看著一片白光，白光中主著十字架，架上懸著被釘的基督。

白光就是整個宇宙，宇宙中所有的就是懸在十字架上的基督。天主聖父看著所造的宇宙，又大又美，然而在祂的心目中，又算得什麼！祂用一句話「有」，就造了，也可以用一句話「有」另造一個宇宙，更美更大。天主聖父看著所造的人類，熙熙閒閒，紛紛擾擾，爭爭吵吵，在罪過的污泥中上上下下，有什麼可以滿意的！祇有看著聖子成人的基督，代表人類和宇宙，感恩歌頌。聖父曾經兩次聲明：

「這是我的愛子，祂是我所喜悅的。」(馬竇福音 第三章第十七節)

「這是我的愛子，祂是我所喜悅的，你們要聽從他。」(馬竇福音 第十七章第五節)

耶穌基督自己也聲明過：「我是道路、真理、生命，除非經過我，誰也不能達到天父那

裡去。」（若望福音 第十四章第六節）

「我父將一切都交給我，除了父，沒有一個認識子是誰；除了子及子所願啓示的人外，也沒有一個認識父是誰。」（路加福音 第十章第二十二節）

基督帶領新的人類歸向天父，同時，新的人類又藉著宇宙萬物，而且又將宇宙萬物歸向聖父。全宇宙也靈活了，全宇宙都認識了造主。在天父和宇宙的中間，懸著被釘十字架的基督，不斷地爲人類的罪惡求赦，又爲人類求恩。

「因爲天主祇有一個，在天主與人之間的中保也祇有一個，就是降生成人的基督耶穌。」（弟茂德前書 第二章第五節）

「爲此，祂作了新約的中保，以祂的死亡補贖了在先前的盟約之下所有的罪過，祂叫那些蒙召的人，獲得所應許的永遠產業。」（希伯來人書 第九章第十五節）

不僅爲舊約之下所有的罪過，作了補贖，也還要爲在新約之下的人所犯的罪作補贖。基督在加爾瓦略山奉獻了自己的生命，把體和血奉獻於聖父，補贖整個人類的罪。人類沒有在基督受難時就終結了，仍舊繼續存在；繼續存在的人類，無論信仰基督或不信仰也仍舊繼續犯罪，不感謝天父，不崇拜歌頌天父。基督耶穌則祇能死一次，復活以後再不能死，後來的人類怎麼可以分享祂的救贖？祇憑宣道者的宣講而相信呢？基督離人類則越來越遠，祇成爲人類記憶中的古人，就像我們中國的孔子。

耶穌基督卻使用了天主性的智慧和神能，在受難的前夕，在最後晚餐中，建立了聖事式的祭祀，使麵餅變成了祂的肉體，葡萄酒變成了祂的血，體和血一分離就是死亡，祂又吩咐宗徒們：

「這是我的身體，爲你們而捨棄的。

你們應行此禮爲紀念我。

這就是用爲你們流出的血而立的新約。」（路加福音 第二十二章第十九節第二十節）

十字架的祭祀長久繼續在人間了。在十字架上，基督自己作了司祭，將自己作爲犧牲，奉獻天父。在完成救贖時：「爲一切服從祂的人，成了永遠救恩的根源，遂蒙天主宣稱爲按照默基瑟德的大司祭。」（希伯來人書 第五章第九節）

基督大司祭復活升天，祂立定了祂的宗徒和宗徒們的繼位人爲司祭，分擔祂的司祭職位；宗徒和繼位的人又選立了協助他們的人爲司鐸，分有司祭的職位，這些分有基督司祭職位的司鐸，舉行聖事式的祭祀，稱爲「彌撒聖祭」，以基督的話，變麵餅爲基督的肉，變葡萄酒爲基督的血，捧著基督的肉和血，祭獻天父。繼續加爾瓦略山的十字架聖祭。

「上主，祢實在是神聖的，祢所創造的萬物，理當讚美祢，因爲祢藉著祢的聖子，我們

的主耶穌基督，以聖神的德能，養育聖化萬有，又不斷召集子民，好能時時處處，向祢呈上純潔的祭獻。」（彌撒感恩經 第三式）

全世界各地都有聖壇，都有司鐸，各自登壇舉行聖事式祭祀，奉獻基督的體血。地球日夜旋轉一周，隨時隨地都在舉行彌撒聖祭，聖事式的祭祀，日夜不斷，遍佈各地。世界從地上飛上天父的，是所獻基督的血和肉；天父從天堂往下看的，祇看著司鐸所獻的犧牲。整個宇宙結成一片白光，光中祇有被釘十字架的基督耶穌。

信奉基督而結成的新人類，都結集在基督的被釘的身體內，和基督一同在聖事式的彌撒祭祀裡，奉獻自己，感謝造主，歌頌天父。

全世界的彌撒聖祭，結成一個祭祀，司祭是基督，犧牲是基督，司鐸祇充工具，餅酒祇充資料。這唯一的聖祭長久繼續，不分日落日出，常在天父前，認罪求赦，知恩頌德。唯一的祭祀爲唯一的敬禮，由天主聖子奉獻於天父，天父一定說：「這是我的愛子，他是我所喜悅的。」這樣完成了聖保祿宗徒向格林多人所說的：

「因爲一切都是你們的，無論是保祿，或是阿頗羅、或是刻法、或是世界、或是生命、或是死亡、或是現在、或是將來，一切都是你們的，你們卻是基督的，基督則是天父的。」（格林多前書 第三章第二十一節）

我閉眼所看見的一片白光，忽然消失了，變成了黑暗；被釘的基督卻從十字架上發光，光線向下，越大越廣，光中有千萬合掌的手，向著天父說：

「全能的天主聖父，一切崇敬和榮耀，藉著基督，偕同基督，在基督內，並聯合聖神，都歸於祢，永世無疆。」（彌撒聖祭　感恩經）

四、耶穌的孝道（四福音）

一、

耶穌基督降生成人，再造一個新人類，成爲天父的義子，祂因聖洗典禮，將自己的聖神賜給接受洗禮的人，使受洗的信徒分有祂的天主性精神生命，和祂結成一個妙體；祂是妙體的頭，信徒是妙體的肢體；好比一株葡萄樹，祂是樹身軀幹，信徒是枝條。一個受洗的信徒，保有自己以往的人性生命，加上了基督的天主性生命，他在本體方面，已經奇妙地成了天父的子女。

既然是天父的子女，就該認識天父。基督在生時，便將天父顯示給門徒，向他們講述天父。

天父是愛。

「我告訴你們，不要爲維持生命憂慮有什麼吃，有什麼喝，也不要爲身體憂慮有什麼穿。難道生命不比食物更貴重嗎？身體不是比衣服更貴重嗎？你們抬頭看看天空的飛鳥，它們不播種、不收穫，也不在糧倉裡屯糧，你們的天父還是養活它們。你們不比它們更貴重嗎？你們中間有誰能夠運用思慮，使自己的壽命增加一時呢？關於衣服，你們又憂慮什麼？你們觀察一下田野的百合花怎樣生長，它們既不工作，也不紡織，可是我告訴你們：連撒羅滿王在他極盛榮華的時代所披戴的，也比不上一朵百合花。田野的草，今天在，明天就被投入火爐燒掉，天父還這樣裝飾，信仰薄弱的人哪，何況你們呢？天父怎麼不關心！」（馬竇福音 第六章第二十五節）

天父造生了人類，按自己的肖像造人；又派遣了聖子救贖人類，要聖子為人類捨了生命；何況天父是全善全美的天主！

「你們中間有那個人，兒子向他要餅，反而給兒子石頭呢？或者要魚，反而給兒子蛇呢？你們縱然壞，還知道把好東西給兒女，何況你們在天之父，豈不把好的賜給求祂的人？」（馬竇福音 第七章第九節）

一個人的兒女中，常有不孝順的；天父的兒女裡，誰又沒有違背祂的旨意，不守祂的誡命呢？但是天父則常以慈父心腸，等待我們回到祂那裡。耶穌基督講了一個比喻：

「一個人有兩個兒子，那小的一個向父親說：父親，請把我應得的一分家產給我罷！父親就把家產給他們分開了。過了不多幾天，小兒子把所有的一切都收拾起來，離家往遠處去了。他在那裡荒淫度日，又嫖又賭，花費了全部家產。很不幸，又遇著那地方發生大饑荒，他無法度日，便去投靠當地的一家居民，那人打發他到自己的莊田裡去放豬。他恨不得拿豬吃的豆莢來果腹，可是沒有人給他。他才反省，自己父親家裡有多少傭工，豐衣足食，我卻在這裡餓死！我要起來，回到父親那裡，對父親說：爸，我得罪了天，也得罪了你，我不配作你的兒子，求你收下我，當作一個傭工罷！他便起身回到父親那裡去，離家還遠的時候，他的父親就看見了他，動了憐憫的心，跑出去，撲到他的脖子上，熱情地親吻他。他說：爸爸，孩子得罪了天，又得罪了你，我不配再作你的兒子了。父親卻吩咐僕人說：你們快去拿袍子給他穿上，拿戒指戴他手上，給他腳穿上鞋，再把那頭肥牛犢宰了，我們應該吃喝歡宴，因爲我這個兒子是死而復生，失而復得；他們便歡宴起來。

這時，他長子從田間回來，……不肯進去，父親出來勸他。他回答父親說：你看，這些年來我服侍你，從來沒有違背你的命令，而你從未給我一隻小山羊，讓我同朋友們歡聚。現在，你這個兒子，在外面同娼妓們耗盡了你的財產。他一回來，你倒爲他宰了那隻肥牛犢；我好氣哪！父親給他說：孩子，你常同我在一起，凡我所有的，都是你的；但是，你這個弟弟是死而復生，失而復得，我們應當歡宴喜樂。」（路加福音 第十五章第十一節）

這一個最動心的故事，一篇最美麗的文章，值得我抄下全文，同大家多讀幾遍。一位倚閭長望的白髮老父，經月長望，很想看到出走的兒子，可是連一點影子都沒有。一天，忽然遠遠瞧見一個影子，長而瘦，走路不穩，他直覺地感到那是他的小兒子，再睜眼一看，他就跑了出去，撲到兒子的脖子上，緊緊地抱住他，老淚縱橫，他又找到了他的兒子了，歡天喜地，飲酒作樂。

這是一個美麗而動人的比喻，但是耶穌曾經鄭重聲明：

「我告訴你們：對於一個罪人悔改，在天主的使者前，也是這樣歡樂。」（路加福音第十五章第十節）

天父因愛而造了宇宙，因愛而按自己的肖像造了人，因愛而遣聖子降世救人。聖若望宗徒乃說：

「天主是愛。天主對我們的愛在這事上已顯明出來，就是天主把自己的獨子，遣派到世界上來，好使我們藉著祂得到生命。愛就在於此，不是我們愛了天主，而是祂愛了我們，派遣獨子替我們作贖罪祭。」（若望一書 第四章第八節）

基督並且教訓信從祂的人，要仿效天父的愛，泛愛眾人，連仇人也要愛。

「我對你們說：你們該愛你們的仇人，當爲迫害你們的人祈禱，好使你們成爲你們在天之父的子女；因爲祂使太陽上升，光照善人，也光照惡人，降雨給義人也給不義的人。」（馬竇福音 第五章第四十四節）

舊約聖經所描述的天主，明顯地嚴肅可畏，懲罰罪惡，一點不留情。天主要給以色列人頒授十誡時，命摩西召集以色列全體人民，站在西乃山腳下，天主降臨西乃山頭，「這時，西乃全山冒煙，冒出的煙像火窯的煙，全山猛烈振動，角聲越響越高。……眾百姓看見打雷、打閃、吹角，冒煙的山，戰兢害怕，遠遠站著對摩西說：你同我們說話罷！我們定會聽從，不要天主同我們說話，免得我們嚇死！摩西回答說：你們不要害怕，因爲天主降臨是爲警告你們，使你們在祂面前常懷敬畏之心，不敢犯罪。」（出谷記 第十九章第十八節第二十章第十八節）

基督在新約所顯示的天主，滿懷慈父的愛情，不要我們怕，但要我們愛。

「在愛內沒有恐懼，反之，圓滿的愛把恐懼驅逐於外，因爲恐懼內含著懲罰。那恐懼的，在愛內還沒有圓滿。」（若望一書 第四章第十八節）

聖保祿宗徒給羅瑪人寫信，詳細說明這種愛的孝心：

「因爲凡是受天主聖神引導的，都是天主的子女。其實你們所領受的聖神，並非使你們作奴隸，以致仍舊恐懼；而是使你們作義子；因此，我們呼號『啊爸，父呀！』聖神親自和我們的心神一同作證，我們是天主的子女。」（羅瑪人書 第八章第十四節）

不僅在自己生活裡，在自己的內心，不要恐懼，而且遭到外來禍害時，也不要恐懼，一心依恃天父，基督說：

「不要害怕那殺害肉身的，而不能殺害靈魂的。……兩隻麻雀不是賣一個銅錢嗎？但若沒有你們天父的許可，牠們中間連一隻也不會掉在地上。就是你們的頭髮，也都一一數過，所以你們不必害怕，你們比許多麻雀還貴重呢！」（馬竇福音 第十章第二十八節）

「你們要爲我的名字，受眾人的憎恨；但是連你們的一根頭髮，也不會失落，你們要憑著堅忍，保全你們的靈魂。」（路加福音 第二十一章第十七節）

保全我們的靈魂，在現世生活裡，就常和天父相結合，就常體驗天父的愛心，到達來世的永生時，則永恒生活在天父以內。基督啓示我們一個愛我們的天父，教導我們孝愛天父；祂自己在世時，實踐了這種孝愛天父的生活。

二、

當基督誕生的夜間，白冷郡的村童，親自看見天上有結隊的天使，親耳聽到天使歌唱：

「天主在天受光榮，
主愛的人在世享平安。」

這兩句歌詞乃是基督一生的目標，祂降生爲引領背離天主的人，回歸到天主，享受心中的平安，從此光榮天主。

世人因違背天主的旨意，成爲背叛天主的罪人；基督便以遵從天父的旨意，作爲一生言行的規律。

基督十二歲時，跟著父母到耶路撒冷參加宗教大典，事後，獨自留在城裡，若瑟和瑪利亞三天後在聖殿裡找到了祂。

「祂的母親就對祂說：『孩子，爲什麼這樣對待我們？看，你的父親和我，一直痛苦地在找你』！耶穌對他們說：『你們爲什麼找我？你們不知道我必須在我父親那裡嗎？』但是他們不明白他對他們所說的話。」（路加福音　第二章第四十八節）

瑪利亞明明說祂的父親若瑟在找祂，耶穌卻說祂必須在祂父親那裡。祂很明顯地說祂的父親不是若瑟，而是那座聖殿的主人，即是猶太人所敬拜的天主，天主是祂的父親，祂遵從天父的命，必須留在聖殿裡。瑪利亞和若瑟不知道天父要祂留在聖殿裡作什麼？難道就開啓講道？但是耶穌又同他們回納匝肋家裡去了。

三十歲，中國人說是「而立之年」，耶穌離開家鄉，開始講道，先去請若翰給祂受洗，若翰推辭說：「我本來需要受你的洗，而你卻來就我嗎？」耶穌回答他說：「你暫且容許罷，因爲我們應該這樣，以完成全義。」（馬竇福音　第三章第十四節）

舊約先知書裡屢次以天主的名義，說明基督要代替人類的罪受罰，耶穌在開始講道時，便以罪人的身份，接受若翰的洗禮。

受洗以後，「耶穌被聖神領往曠野，……四十天四十夜禁食。」（馬竇福音 第四章第一節）聖神傳達聖父的旨意，要祂在曠野祈禱、靜默、守齋四十晝夜。

第一年傳道經過撒瑪黎雅，在一古井傍等候門徒買食物來充饑，勸化了一個婦人，婦人向全城人廣傳祂是救世主，基督向買食物回來的門徒聲明，祂已經吃飽了，門徒猜測莫非祂吃了撒瑪黎雅婦人的東西，耶穌向他們說：

「我的食物就是奉行遣我者的旨意，完成祂的工程。」（若望福音 第四章第三十四節）

從撒瑪黎雅回到加里肋亞，五旬節時，耶穌上京，到聖殿參加典禮。在京城的羊門附近的水池邊，顯靈治好了一個癱瘓了三十八年的瘸子，猶太人惱恨祂在那一天正是停工的日子治病。耶穌解釋說：

「我的聖父至今常是工作不停，我便也繼續工作。」（若望福音 第五章第十七節）

猶太人更惱怒了，怒祂竟敢妄稱天主爲父，自與天主平等，拿石頭要打死祂。耶穌又解釋說：

「我確實告訴你們，我單獨不能做任何事，我看見父做什麼事，我纔做什麼事。因此，

聖父所做的，我也做。」（同上　第十九節）

九月間的帳棚節，耶穌暗地裡從加里肋亞到耶路撒冷，八天的慶節過了一半，耶穌才公開在聖殿講道。猶太人說這個人沒有讀過書，怎麼會講先知和摩西的道理，耶穌答覆他們說：

「我的教訓不是我的，而是派遣我來者的。誰若願意承行祂的旨意，就會認出這教訓，是出於天主的，或是由我自己講的。由自己講的，尋找自己的光榮；但誰若尋求派遣我來者的光榮，他便是誠實的，在祂內沒有不義。」（若望福音　第七章第十六節）

耶穌不尋求自己的光榮，祇尋求聖父的光榮，引人歸向聖父，在節慶末期，法利塞人和經師們想用捉來的淫婦給祂出難題，問是否按法律把她砸死。耶穌非常沉靜又非常同情的俯身在地方寫字的方式，叫法利塞人和經師們悄悄地都溜走以後，祂高聲向眾人說：「我是世界的光。」法利塞人又罵祂自大，耶穌答說：

「你們祇憑肉眼判斷，我卻不判斷任何人；即使我判斷，我的判斷仍然是真的，因為我不是獨自一個人判斷，而是有我，還有派遣我來的父。」（若望福音　第八章第十五節）

耶穌說自己是世界的光，因為祂講天父的真理，真理使人真正自由，且得永久的生命。猶太人又譏笑祂說，誰能不死，先知和摩西都死了，而且他們的祖先亞巴郎也死了，「你把你當作什麼人呢？」耶穌答覆說：

「我如果光榮我自己，我的光榮算不了什麼！那光榮我的，是我的父，就是我們所稱的『我們的天主』。你們不認識祂，我若說我不認識祂，我便像你們一樣是個撒謊的人。」（若望福音 第八章第五十四節）

耶穌回到加里肋亞，帶著門徒，四處講道，顯現靈跡，法利塞人追蹤祂，圖謀迫害祂。母親瑪利亞由親戚陪著，特別來看祂，耶穌卻向群眾說：

「誰是我的母親和我的兄弟？遂環視祂周圍坐著的人說：看，我的母親和兄弟，凡是誰奉行天主的旨意，他就是我的兄弟，姊姊和母親。」（馬爾谷福音 第三章第三十三節）

耶穌降生人世，不由血統的關係，是由天父以聖神的神能而在母胎受孕，祂又是天主聖子，因此若講親屬關係，祇能從聖父一面去講。人和聖父的關係，在承行聖父的旨意。和聖父發生了關係，才和祂有關係。和祂有關係的人，聖父交給祂照顧，祂稱他們是祂的羊群，祂自己是善牧，爲羊捨棄自己的性命。

「父，愛我，因爲我捨掉我的性命，再又取回它來。誰也不能拿去我的性命，而是我甘心情願捨掉它；我有權捨掉它，我也有權再取回它來；這是我由我父所接受的命令。」（若望福音 第十章第十七節）

天父的命令，是犧牲性命以贖世人的罪，耶穌知道天父的命，祂全心順從。但捨掉性命後，天父要祂復活，重新取回生命。

講道第二年冬天，耶穌上耶路撒冷過聖殿重建節，在聖殿的遊廊下，向猶太人說：

「我的羊聽我的聲音，我也認識他們，他們也跟隨我。我賜予他們永生，他們永遠不會喪亡，誰也不能從我手中把他們奪去。我那賜給我羊群的人，超越一切。爲此，誰也不能從我父手中將他們奪去。我和父原是一體。」（若望福音 第十章第二十七節）

猶太人拿石頭要砸祂，因祂說和天主一體。耶穌說：

「假使我不作我父的工作，你們就不必信我。若是我作了，你們縱使不肯信我，至少要信這些工作，這樣，你們必定認出父在我內，我在父內。」（同上，第三十七節）

耶穌是人，是在世活著；但是祂和天主是一體，祂作的工作，是天父的工作。講道、講論聖父；顯靈，顯示聖父。耶穌使埋了已幾近四天的辣匝祿復活時，先向聖父說：

「父啊！我感謝祢，因爲祢俯聽了我，我本來知道祢常常俯聽我，我說這話，是爲了四周站立的群眾，好叫他們信是祢派遣了我。」（若望福音 第十一章第四十一節）

耶穌時時刻刻，事事處處，都要人信祂是由天父派遣來的，不是自作主張，最後一次在耶路撒冷講道說：

「信我的，不是信我，而是信那派遣我來的；看見我的，也就是看見那派遣我來的。……我沒有憑我自己說話，而是派遣我來的父，祂給我出了命，叫我該說什麼，該講什麼。我知道祂的命令就是永生；所以我所講論的，全是依照父對我所說的而講論的。」（若望福音 第十二章第四十四節第四十九節）

因此，在遭難前夕，和宗徒們用巴斯卦晚餐，作最後的一切吩咐時，斐里伯要求祂顯示天父，耶穌很嘆惜說：

「斐里伯，這麼長的時間，我和你們在一起，而你還不認識我嗎？誰看見了我，就是看見了父；你怎麼說：把父顯示給我們呢？你不信我在父內，父在我內嗎？我對你們所說的話，不是憑我自己所講的，而是住在我內的父，作祂自己的事。」（若望福音 第十四章第九節）

在晚餐結束時，基督向天父祈禱：

「父啊！願他們在我們內合而爲一，就如祢在我內，我在祢內，爲叫世界相信是派遣了我，我將祢賜給我的光榮賜給了他們，爲叫他們合而爲一，就如我們原爲一體一樣。……我已經將祢的名宣示給他們了，我還要宣示，好使祢愛我的愛，在他們內，我也在他們內。」（若望福音 第七章第二十一節第二十六節）

基督從天父所領受的使命，是引人認識天父，回歸天父，愛敬天父。基督三年的工夫，宣講了天父的愛，使人不怕天父；但爲引人歸向聖父，必須補贖人類的罪，補贖的工作，乃是捨生。基督要以自己的身體，充當祭祀的犧牲，在十字架上自己祭獻於天父。

死，是人生的痛苦；接受羞辱、受鞭打、受釘穿的死，更是人生莫大的痛苦。耶穌用了晚餐，知道苦刑的死已經臨近時，對門徒說：

「我的心靈憂悶得要死！你們留在這裡同我一起醒寤祈禱罷！祂稍微前行，就俯首至地祈禱說：我的天父！若是可能，就讓這苦杯離開我罷！但不要照我，而要照祢所願意的。……祂第二次再去祈禱說：我的天父，如果這苦杯不能離去，非要我喝不可，就成就你的意願罷！……第三次去祈禱，又說了同樣的話。」（馬竇福音　第二十六章第三十八節第四十二節第四十四節）

「有一位天使，從天上顯現給祂，加強祂的力量，祂在極度恐慌中．祈禱越發懇切，祂的汗如同血珠滴在地上。」（路加福音　第二十二章第四十三節）

祈禱以後，心情平穩了，起身去迎接死亡，奉行天父的旨意。當伯鐸（彼得）拔劍砍傷來捉拿耶穌的人，耶穌說：

「收回你的劍，凡持劍的，必死在劍下。你想我不能要求我父，即刻給我調動十二軍以上的天使嗎？若這樣，怎能實現經書上所說該應驗天父的旨意呢？」（馬竇福音　第二十六章第五十二節）

完全遵從聖父的旨意，在羅瑪總督府受審時，莊嚴沉默，一語不發，羅瑪總督很奇怪，向祂說：

「祢對我也不說話嗎？我有權釋放祢，也有權釘祢在十字架上嗎？耶穌答說：若不是由上天賜給你，你對我什麼權也沒有。」（若望福音 第十九章第十節）

基督被釘在十字架上，到臨危時，抬頭說：「一切都徹底完成了。」（若望福音 第十九章第三十節）然後大聲喊說：

「父啊！我把我的靈魂交托在祢手中。」（路加福音 第二十三章第四十六節）

「說完這話，就斷了氣。」（同上）

耶穌基督的孝道是成全的孝道，將儒家的孝道貫徹到底，遵行天父意旨，絲毫不錯。宣揚天父的慈愛，引人回歸聖父。再造新的人類，結合人類和自己成一體，以讚頌天父創造宇宙的美善；使人成為天父的子女，永遠感恩愛慕。

五、獻身於天父（修會生活）

一、

公元一九四七年，在巴肋斯坦的死海附近，古蘭（Khirbet Lumran）廢墟的山洞裡，發現了多種猶太古卷。考古家證實古蘭廢墟爲一處猶太隱士的會院，古卷爲隱士會院的抄本，抄本裡有幾卷古經舊約的書，對考據學有很大的價值，隱士屬於「厄色儀派」（Essenien）。

厄色儀派隱士約在公元前一百五十年左右，當時以色列民族英雄馬加伯家庭失敗以後，反抗異教統治的以色列人，逃亡到死海附近，在山洞裡藏匿，拒絕和社會人士接獨，形成一種隱士的團體生活。他們嚴守猶太古教的禮規，按時祈禱，研究古經舊約，長齋素食，獨身不娶。公元六十八年，羅瑪軍隊征服猶太人的叛變，燒毀了耶路撒冷聖殿，也殺盡了古蘭的隱士，少數逃生的則散在附近的沙漠荒野裡。

當耶穌基督開始講道時，約旦河岸來了一位先知，名叫若翰，呼籲以色列人改過行善，預備接納救主。若翰是耶穌的表兄，是聖母瑪利亞的表姐依撒伯爾的兒子。路加福音記載了他的出生，以後再沒有消息，一直到他突然出現在約但河岸講道，又在河水中授洗。那時是羅瑪皇提庇留（Tiberius）執政的第十五年。

瑪竇福音說：

「這若翰穿著駱駝皮做的衣服，腰間束著皮帶，他的食物是蝗蟲和野蜜。」（瑪竇福音第三章第四節）

馬爾谷福音說：

「洗者若翰便在曠野裡出現，宣講悔改的洗禮，爲得罪之赦。……若翰穿的是駱駝毛的衣服，腰間束的是皮帶，吃的是蝗蟲和野蜜。」（馬爾谷福音 第一章第四節）

若翰是從曠野裡出來的，所有的衣著和食物，和「厄色儀派」隱士的生活習慣相同。若翰一生便獻身於天主，隱居在曠野裡，及到路加福音所說：

「在荒野裡有天主的話，傳給匝加利亞的兒子若翰。他遂來走遍約旦河一帶地方，宣講悔改的洗禮，爲得罪之赦。」（路加福音 第三章第二節）

若翰在父母去世以後，隱入荒曠，斷絕和以色列社會的關係。生活的精神是絕對的，放棄人間名利聲色的全部追求和享受，一心敬愛以色列的天主，白天黑夜在荒野和日月星辰相伴，住在山洞，閱讀舊約古經，心常沉在默禱中。不怕風雨的考驗，沒有寒冷的憂慮，不顧饑渴的煎熬，沒有病痛的困擾。他的精神煉成一塊屹立不搖的銅柱，他的思想凝成一部一筆不缺的律法。耶穌基督後來作證說：

「你們出去到荒野裡去看什麼？去看一枝被風搖曳的蘆葦嗎？你們出去到底是爲看什麼呢？是爲看一位穿細軟衣服的人嗎？那衣著華麗和生活奢侈的人，是在王宮裡。你們出去究竟是爲看什麼呢？爲看一位先知嗎？是的，我告訴你們：而且他比先知還大。關於這個人經上記載說：看，我派遣我的使者，在你面前，他要在你前面預備你道路。」（路加福音第七章第二十四節）

若翰是天主所派的使者，在基督剛要開始講道時，他奉派來預備基督的道路，勸以色列人悔改。他的言詞有如利劍，有如烈火，對以色列的領導階級噴火：

「毒蛇的種類！誰指教你們逃避即將來臨的天怒？那麼，就快結悔改的相稱果實罷！你們不要自己妄自尊大，認爲有亞巴郎作祖宗。我告訴你們，天主能夠從這些石頭給亞巴郎生出子孫！斧頭已放在樹根上，凡不結好果子的樹，就被砍倒，投入火裡燒掉。」（瑪竇福音第三章第七節）

「群眾問他說：那麼我們該作什麼呢？他答覆他們說：有兩件內衣的，要分給那沒有的；有食物的，也照樣做。稅吏也來受洗，並問他說：師傅，我們該作什麼呢？他向他們說：除給你們規定的外，不要多徵收！軍人也問他說：我們該作什麼呢？他向他們說：不要勒索人，也不要敲詐，對你們的糧餉應該知足。」（路加福音 第三章第十節）

不妥協、不遷就、不推諉、直言不諱。這是若翰的精神，他沒有名和位的想念，卻有天主誡命的追求。當時人們都說若翰的宣講有古代厄里亞先知的衝勁，先知的話很含火藥味，被以色列的國王追殺，他向天主說：「上主啊！現在已經夠了，收去我的性命罷！因爲我並不如我的祖先好。」上主問他說：「厄里亞，你在這裡做什麼？」他答說：

「我爲上主萬軍的天主憂心如焚，因爲以色列子民背棄了你的盟約，毀壞了你的祭壇，刀斬了你的先知，只剩下了我一個，他們還要奪取我的性命。」（列王傳上 第十九章第十四節）

但是厄里亞並不退縮；以色列的國王阿哈布聽了妻子依則貝爾殺了一個平民納波特，厄里亞受天主派遣，指責國王說：

「是，我找到了你的錯，因爲你出賣了自己，做了上主視爲惡的事，我必要在你身上降災，消滅你的宗族。以色列所有屬於阿哈布的男子，無論是自由的或不自由的，一概滅絕。我要使你的家像乃巴特的兒子雅洛貝罕的家，又像阿希雅的兒子巴厄沙的家，因爲你使以色列民族陷於罪惡，惹我發怒。至於你的妻子依則貝爾，上主也預告說：狗要在依吹勒日人納波特的田間，吞食依則貝耳。凡屬阿哈布的的人，死在城中的，要被狗吞食，死在田間的，要爲空中飛鳥啄食。」（列王傳上 第二十一章第二十節）

阿哈布戰慄起來，認罪求恕。厄里亞又奉上主派遣，向他說：

「他既然在我面前自卑自謙，在他有生之日，我不降此災禍；但是到他兒子的日子，我要使這些災難臨於他家。」（同上，第二十九節）

阿哈布的兒子阿哈齊雅也追殺厄里亞，厄里亞兩次呼喚天火燒死國王所派的五十名兵士和兵長。第三次，兵長跪求免死，厄里亞同他往見國王，對國王說：

「上主這樣說：由於你打發使者去求問厄刻龍的神巴耳則步布，好像在以色列沒有天主可以向祂求問指示，因此，你再不能從你所上的床下來，你必定要死」（列王傳下 第一章第十六節）

厄里亞曾在加爾默落山上隱居，也曾在曠野裡藏身，他沒有家，常和上主交談，爲天主的事憂心如焚，奉天主派遣，奮不顧身。若翰稟承了厄里亞的精神，人們也相信他是厄里亞，耶穌解釋說：

「厄里亞的確要來，且要重整一切；但我告訴你們，厄里亞已經來了，人們卻不認識他；照樣，人子（基督）也要受他們的磨難。門徒這纔明白耶穌給他們所說的，是指的洗者若翰。」（瑪竇福音 第十七章第十二節）

在若翰出生以前，天主的天使就告訴了他的父親匝加里亞說：

「你的妻子依撒伯爾要給你生一個孩子，你要給他起名叫若翰，你必要喜樂歡躍，許多人也要因他的誕生而喜樂，因爲他在上主前將是偉大的。淡酒濃酒他都不要喝，而且他在母胎中就要充滿聖神，他要使許多以色列子民轉向天主。他要以厄里亞的精神和能力，在他前面先行，使爲父的心轉向兒子，使悖逆者接受義人的心意，並爲上主準備一個善良的百姓。」（路加福音 第一章第十三節）

若翰和厄里亞的人格，同屬剛毅形，行事追求徹底，不打折扣，他們愛天主的愛是絕對的，不顧人間的情面。當以色列人相信若翰的宣講，景仰他生活的嚴肅，認他是救主基督時，他毫不躊躇地說：

「我固然用水洗你們，爲使你們悔改；但在我以後要來的那一位，比我更強，我連提他的鞋也不配，他要用聖神及火洗你們。」（瑪竇福音 第三章第十一節）

「人不能領受什麼，除非有天上的賞賜。你們自己可以給我作證，我曾說過我不是默西亞（救主基督），我只是被派遣作祂前驅的。有新娘的是新郎，新郎的朋友，侍立靜聽，一聽到新郎的聲音，就非常喜樂；我的喜樂已滿足了。祂應該興盛，我卻應該衰微。」（若望福音 第三章第二十七節）

「當時猶太人從耶路撒冷派遣了司祭和肋未族人，到若翰那裡問他說：你是誰？他明明承認，並沒有否認，他明認說：我不是默西亞。……我是如同依撒意亞先知所說：我是在曠野裡的呼聲，修直主的道路罷！……我以水洗你們，你們中間卻站著一位，是你們所不認識的；祂在我以後來，我卻當不起解祂的鞋帶。」（若望福音 第一章第十九節）

正直無私，爽快乾淨，不拖泥帶水，是就是，非就非，表現豪傑的人格。

加里肋亞的封侯，爲黑落德王的兒子安提帕，黑落德王曾因三位東方賢士報告誕生了猶太新王（耶穌）下詔殺了白冷郡兩歲以下的嬰孩。安提帕侯在這時到羅瑪朝見羅瑪皇，在羅瑪城有他一個同父異母的弟弟，名叫斐里伯。這一個賦閒的弟弟，娶了一個姿色美女黑落狄雅。安提帕侯竟和她私通，娶她爲妻，帶她回加里肋亞侯宮。若翰往見安提帕侯，直言對他說：

「按理你不能娶納這個女人！」（瑪竇福音 第十四章第四節）

安提帕侯逮捕了若翰，禁錮在死海濱的「馬格龍」苦牢裡。「本有意殺他，但害怕群眾，因爲他們都以若翰爲先知。」（同上，第五節）

「一天，安提帕侯慶壽，大開筵宴，闔朝文武大官都在座。席間，黑落狄雅和前夫所生的女兒撒羅默就筵前起舞，舞姿翩躚，大快父侯之心。安提帕侯當眾問女兒願請何賞，宣誓所求必與，就是半壁江山也不吝惜，撒羅默飛奔內宮，詢問母親該有何求，旋即奔回，口稱求以若翰的頭顱見賜。安提帕面色一變，心中不悅；但礙於滿座客人的情面，不好收回成言，便命差役入獄，斬殺若翰，捧來人頭。撒羅默接了，捧著往見母親。淫婦持針，亂刺若翰的舌，以洩心恨，徒弟們得到了凶信，入獄收屍，照禮安葬。」㈠

若翰為正義而捐軀，在天主的選民以色列中保護天主的誡律，膽敢冒犯侯王的虎威，置生死於度外，以殉道而結束全心愛天主的生活。

二、

在摩西從天主所接受的十誡中，第一條是「全心、全靈、全意、全力愛天主在諸有之上」。這條誡命，凡是以色列人都該遵守。耶穌基督重新肯定這條誡命，而且加上：「若你願意做一個成全的人，你去，變賣你的家產，分散給窮人，你在天上儲蓄了你的寶藏，你就來跟隨我。」（瑪竇福音 第十九章第二十一節）

厄里亞和若翰隱居在曠野或深山，放棄了一切，耶穌基督標舉他們的生活，作為成人的生活。天主教會初期從近來各處，許多男青年拋棄家庭，逃避社會，安居在埃及北部的曠野裡，祈禱、歌誦、默想、反省，日夜不停。著名的安當院長，在第四紀初年，在曠野裡招收門徒，他在公元三五六年去世，高壽一百零五歲，曠野裡的門徒多達兩到三千人。他們都長齋苦修，革除身體的一切享受，全心、全靈、全意、全力敬愛天主。除敬愛天主以外，沒有任何的想念。心目中祗有基督的福音，生活裡仿效若翰的絕俗。同時，巴肋斯坦的西奈山，也多有隱士，隱居山間，聖安當的一位徒弟易拉里（Hilarius）在公元三百零六年，開始了巴肋斯坦的隱士生活，耶路撒冷的近郊，興造婦女隱修院。著名的聖經學士聖熱洛尼莫從三八六年到四二〇年主管白冷的男隱修院，他的女門徒則主管女隱修院。厄里亞的隱修精神，便留傳在這些隱修士修女中。

在曠野隱修的修士，一生苦修，然而還有點浪漫氣氛，各人自作主張，祇在大眾公共的活動上，受院長節制。浪漫氣氛日久則可生流弊，而且在曠野以外，另外在羅瑪皇城裡不能有獨自隱修的地方。羅瑪城中有聖熱洛尼莫的女門徒建立苦修生活的團體，訂定生活的規章，接受院長的領導，開始隱修修院的制度，各院獨立。大神學家聖奧斯定在此洲創立了他制定院規的修院。

約於公元四百八十年，在義大利中部努思加（Nunsica）的一位貴族家出生聖本篤，青年被送到羅瑪求學，因厭惡俗情色慾充斥羅瑪貴族，乃放棄羅瑪，隱居蘇彼雅各山的一洞中，飲清水、吃麵包，他的妹妹斯哥拉斯蒂德（Scholastica）則在家守貞吃素。公元五百二十九年，聖本篤在義大利拿波里北部加西諾山上建造了本篤會的會院，創立了本篤會，塑造了歐洲中世紀精神生活的範疇，奠基了歐洲近代的文化。

當時蠻族入主歐洲，中斷了古羅瑪的文化，本篤會院在歐陸各處，教育蠻族人識字讀書，帶領他們耕田種麥。本篤會修士生活的標語爲「祈禱和工作」。修士分居在修院內，不能遷居，白天黑夜，分七個時辰唱經祈禱。祈禱的經文爲舊約聖經的聖詠，祈禱的方式爲按禮儀歌頌聖詠詩篇，工作則是抄書教書，耕地種園。把以往隱修士生活的精神，融化歐洲的人文生活。

本篤會在歐洲發展很快，分支也很多，最大的一派爲法國的克律尼（Clumy）。在公元一一一五年，聖伯爾納多（S. Bernandus）成爲克律尼修院院長，院務的發展，達到頂點。伯爾納多仍保持前期隱修士的苦修生活，長齋苦身，一心愛慕天主。

佔據歐洲大陸和英吉利海島的蠻族，已經成了文明人，巴黎大學和牛津劍橋大學已經開學，社會風俗習慣，脫去了樸素倔毅的習氣，走上了文靡淫亂的路，義大利的聖方濟和同時的聖道明，創立了兩個化緣的修會，聖方濟生於公元一一八一或一一八二年，去世於公元一二二六年。他徹底接納基督的教訓，度赤貧的生活，修士化緣以度日，改革本篤會置產的習慣；又愛慕基督忍受痛苦的精神，喜歡十字架的折磨。他的修士到社會各處宣講，勸人恢復宗教信仰。聖道明爲西班牙人，憂慮西班牙被邪教異端所侵害，一心宣道攻斥異端；他的修士講習神學，著書立說，如聖多瑪斯集歐洲神學的大成。方濟會和道明會的修院遍佈歐洲，會士遠到中國，又到南美，宣傳福音；兩個修會，成了天主教會的兩大壁柱。

文藝復興，歐洲充滿浪漫風氣，騎士的情歌遍傳各國。路德叛教了，教會分裂，羅瑪教宗乃力圖改革。聖依納爵乃創立了耶穌會，以嚴格的組織，深湛的培育，造成一輩從事精神建設的修士。

文藝的浪漫潮流，流向了理性主義，由理性而發展科學，歐洲已成爲自然科學的園地。耶穌會士以研究科學的精神研究學術，以科學方法的嚴密著實精神從事心靈的修養。有學術思想、有工作規律、有嚴密組織，耶穌會遂成了近代教會的中流砥柱。

近代教會中獻身苦修的修士修女，在浪漫主義的潮流中，如雨後春筍，遍地滋生。修會規律或緊或鬆，然都保持三項誓願：淸貧、獨身、服從。修士修女全心奉獻自己於天主，沒有家庭、沒有財產、服從會長指派工作，構成了教會的一些生力軍。

廿世紀，婦女走出家庭，投身社會工作。獻身於天主的女士，也願不住在修院，興起一種在俗的修會，獻身於天主的男女，沒有會院、沒有會服，生活在一般社會人士的生活中，但是誓守獨身，金錢公用，全心爲天主而工作。還有一般的教友，有家室，有職業，也參加他們或她們的組織，許諾謹守職業道德，每天勤行宗教的祈禱和反省，特別是參予彌撒祭祀。

獻身隱修的生活，從若翰開始的穴居野處，成爲埃及的曠野苦修，漸變爲住院的隱修，聖本篤改變隱修爲祈禱和工作的生活，住院而從事社會工作。聖方濟和聖道明創立化緣修會，清貧的修士走遍全球，宣講福音，聖依納爵更首創規律嚴肅的耶穌會，有軍人生活的風氣。廿世紀，在俗的獻身生活，應運而起，目前方興未艾，自強不息。

隱修的目標，常在全心全靈全意全力，愛天主在萬有之上。天父至高至尊，天父又至美至善，非常可敬，非常可愛。隱修的人放棄人間名、色、財、位，獻身於天父，誓許一生接受祂的旨意，在天命中生活。

我是一個獻身於天父的人，不是一位隱修士，是一位教士。教士在接受司鐸（神父）職位時，許誓獨身，又許諾服從教區主教。教士的職務，在於執行歸於天主的事；舉行聖祭，施行聖事，宣講福音。主教則爲教友的牧人，管理教區。

我是承蒙天父的聖召，接受天父的派遣，奉有天父的使命。依照聖保祿宗徒所說：「這樣說來，人當以我們爲基督的服務員和天主奧祕的管理員。說到管理員，特別對他的要求，就是要他表現忠信。」（格林多前書 第四章第一節）

我要忠於我的職務，以彌撒聖祭作爲標幟，代替基督；以基督名義，奉獻十字架上獻身的犧牲；基督的體，基督的血，獻於天父，補償世人的罪，全心稱頌天父。我也將自己，結合於基督的體血，作爲犧牲。我的生命用爲贖罪，用爲稱頌。

我被祝聖爲主教，管理教區，並要建立教區，聖保祿宗徒說：

「各人應該注意怎樣在上面建築，因爲除已奠立了的基礎，即耶穌基督外，任何人不能奠立別的基礎，人可用金、銀、寶石、木、草、禾楷，在這根基上建築。但各人的工程將來總必顯露出來，因爲主的日子要把它揭露出來，而且主的日子要在火中出現，這火要考驗各人的工程。誰在那基礎上所建築的工程，若存得住，他必獲得賞報；但誰的工程若被焚毀了，他就要受到損失，自己固可得救，可是仍像從火中經過被燒焦了。」（同上，第三章第十一節）

我常反省，是否把自己作爲基礎，建立教區或學校？我所用的材料，祇是木和草，或甚至祇是禾稭，經不起天火的考驗？我是不是正在考驗的天火中，燒得焦頭爛額？㈠

註：

㈠ 羅克基督傳　頁三十二　上智出版社。

六、赤子心情（聖方濟）

一、

宇宙被造數不清的年數後，天主揀選了亞巴郎作以色列人的祖宗，以色列民族成了天主的選民。人類出現在地球上也有百萬年，一切自然發展，天主沒有特加干預。但到預定的救主將要降生，天主爲預備救主的工作，揀選了以色列民族，不僅爲救主從這民族降生，還特別爲啓示這個民族，唯一真神天主的信仰，及救主降生的必要。天主親自領導這個民族，親自立定生活的規誡，親自顯靈保護他們，拯救他們出離埃及的迫害，引領他們到巴勒斯坦建立國家。但是以色列民族卻個性強悍，急求功效，天主稍一鬆手，就掉頭轉向別的邪神，天主對他們便嚴予懲罰，派遣先知指責他們。先知們都直言傳達天主的警語，常是言下不留情，厄里亞先知可以說是口噴烈火；公元前七百五〇年代的亞毛斯先知指責北國以色列人，也是義正詞嚴，撒瑪黎雅的一個司祭禁止他發言，亞毛斯就說：「現在，你且聽上主天主說什麼。你說不要講預言攻擊以色列，不要發言反對依撒格家！爲此，上主這樣說：『你的妻子必在城中賣淫，你的子女必喪身刀下，你的田地必被人以繩墨瓜分，你自己必死在不潔之地，以色列人必被擄去充軍，遠離本土。』」（亞毛斯福音 第七章第十六節）

被選的民族，不知恩、不感謝，天主不輕饒他們的罪。舊約聖經的天主，常有盛怒不息的形像。聖子救主降生了，獻身自作犧牲，補贖人類的罪，又繼續自己的祭祀，常為世人中保。招集信祂的人，以洗禮賜給他們自己的神性生命，和自己結成一體，成為天主的子女。天主再看人類，就由聖子救主看人類，人類祈禱天主，就由聖子上達天主，新約聖經的天主，乃有慈父的形像，天人的關係，是父子的關係。耶穌基督在最後晚餐裡向天父祈禱：「我在他們內，祢在我內，使他們完全合而為一，為叫世界知道是祢派遣了我，並且祢愛了他們，如同愛了我一樣。」（若望福音 第十七章第二十三節）

耶穌祈禱常開端說：「父啊！」祂教門徒祈禱，開端一句是：「我們在天上的父親」，即「我們的天父。」

一位徹底了解耶穌心情的人，又能徹底去實踐，乃是亞細細的聖方濟，也稱五傷方濟。

聖方濟生於義大利中部亞細細城，大約在公元一一八一或一一八二年間。父親伯祿，伯爾納多能（Pietns Bernandone），賣布經商，頗有積蓄。方濟青年時，浪漫成性，身有騎士的風氣。喜向女人表情。但他心底卻藏著深厚的宗教信仰，外面則行善好施。

父親伯祿認爲兒子不務正業，浪費家產，雖經勸責，久不醒悟，一天，抓著兒子，招集親人，走到亞細細主教府，當著主教，指著兒子，聲明斷絕父子關係，將來不許承受遺產。方濟離開父親，當眾脫去衣裳，僅留內衣，高聲喊說：「以後我沒有父親，更自由地呼喚天父。」便躲入主教的大氅裡。從那天以後，方濟日間常在聖母小堂裡祈禱，夜間到城外山洞睡眠。克己苦身，化緣度日。城裡的人看他衣不蔽體，當他一個瘋子，小孩子跟著他譏笑，拋石子打他。父親更是認爲家門之辱，禁絕家人和他來往。

亞細細一個富家成年人，名叫伯爾納多（Bernandus）觀察方濟，知道他精神正常，便邀他到家吃晚飯過夜。方濟來了，吃了晚飯，兩人就登床就寢，燈光不息，片刻，兩人都鼾聲大作。其實，兩人都作假睡。方濟聽到伯爾納多鼾聲如雷，便起床照常祈禱，高舉雙手，抬頭向天，反覆唸著：「我的天主，我的萬有！」長吁短嘆，滿臉熱淚，整夜不停，忘記自己身在何處。伯爾納多看在眼裡，記在心頭，次日清晨，向方濟說願意作他的徒弟。馬上到主教會堂，參與彌撒聖祭，彌撒後，翻開聖經，請求天主指示，第一次翻開，看到耶穌對一青年的話去變賣家產來跟隨祂。第二次翻開，看到耶穌對門徒的話：出去傳道，什麼錢和衣都不要帶。第三次翻開，看到耶穌的話：誰願跟隨祂，要背自己的十字架。伯爾納多回家，變賣了所有的一切，施捨給窮人，決心成爲方濟的第一個門徒。

二、

聖方濟的父親，賣布經商，「十二世紀初，在義大利的自治區裡那些勞動和受苦的人們，以及騎著騾子，帶著一捆捆的布料或一包包的羊毛，袋裡盛著新鑄的錢幣，翻山越嶺，走過阿爾卑斯高山，在那時代已在做著我們現代的工作，幹著新奇事業的新式騎士，都聽不到隱士們的聲音，而是從阿爾卑斯山那面來的異議的邪說派徒，有咯大利派（Catari），有巴大里尼派（Patanini），也有瓦爾代西派（Valdesi）。他們到處散播謬說，叫人重度福音生活，宣傳貧窮、勞動、共產、反抗教會。聽他們宣講的是一般的平民大眾，工人和婦女。他們用煽惑人心的言論，攻訐聖職人員和隱修士，批評他們有時或有的不良行爲。他們又自稱修有貧窮和貞潔的美德，而爲基督的真正弟子。當對司鐸講道時，說的是拉丁文，他們卻用本地言語宣講福音。」㈠當時中產階級，「他們不喜歡聽拉丁文，討厭漫長的宗教聖歌禮儀，也沒有時間再上隱修院去請求平安祝福。他們開始用本地文字來寫作閱讀，也用來記賬。」㈡當時最需要新的修士，到社會裡去講道，對抗異議的邪說。

聖方濟組織這種新的修會，以宣道爲職務。宣道的修士需要愛清貧、愛貞潔，以矯正當時聖職界和隱修院的貴族式的生活。聖方濟自己徹底清貧，也要求自己的門徒一貧如洗，立定會規說：

「任何弟兄，不拘在何處，往何處，不應在任何方式下帶有，或接受，或託人求乞金錢。既不得藉口買衣服或書籍，亦不得藉口工資，或其他事由接受金錢。……求乞乃貧人之遺產與權利；是吾主耶穌基督替我們獲得的。」㈢

有一次，聖方濟患病，門生修士良（Leo）在榻旁侍候。良修士忽然神遊天外，夢境中看見大批修士，背著包袱，走過急流水港，都被水衝走。另一批修士，肩頭沒有東西，手上也不提東西，走到港裡，輕鬆地走過了急流。良修士把夢境所見，告訴聖方濟，聖方濟解釋說：急流水港是人間社會，背著包袱的修士愛惜財物，被人間社會所淹沒，沒有帶東西的修士心愛清貧，無所掛戀，不被俗情所淹。

聖方濟一次帶了十二個門徒，到巴比倫回族國去傳道，兩人一組，他帶一個門徒到一旅舍投宿，旅舍中一美女，殷勤招待，安置了聖方濟的徒弟，請聖方濟往裡面走，進入一間幽美的房間，誘引苟合，聖方濟就在房裡點燒柴火，把燒紅的柴木攤開，突然脫衣倒臥柴火上，招手美女脫衣來睡。女人嚇得魂不附體，又見柴火並不燒燻方濟，極度驚疑，聖方濟卻說，犯邪淫罪，將在地獄永火中燒，女人悔悟了，奔走出房，次日認罪求恕，改過自新。

清貧、貞潔，為聖方濟生活的兩面翅膀，常能振翅高飛，不受當時社會的污染。

但是為講道，聖方濟不失赤子心情。講到耶穌為贖人類的罪，受盡苦辱，他便當眾脫去上衣，用鐵鏈鞭打胸背，鮮血直流，聽眾大為感動。一次，他派門徒路費諾（Rufino）到教堂講道，門徒自認拙於言語，聖方濟便命他脫去上衣，往教堂裡去。門徒走後，聖方濟一想：「方濟各，你原是納爾道能的兒子，是一個默默無聞的卑賤人，你竟不自量，給亞細細城的顯貴望族出身的路費諾修士，出了那樣一個難堪的命令，教他像一個瘋子似的，到城市聖堂中講道？現在，你該依賴天主的聖寵，將給別人所出的那種苛刻的命令，在你身上也實現罷！」他就脫去上衣，趕快追去，街上的人看到兩個赤裸上身的修士，譏笑他們精神失常了。但是兩個登上講台，聖方濟講耶穌受難，鞭責自己，堂中聽眾都淚流滿面。

一次，聖方濟偕徒弟馬賽伍（Maxentius）往一地方講道，走到一個三叉路口，不知道往那一方面走。聖方濟叫馬賽伍在三叉路口的中心點，站著打轉，等著他叫停止時，才停。馬修士像螺旋絲開始旋轉，過路的人停步看稀奇，修士轉得眼昏頭暈，幾次跌例，爬起又轉，等到聖方濟說停，他才停止。聖方濟說他臉朝那一方，就向那方的路去。快到那面的城門時，城中人擁出，把他們倆人用手抬架著進城，往城內兩派人在動干戈的地方，聖方濟連忙勸阻，平息一場流血爭鬥。

三、

聖方濟赤子的心情，和人相接，真摯動人；和物相接，竟使物親近。

一次，在加撒肋山區，有三個打家劫舍的強盜，迫於饑寒，到山區的方濟修院要飯，院長安和樂修士（Angelo）大加斥責，拒不給食物，三個強盜飲恨別去。不久，聖方濟從外化緣回來，帶著一袋麵包和一瓶酒，一聽安和樂打發強盜空腹走了，就命安和樂拿他化緣所得的東西，趕快去追強盜，把東西給他們。安修士在山頂山谷四處尋找，幸而找到了，照聖方濟的吩咐，把麵包和酒都給了他們，剛回到修院，三個強盜隨後也來了，跪在聖方濟面前，懇求收容入院，終生作修士。

一次，在古比奧城外，突然來了一隻凶暴的豺狼，吞噬家畜，而且傷人。城中人談狼色變，不敢單身出城。聖方濟得知這事，便帶幾個門徒到城外找豺狼，城中人拿著武器，跟隨在後。聖方濟出城，望空用手劃了一個十字聖號，走向豺狼藏身的山窟。豺狼一躍而出，張開血盆大口。聖方濟朝牠作十字聖號，叫說：「狼兄弟，你來吧！我以耶穌聖名，命你不許傷人。」一狼垂頭來到跟前，臥在地上。聖方濟指責牠一頓，命以後不許傷害人畜，也許下城裡人每天給牠食物。聖方濟伸出右手，豺狼起身把右前爪放在他手上，互結盟約，狼跟著聖人入城，城中人圍著觀看。聖方濟命狼當眾再舉右爪，以示結約。豺狼聽命，以後像一隻家犬，每天入城穿巷，在古比奧活了兩年，老死窩中。

一次，聖方濟在路上遇見一個青年獵夫，提著一籠被捕到的野鴿子，到市場去賣。聖方濟很喜愛那些善良的動物，可惜牠們被賣去殺掉，就對獵夫說：「善心的青年朋友，聖經上說：鴿子是謙遜，純潔的象徵，不要把牠們賣給人吃了，請你把牠們送給我罷！你自己將來可以成爲我修會的修士。」青年獵夫便把鴿子和籠子都送給他。聖方濟把鴿子帶到修院，用木板蓋了幾個窠，野鴿子變成了家養鴿子，年青獵夫後來也進了修會。

聖方濟眼睛有毛病，醫生要行手術，手術用火燒。聖方濟對火說：「火姐，你輕一點罷！不要燒的太痛。」

聖方濟對於自然界物體，常稱兄稱妹，看牠們如同親人。他用本地土語，作了一篇太陽歌，現在視爲義大利文的初期文學作品。

「我主　祢造生萬物
創造太陽兄弟
陽光普照　白晝明朗美麗
祢應受讚美

太陽美妙　照射光輝
至高者主　太陽象徵祢
我主　祢創造月亮妹妹和星辰
安置天上　光明　美好　珍貴
祢應受讚美
我主　祢創造風兄弟
造了空氣和白雲
氣候分明
給萬物以支持
祢應受讚美
我主　祢創造水妹妹
有用而謙虛
貞潔　珍貴
祢應受讚美
我主　祢創造火兄弟
光照黑暗

英俊又愉快
勁健又剛強
祢應受讚美
我主 祢創造地姊姊
慈祥如母親
負載照顧我們
產生各種菜實
花卉草木
色彩繽紛
祢應受讚美」

莊子曾教人不生機心，保存自然天心、人心之氣和萬物之氣相通，可以和萬物同遊。那祇是一種想像，一種寓言。聖方濟以愛天主造物主之愛，愛自然界的萬物，絲毫沒有「世態炎涼」的機心，造物主使自然界無靈性的物，答應他的愛心，也表示感情。

四、

聖方濟的赤子心情，對於天父徹底顯露，一心要同基督受苦受辱，補贖人類罪惡，以光榮聖父。

一次，聖方濟同良修士在路上，暫住一室，到了誦唸夜深經的時候，沒有祈禱經本。聖方濟對良修士說：「小弟，沒有經本，仍舊要祈禱，我說一段，你答一段。但要照我所教的答，不准改變。」我說：「我作了多少惡事，該下地獄，你就答覆說：是的！你真該早下地獄了。」良修士許諾聽命照說。聖方濟開始說：「伯爾納多能的兒子，當你在世俗中生活的時候，你作了多少惡事，犯了多少罪過，你實在應當早就下地獄了。」良修士答應說：「天主的聖意，要你興建無數的聖善事業，你後來必要升天堂。」聖方濟連忙打斷他的話，責怪他不聽命。聖方濟俯首祈禱：「我的天主，天地的大主，我曾經作了那麼多違逆的事，犯了那麼多的罪過，我實在應當受咀咒。」良修士開口作答，卻說：「方濟各，天主要在蒙祝福的人中，使你蒙受特殊的祝福。」聖方濟抬頭望他一眼，很不樂意地責他亂說。第三次，聖方濟再三痛責自己作了惡，難逃天主的重罰。良修士答說：「天主聖父的仁慈無限，祂不但要寬赦你的過失，而且還要賞賜你更多更大的恩惠。」聖方濟抱怨說：「你怎麼膽敢相反聽命的聖願，一連三次不依照我的命令說呢？」良修士坦白地說：「父親方濟各，這事只有天主知道。我每次下了決心，要按你所吩咐的答話，但我一開口，卻說出我沒有想的話，那是天主把祂好話放在我口裡，我真奈何不得。」兩個赤子心情的師父徒弟，令人看來是裝腔作調，實則他們非常誠心誠意。

又一次，聖方濟和良修士深夜從城中回城外修院，天氣很冷，兩人衣衫很薄，聖方濟就想多講話，急壞氣候。他講人生真正的喜樂，不在於講道勸化許多人改過，又不在於顯行靈蹟，使死人復活，也不在於解說天使的妙語，精通人間的學問，越講越多。良修士天真地說：「可敬的父親，我求你爲愛天主的緣故，簡單地告訴我，人生真正的喜樂究竟在那裡。」

聖方濟說：「現在我們滿身冰雪泥漿，又餓又冷。到了我們的修院敲門，看門的修士不開門，罵我們是遊蕩騙子，讓我們在門外受凍。良修士，我們爲愛天主而忍受，這就是人生的真正喜樂。」

等了一會兒，他又接著說：「若是再去敲門，看門修士一開門，一面罵，一面打，拳打腳踢，隨後又關了門。良修士，我們喜喜歡歡忍受著，這更是人生的真喜樂。」

再走一段路，聖方濟接著說：「若是我們實在冷得慌又餓得慌，再去敲門，看門修士，怒氣衝天，開了門，舉起木棍，狠狠揍了我們一頓，打得我們在雪地裡打滾。良修士，我們想起耶穌替我們受了苦，我們坐在雪地平心靜氣，不怨不尤，這才是人生圓滿的喜樂。你要好好記著。」這段話，不是莊子的寓言，而是聖方濟赤子心腸的表白。

他的赤子心腸，向基督盡量表現。他要赤貧如洗，像基督說自己：「人子沒有放枕頭的地方。」（瑪竇福音 第八章第二十節）而且更想相似基督，被釘十字架上。基督嘉獎他的這種天真想法，使在他去世前兩年的九月十八日光榮十字節，在拉握爾納山上，藉十字架的形像顯現，以天光的力，射透了他的兩手兩腳和肋傍，流血劇痛。聖方濟身印五傷，肖似基督，力氣便衰了，不能行動，他放棄了總會長的職務。去世前幾天，到亞細細主教府拜辭主教，臥床靜養。聖方濟在床上唱歌，一個徒弟對他說：「我的好父親，亞細細的人都尊重你是大聖人，他們都關心你害病，你卻在床上歡天喜地唱歌，你想，他們要想什麼呢？要不然，我們大家都跟你一起唱，叫週圍的人都聽到，以爲方濟和徒弟瘋了，病重臨危，不痛哭自己的罪，求天主寬赦，卻在唱歌！」聖方濟說：「小兄弟，兩年前，天主已經啓示我在這次病痛中要去世，祂已經寬赦我的一切罪，我又同祂升天。這件事，你早知道，爲什麼怪我唱歌，歡喜去見天主呢？」㈣

赤子之心，在臨危時顯露無遺。

五、

現代的社會是機械的社會，電腦似乎逐漸起步代替人腦，推理，作計劃。人的心，也逐漸更變成機心，赤子之心，成爲社會的稀有物，有時還會被看成智育不健全。但是耶穌基督說：

「我實在告訴你們：誰若不像小孩子一樣接受天主的國，決不能進去。」（路加福音第十八章第十七節）

「就在那時刻，耶穌因聖神而歡迎說：父啊！天地的主宰！我稱謝你，因爲你把這些奧祕瞞住了智慧和明達的人，而啓示了給小孩子。父啊！你原來喜歡這樣做。」（路加福音第十章第二十節　瑪竇福音第十一章第二十五節）

天下的父母，沒有不喜歡自己的子女，誠實樸素，想什麼就說什麼的！詭詐的小孩，多心眼的子女，常是父母的痛苦。在天父跟前，我們是永遠長不大的小孩。在永恒的天父前，我們的八十或九十歲，算得什麼？在全能全知的天父前，我們的知識和經驗，又算得什麼？我們對於明天的事，都不能知道一定怎樣。在管我們的生命而又愛我們的天父前，我們常懷著赤子的真情，一心信賴，一心愛慕，安臥在天父懷抱裡。有困難，告訴祂；有危險，呼喊祂；有喜樂，感激祂；有痛苦，信賴祂，若使我們心中不安、懷疑、憂慮，耶穌就要向我們說：「小信德的人，你爲什麼懷疑？」（瑪竇福音　第十四章第三十一節）

註：

㈠ 瞿邁理Genelli 著　胡安德譯　方濟精神　聞道出版社　頁一十三。

㈡ 同上，頁十五。

㈢ 聖五伯方濟言論集　嚴繆譯　思高聖經學會出版　頁二十五、二十七。

㈣ 本章所錄聖方濟軼事，採自張俊哲譯　超人軼事　思高聖經學會出版。

七、暢懷祈禱（聖大德蘭）

一、

小孩不斷呼喊父母，青年女子常和父母談心；但是，高興時，小孩可以倚在母懷，一聲不響，母子同感快樂。中國古語說：「人窮則呼天」，中國傳統看上天高高在上，僅由皇帝敬禮，人們只在不得已時，才向天呼號，因天掌命運。我們既愛天父如同父母，懷著赤子的心情孝愛祂，我們向祂便敞開胸懷，呼喊、談心，倚在懷裡不作聲，作我們的祈禱。

耶穌在世時，宣道三年，忙得不顧飲食，然而祈禱必不輕忽。

「在這幾天，耶穌出去，上山祈禱；他徹夜向天父祈禱。天一亮，他把門徒叫來，由他們中揀選十二人，並稱他們為宗徒。」（路加福音　第六章第十二節）

「遂吩咐群眾坐在草地上，然後拿起五個餅和兩條魚，望天祝福了（祈禱了）；把餅擘開，遞給門徒，門徒再分給群眾。」（瑪竇福音　第十四章第十九節）

「耶穌遣散了群眾以後，便私自上山祈禱去了。」（同上，第二十三節）

「清晨，天還很黑，耶穌就起身出去，到荒野的地方，在那裡祈禱。西滿和同祂在一起的人都去追尋祂。」（馬爾谷福音 第一章第三十五節）

「耶穌舉目向天說：『父啊！我感謝祢，因爲祢俯聽了我。我本來知道祢常俯聽我。』但是，我說這話，是爲四周站立的群眾，好叫他們信是祢派遣了我。說完這話，便大聲喊說：『拉匝祿出來罷！』死者便出來了。」（若望福音 第十一章第四十一節）

在行重大靈蹟以前，耶穌常舉目向天，禱告天父，私人的祈禱，則常在清晨深夜，在荒郊裡舉行。祂會警告門徒說：

「當你們祈禱時，不要如同假善人一樣，愛在會堂和十字街頭站著祈禱，爲顯示給人；我實在告訴你們，他們已獲得了他們的賞報。至於你們，當你的祈禱時，要進入你的內室，關上門，向你在暗中之父祈禱；你們的父在暗中看見，必要報答你。」（瑪竇福音 第六章第五節）

在遭難的前夕，耶穌預先知道一切，率領門徒到橄欖園，叫他們醒寤祈禱，又帶三個最親信的門徒，往園裡面走，吩咐他們三人同祂一起禱告，然後獨自一人，再往裡面走幾丈遠，就俯首至地祈禱說：

「我父！若是可能，就讓這苦杯離開我罷！但不要照我，而要照祢所願意的。……第

三次去祈禱，說了同樣的話。」(瑪竇福音 第二十六章第三十九節)

「祂在極度恐怖中，祈禱越發懇切，祂的汗如同血珠滴在地上。」(路加福音 第二十二章第四十四節)

時候到了，祂起來，率領門徒去面對茹達斯帶來捕祂的兵士和差役，神情穩定，態度剛毅。

人們的生活有群居的時候，群居的人也一同祈禱。耶穌的門徒要求老師教導他們怎樣祈禱天父，耶穌說：

「你們應該這樣祈禱：

我們的天父，願祢的名受顯揚，

願祢神國來臨人世，願祢的旨意承行在人間，如同在天上。

求祢賞賜我們日用的食糧。

求祢赦免我們的罪過，如同我們寬恕得罪我的人。

求祢不要讓我們陷於誘惑，並且救我們免於一切凶惡。」(瑪竇福音 第八章第九節)

先表示對天父的愛，願天父受欽崇，然後向天父求心靈的安全，為物質需要祇求日用的食糧。耶穌囑咐門徒：「你們祈禱時，不要嘮嘮叨叨，……以為多說話，便可獲得垂允，因爲你們的天父，在你們未求祂以前，已經知道你們需要什麼。」（同上，第七節）在祈禱時，祇要表示求祂賞恩的心。

但是在最後晚餐裡，結束了祂的訓話遺囑，走向死亡以前，祂在宗徒面前，作了一篇很長的禱告。

「耶穌講完了這些話，便舉目向天說：

父啊！時候到了，求祢光榮祢的子，好叫子也光榮祢。……是爲叫祂將永生賜給一切祢所賜給他的人。永生就是認識祢，唯一的真天主，和祢所派遣的耶穌基督。……聖父啊，求祢因祢的名，保全那些祢所賜給我的人，使他們合而爲一，正如我們一樣。……我不求祢將他們從世界上撤去，只求祢保祐他們脫免邪惡。……我不但爲他們祈求，而且也爲那些因他們的話而信從我的人祈求。……父啊！願他們在我們內合而爲一。……公義的父啊！世界沒有認識祢，我則認識了祢，這些人也知道是祢派遣了我，我已經將祢的名宣示給他們了，我還要宣示，好使祢愛我的愛，在他們內，我也在他們內。」（若望福音第十七章）

祂奉遣來世的目的，和將來人類得救的過程，表現在這篇禱詞裡。基督對幾千萬人的關懷，都向天父傾吐，求使人類在「愛」內，合而爲一，完成祂被遣來救世的工程。

二、

耶穌復活升天，門徒遵照祂的吩咐：「應當留在城中，直到佩戴上自高天而來的能力。」（路加福音 第二十四章第四十九節）

「這些人同一些婦女及耶穌的母親瑪利亞並他的兄弟，都同心合意地專務祈禱。」（宗徒大事錄 第一章第十四節）

耶穌在最後晚餐曾囑咐他們：「我實實在在告訴你們，你們因我的名無論向父求什麼，祂必賜給你們。直到現在，你們沒有因我的名求什麼；求罷！好使你們的喜樂得以完滿。」（若望福音 第十六章第二十三節）

「五旬節一到，眾人都緊齊在一處，忽然，從天上來了一陣響聲，……有些散開好像火的舌頭，停留在他們每人的頭上，眾人都充滿了聖神。」（宗徒大事錄 第二章第一節）

聖神即是『自高天的能力』，是耶穌所說：「我也要求父，祂必會賜給你們另一位護慰者，使祂永遠與你們同在。」（若望福音 第十四章第十六節）「當護慰者，就是我從父那裡要給你們派遣的，那發於父的真理之神來到時，祂必要為我作證。」（若望福音 第十五章第二十六節）

首批信徒，首先的祈禱，求得了真理的聖神，為基督作證。基督來重整人類，創生一種新的選民，作為天父的子民，實現天主創造宇宙的目的；萬物顯示造物主的美妙，分享造物主的美妙。耶穌結合因洗禮而和祂成一體的新人類，欽崇歌頌造物主的奇妙化工，讚揚稱謝造物主的無限慈愛。天主的舊選民以色列，已經由摩西和達味製定了欽崇天主的儀節和歌詠，以色列人每天按時到聖殿祈禱，每星期休假日到會堂頌唸聖詠。宗徒們領受聖神以後，公開講道，作證基督是救主。信從的人，……。

「他們專心聽取宗徒們的訓誨，時常團聚、擘餅、祈禱。」（宗徒大事錄 第二章第四十二節）

「伯鐸和若望在祈禱的時辰，即第九時辰，上聖殿去。」（同上，第三章第一節）

聖保祿宗徒在書信裡，不斷地囑咐信友們時常祈禱。

「只在一切事上，以懇求和祈禱……向天主呈上……請求。」（斐里伯書 第四章第六節）

「在祈禱上要恒心。」（羅瑪人書 第十二章第十二節）

「你們要恒心祈禱，在祈禱中要醒悟、要謝恩。」（哥羅森書 第四章第二節）

「要充滿聖神，以聖詠，詩歌及屬於神的歌曲，互相對談，在你們心中歌誦讚美天

主。」（厄弗所書 第五章第十九節）

「以聖詠、詩歌和屬神的歌曲，在你們心內，懷著感恩之情，歌頌天主。」（哥羅森書 第三章第十六節）

基督的福音傳到了羅瑪，羅瑪皇迫害教會幾乎三百年，教友星期六晚在地下墟窟中集會，讀聖經、聽講道、唱聖詠，半夜後，舉行彌撒聖祭，天亮以前散會。這種習慣，現在保留在復活節前晚的守夜禮。埃及曠野遍居隱修士以後，隱修士按照一定時間，集會行禮，有祈禱，有歌詠，有彌撒聖祭。聖本篤創立了修會，以公共祈禱為修士每天的重要工作；從半夜開始，分成七個時辰，半夜、黎明、上午、中午、下午、傍晚、晚晌，修士集會，共同歌唱聖詠。以後的修會採納了這種習慣，教會也正式規定聖職人員每天誦唸七時辰經，稱為「日課經」。在每教區的主教座堂以及羅瑪城的大聖殿，設有誦經團，每天歌唱半夜和黎明兩個時辰的聖詠。

天主教會為基督所結合的新民族，代表全人類，而且代表全宇宙，連同基督讚頌天父。聖職人員的「日課經」，乃是教會的正式祈禱，也是全人類的祈禱。「日課經」的聖詠，為以色列選民的祈禱詞，由摩西、達味王和先知們所寫，反映以色列民族的生活歷史。有歌頌的讚詞、有感恩的詠、有求恩的呼籲、有訴苦的低吟。天主教會用這些聖詠作為新選民的祈禱，繼續舊選民的歷史，兩者的事實歷史雖不同，生活的心情則一樣。

「稱謝至尊，肫肫其仁。
歌頌眞宰，百神之神。
皇天上主，萬君之君。……」（聖詠 第百三十六首）

「巍巍我主，經綸無數。陶鈞萬物，澤被寰宇。相彼滄海，浩蕩無垠。……
凡屬受造，仰主資生。按時給食，自有權衡。彼之所受，莫非主恩。……
……」（聖詠 第百有四首）

歌頌天父，創造萬物，照顧萬物。日月星辰，山陵河海，鳥獸虫魚，花木草禾，莫不是天父的恩賜，而且都美妙奇偉。

「主乃我所依，一生安且怡，吾心曰吾主，所天惟有汝。方寸無他好，懷主以為寶。……」（聖詠 第十六首）

「主乃我之牧，所需百無憂。令我草上憩，引我澤畔游。吾魂得復甦，仁育

一何周。……」（聖詠 第二十三首）

天父愛心無限，我們誠心倚靠，有如子女靠父母，有如小羊靠牧童。在祈禱中，表現我們倚恃的心情。

「主乎主乎，吾敵何多！群眾蜂起，向我操戈。……
主作我盾，護我周圍。主為我光，令我揚眉。……」（聖詠 第三首）

「欽哉上主，願爾萬歲。紆貴屈尊，作我藩衛。銘心鏤骨，永懷慈惠。相我撥亂，安撫庶類，脫我於兇逆，拯我暴戾，保我於萬死，登我於大位。……
……」（聖詠 第十八首）

教會所遭迫害，每人所蒙仇恨，常常不斷發生，在祈禱中一心倚恃天父，堅信必能得勝。

「求主垂憐，示爾慈恩，抹拭我過，昭爾大仁，為我滌除，眾罪之痕。我已

知過，眾惡紛呈。……」（聖詠 第五十一首）

「願主聽我禱，呼籲達尊前，小子患難日，莫掩爾慈顏。小子竭聲呼，營救莫遷延。……」（聖詠 第百有二首）

我們人常自求滿足，不顧天父的誡律，作惡犯罪，在祈禱裡自認有罪，向天父請求寬恕。

「我告諸善人，歡躍主懷裡。……何以頌主德，鼓琴復鼓瑟。何以詠主榮，新歌奏一闋。……」（聖詠 第三十三首）

「稱謝洪恩，歌頌至尊。此事洵美，怡悅心魂。朝誦爾仁，暮詠爾信。撫我十絃，寄我幽韻。……」（聖詠 第九十三首）

「我心如小鳥，毛羽未全豐，不作高飛想，依依幽谷中。我心如赤子，乳臭

未曾乾，慈母懷中睡，安怡凝一團。……」（聖詠 第百三十一首）㈠

我們的信仰，給與我們平安的體驗。基督復活後，顯現給宗徒們，第一句話就是「祝你們平安」。誠心信仰天父，在無論如何的遭遇中，雙眼望著天父，心緒不會亂，而常懷感恩之情。在祈禱裡，用聖詠表達這種平安的快樂。「日課經」在一個星期內，但至今在一年的禮儀中，把一百五十首聖詠，都派上用途，表達教會——天主新選民向天父的各種感情。

三、

中國的宗教傳統，祗有祭祀；私人的宗教活動，則在家中或廟裡燒香供設食品，沒有私人的祈禱。天主教會卻非常注重私人的祈禱，看作爲個人宗教生活的主要活動；因爲祈禱是和天主交談，天主既是我們的天父，我們是天父的子女；我們和天父的關係，要由交談而親切。交談成爲祈禱，我們和天父的交談，不是平輩的長談，不是和長輩的交談，是和造生我們的天主交談。天人間的距離，不祇是天地相隔，而是本體上的距離。我們走近天主，向天主祈禱，還要靠耶穌基督作橋樑。基督是天主聖子，和天主同性同體；基督又是人，又以聖洗使我們和祂結成一體，和我們人同性同體。我們因和祂同成一個奧體，我們的祈禱成為天主聖子的祈禱，天主聖父看我們的祈禱，也看成聖子的祈禱。因此，教會的正式祈禱經文，常用：「以上所求，是靠我們的主耶穌基督，祂是天主，和你及聖神，永生永王。」

在歷代的聖人聖女中，有一位特別愛惜祈禱，寫了一冊講解祈禱的書，深入祈禱的堂奧；這位聖女是聖大德蘭。聖大德蘭（為分別聖小德蘭）於公元一五一五年生於西班牙的亞味拉城，廿一歲時進入加爾默洛聖衣會，盡力改革聖衣會的生活規律，公元一五八二年逝世，公元一六二二年三月十二日和聖依納爵及聖方濟沙句略受謚封為「聖者」。

在公元一五六二年，聖大德蘭因教會上級的命令，開始寫她的自傳；四年後，寫完。但以後她還活了幾乎二十年。上級命她寫自傳，要她寫祈禱的經驗，她是一位神祕生活（Mystic life）者，接受了天主所恩賜的默觀欣賞神恩，（contemplative Vision）。公元一五七七年六月二日，天主聖三節，聖大德蘭動筆寫她最著名的神妙生活書，書名「內心堡壘」（Interior Castle），同年十一月二十九日，全書脫稿。天主聖三節的前夕，聖大德蘭「如夢如醒」看見一顆大的水晶球，球成堡壘形，堡壘分七進庭院，在第七進庭院的大殿中，皇帝高登寶座，光明四射，照耀各進庭院。堡壘外面週圍，黑暗無光，佈滿毒蛇走獸。突然，堡壘消失，一片黑暗，只見蛇獸衝入原先的堡壘基地。聖德蘭認這件「神見」，乃天主的啓示，以「心靈堡壘」為題，寫成講論心靈境界的名著。這部名著是接續另一部名著的書，另一部名著的書名為「進修之路」（Way of Perfection），講論祈禱，有祈禱，則有光明堡壘，沒有祈禱，則祗有罪惡的黑暗。

「內心堡壘」分堡壘的殿宇為七進庭院，一進一進地向裡面走，一進一進地描寫心靈的境界。

第一進庭院，為初習靈修生活的境界。住在第一進庭院的人，心嚮堡壘外的禽獸，愛慕人世間的俗務。所得第七進庭院所發出的光明，很稀微、很暗淡。

第二進庭院，為進入靈修生活的境界。這一進庭院的人，誠心努力求上進，實踐祈禱。然而不幸屢次接受誘惑，傾向俗務，但跌倒又站起來。

第三進庭院，為靈修生活已有相當者的境況，克己有規律，德行已高尚，但卻有根深的自信力，沒有完全信托天主的信心。

第四進庭院，為進入神祕生活的境界。人的努力已漸減低，天主的恩寵則逐漸加多。天主的恩賜為心靈的安慰，人的心靈附在天主泉源上，安慰神恩的心由天主泉源流入人的心靈，心靈消除了畏懼，一心愛慕天主，在無聲的祈禱中，和天主相對無言。

第五進庭院，為進入結合生活的境界。人的心靈進入和天主結合的生活，好似新娘預備迎見新郎，心靈已面對天主，接受「默想欣賞」的神祕生活。

第六進庭院，爲神祕生活的境界。人的心靈已常和天主相結合，但接受許多內外的考驗，病痛、失意、批評、羞辱。然而心靈不退縮，甘心忍受。

第七進庭院，爲神婚的境界。心靈進入神祕生活最高深處，和天主相結合，有似新婚夫婦，兩心成一心，兩愛成一愛。心靈享受「默觀欣賞」的神恩，安靜安樂。㈡

在「進修之路」一書裡，聖大德蘭從第十九章開始講論祈禱，一直到全書結束的第四十二章。這部書所講論的，爲口頌的祈禱，和默想的祈禱，特別詳細講論耶穌基督所教授「我們的天父」一經。祈禱爲同天父交談，祈禱以前，收斂自己的心，祈禱時，心情專向天主。有時不懂祈禱的字句，有時心走散他處，但心若向天主，天主仍悅納。

在「內心堡壘」書中，聖大德蘭則講述「默想欣賞」的祈禱。這種祈禱爲「安靜的祈禱」，經文已不重要，心靈對越天主，面面相對，心心相印。但不時，仍多考驗，心靈忽覺枯乾，失去默觀的欣賞。堅持不倦，不毀前程，摒除外念，靜默坐在天主前，天主將給他高度「默觀欣賞」的恩寵，生活在第七進庭院。

聖大德蘭很害羞也很害怕，用自己的經驗來講這種高度神祕的境界；然爲光榮天主，宣揚天主的恩寵，她不惜受人批評。她述說自己見到一次「理智影像（Intelectual Vision），進而看到天主聖三明白顯示三位，三位在炫耀的光明中，同時她心中堅信三位爲一體，爲一天主。但是，眼睛沒有看見什麼，耳朵也沒有聽到什麼。天主三位直接顯示給她的心靈，直接講明聖經上所說祂和父和聖神要以她的心作爲住所。聖女又說她以後常常體會天主聖心是在她心內。(二)

聖大德蘭所經驗的「安靜祈禱」、有「默觀」、有「欣賞」。默觀是面對天主，心心相印；「欣賞」則有「神見」，直接看到天主，不用感官，也不用理智，而是天主直接顯示自己。「直見」爲天主的特恩，「默觀」的人可以接到，也可以一生不接到。然而默觀的祈禱，已經進入「內心堡壘」，登堂入室，直進第七進庭院。

聖保祿宗徒曾得主賞賜的「直見」，「我知道有一個在基督內的人，十四年前，被提到三層天上去，……他被提到樂園去，聽到了不可言傳的話，是人不能說出的。」（格林多後書 第十二章第二節）對於這事，聖保祿說自己沒有可誇讚的，這完全是天主的恩賜。

四、

在羅瑪寓居三十一年，又在駐教廷使館服務十八年，我能夠參加教宗在聖伯鐸大殿（聖彼得大殿）的各種祈禱大典。二十年前，教廷的禮儀還沒有改革時，教宗在大殿的彌撒聖祭禮儀，有宗教的神祕性意義，又有習俗的皇宮式儀仗，既顯示聖祭的莊嚴，又表現教宗的崇高。但是在那種隆重顯赫的祈禱儀式中，我祗欣賞儀式的外形，少有時間深入內心。現在教宗的彌撒聖祭，除掉了一切的皇宮式儀仗，凸顯出宗教的祈禱精神。公元一九八四年我一次在聖伯錄大殿，參加教宗和全球神父代表舉行的彌撒，我深深體會到彌撒的唯一性，那台彌撒乃是全球人類向天父所共同奉獻的祭祀。

四十幾年以前，我曾兩次往比國聖安德隱修院，拜訪陸徵祥神父。聖安德隱修院爲本篤會修院，本篤會的特色在於歌唱彌撒和日課經。我兩次都住院十天，每天參加修士的祈禱，在淡淡黃光的聖堂裡，修士溫柔清晰的歌詠，深入我心。尤其晚間在臨睡以前，聖堂內祗有祭壇上的六支燭光，黑袍的修士形成兩排人影，輕微的經韻像是由另一世界傳來的聲音。我每次在沉默裡，體會到一種超乎人世的感覺。唐朝常建「題破山寺後禪院」詩：「萬籟此俱寂，惟聞鐘磬聲。」我可以改說：「萬色此俱失，惟聞經韻聲。」有莊子所說「隳汝形骸」之感。

現在獨坐天母牧廬的小聖堂裡，街市的聲音隔在窗外，眼中所見祗有祭壇上的長明燈，心裡所想的是祭壇上聖體櫃的耶穌。沉默、無思、互相懂得。深夜，談談我一天的經歷；清晨，說說一天要做的事，祗是人世的毀譽，像似一副鐵甲鋼盔，套住我一身，須要走往小聖堂，才解脫得下來。唐朝李商隱走訪茅屋的孤僧說：「世界微塵裡，我寧愛與憎！」我在小聖堂裡才可以說：「世界屬天父，我何榮與辱！」

註：

㈠ 此段引聖詠　引自吳經熊　聖詠譯義　商務印書館。

㈡ 參考S. Thereva Interion Castle. p.190-191. The Complete Works of S. Theresa of Jesus vol, II. London Sheed and Ward.

㈢ 參考同前　頁二三〇。

八、嬰仿小路（聖小德蘭）

一、

大約前十年左右，一次在彰化靜山的牧靈講習會中，我主持閉幕彌撒，證道時我說宣傳福音不祗在於口講，而要有宣傳福音的生活。一天生活裡的大小活動全奉獻於天主，作爲宣傳福音的祈禱。後來有一位修女，竟向大家宣傳：羅光總主教說不要口講福音，不必講道講要理。

在上面一章，我多講「安靜祈禱」，沉默地對越天主，可能又有修女要說羅總主教主張不要誦經和默想，那就太冤枉了！口誦的經文，爲公共的祈禱，乃是必要的祈禱方式；爲私人的祈禱，也有必要。口舌是人傳達思想和情感工具，人和人相接必要用口舌講話，人和天主相接，也該使用口舌，以表現自心的敬愛。在進一步人和人的關係，可以心心相印，不用言語，更覺親切；人和天主相接，靜靜相對，天主看透人的心，在精神上交流，便有「安靜祈禱。」

天父無所不在，而且基督曾經說過，祂要和父同在愛祂而遵守誡命的人心中。但是我們人卻不意識到這種奧祕，我們的心常分散在日常的各種事務上。惟有專心，收斂心靈，時常意識到天父之臨在，事事與基督一起工作的人，才取悅天主，造成祈禱的生活。

十七世紀時，在法國有一位加爾默羅會的修士，名叫赫爾曼．尼古拉斯。他生於公元一六一一年，進入加爾默會的苦修會，取名「復活的勞倫斯」。三十多年的工夫，在修院廚房裡服務，又在修鞋房替修士修理鞋子，他卻能實踐了「祈禱的生活」，時刻意識到，而且體會到天父之臨在。他說：

「我活動工作時，和祈禱誦經時的感受毫無差別，我在廚房鬧市裡，常有好幾個人同時問我不同的事情，那時，天主臨在深處，和我在聖體降福，雙膝跪下時一樣，我領受同樣的平安。我的信念有時純淨透明得令我以為失去它了。朦朧的夜幕好似已漸撤去，來世永生中萬里晴空的日子已露出曙光。」(一)

勞倫斯修士雖是廚夫，卻有修女會院長向他請教；還有人專程來找他，請教「主之臨在法」，他常答說：

「天主臨在法，乃是將自己的心靈投向天主，透過想像或理性而『覺』於天主的臨在。

我認識一個人（就是他自己），他即以理性的方式，修持『天主臨在法』逾四十年之久，只是常用不同的名詞來形容它而已。他有時稱它為單純的一念；或是對天主的明覺；有時僅投以親暱的一瞥；有時則是凝視專注於天主；有時他稱之為與天主無言的交融；對天主的信念，靈魂的活力及平安。總之，這人告訴我，上述種種描繪，所指的都是同一的眞實境界。」

㈡

爲修習這種方法，首先要淨化自己的生活，然後恆心練習用一念，及一句經文，想到天主在自己心內，以信德直接看到祂。心分散了，馬上收回，不急不亂。心想天主，專意作好當前的事，想著是爲天主作事，討祂歡心。

「我們並不需要做大事。我在鍋上煎個蛋，也是出於愛天主之心，蛋煎好了，如果沒有其他事情，我就俯伏於地朝拜天主，感謝祂賜我恩寵做好這事。當我起身時，神氣活現地好像皇帝一樣。每當我不能為祂做其他事情，則只要為愛慕天主，由地上撿起一根乾草，也就心滿意足了。

人們四處尋求愛慕天主的方法，為了能將一心安住於天主的臨在，不惜千辛萬苦，試盡各種奇特方法。如果我們能夠不分高下貴賤，就在我們所生活的環境中，盡心盡力為天主作任何事，來顯示我們對天主的愛，不是更近一點嗎？將我們的心融於祂的心內，如此安住於祂的臨在，不是更接近嗎？我們實在不用東忙西找的，只要慷慨地去做，簡單地去做。」㈢

所謂慷慨地去做，是要慷慨地放棄自己的想念，一心只求取悅天主，沒有自己的私意，沒有自己的追求。所謂簡單地去做，是抱住這個信念，「取悅天主」，其餘一切不掛在心。

「修士指出，起初確實需要一些努力，培養出與天主不斷交融的習慣，告訴天主所做的一切。努力專注一陣子後，便會感到自我好似被天主的聖愛喚醒，變得毫不費力了。……

修士說：我們該以單純之心面對天主，交流時必須坦誠。有事發生，則不忘向祂求援。據他的經驗，天主絕不會袖手旁觀。……在廚房裡也是一樣。他一向很討厭廚房裡的工作，只因他為愛天主而作，工作中又不斷祈求祂的助佑，在他任職的十五年，做得如此稱職，一切井井有條。

他說，目前他在修鞋房裡工作，他十分喜歡這種工作，但他仍能一如往昔，隨時放下他的活計，不論被派到何處去，他都能高高興興地為愛慕天主而做這些小事情。……

他認為所有的補贖和各種修行方法，最終的目的，不過是讓我們在愛中重回天主的懷抱。經過一番思考反省後，他覺得還是保留原有的「愛的法門」，為愛主而做一切事更直截了當。」㈣

勞倫斯修士養成了「祈禱生活」的習慣，他曾說：「對他而言，祈禱時間和其他時間並無兩樣。」㈤他的心常常和天主相結合，沒有一件工作使他的心念遠離天主。他的心「專一」，心專於當前所作的事，又專爲愛天主而作，把事情盡力做好。心安定了，事也做好了，和天主卻不分離。在日常小事上，乃能邁進聖人的境界。一位在廚房煮菜的隱修士，就是一位聖人。

二、

在日常生活的小事上，勞倫斯修士「主之臨在」方法，三百年後，由加爾默羅女苦修會的一位修女，倡導實踐，成爲當前天主教會的普遍方法。這位修女是聖女小德蘭，這種方法稱爲「嬰仿小路」。

聖女小德蘭，於公元一八七三年一月二日，生於法國「里洗耶城」，卒於一八九七年九月三十日，僅二十四歲。但在卒後二十八年（一九二五年），即被教宗庇護十一世謚封爲「聖者」，爲近世紀謚封「聖者」中最快的。又以一位腳不出隱修院的修女，在謚封「聖者」後二年（一九二七年），奉立爲普世傳教工作總主保，和足跡遍亞洲的聖方濟沙勿略同列，引起全球人的驚奇。

聖小德蘭以十五歲的青年，破例被收爲加爾默羅女苦修會的修女。在同一隱修院裡先有她的大姐和二姐入會，二姐又作修院院長，後有她的第七姊入會，共有姐妹四人。聖女說：

「從我進院，院中人大都想，承你姆姆寵愛，萬方寬容，百般嬌縱。但列王紀有言，『世人徒見其表，惟天主看透其心，如其底裡。』深謝姆姆，并沒有寬縱。耶穌明知小花朵，不在卑下之地，那得清泉澆灌，不受泥塗之辱，那得生長根苗。這養成謙下之心的大恩典，又多承姆姆賞給的。」㈥

聖小德蘭年輕入苦修會，決心克制自我的追求，絕不順從天性的傾向，在隱修院內滋養天倫的愛，事事遵守修院的院規和時間，避免多和姐姐們接近。她的志願在成聖人，可是自覺微小，不能做大事，乃尋求一條簡易的路：

「姆姆，你也知道，我的志願，常想做到聖人。然而可惜，我和聖人相差太遠。……然而我勿坍興，我自忖，『好天主，不能給人有志不能成。然則我雖微小，也可希望做到聖人。』……想個法兒，找一條小小的升天之路，又筆直，又抄近。……為此，我就想找個電梯，升到耶穌之前。……於是這部旦登聖城的新電梯，我求之於聖經上，容或能如願以償。果然找到幾句，天主上智親口所說：『誰是最小的孩兒，該到我身邊來。』這不是我要找的找著了麼？我便靠近了天主。……耶穌乎！提我升天新電梯，便是你的手了。」㈦

她年輕多病，便自覺如同小孩，不會跑路，常要父母抱。她一心依靠耶穌，時時眼看祂；也完全信賴耶穌，一切由祂處理；耶穌會抱她到天父懷裡。

「我近來自獻於耶穌聖嬰，做祂小小玩具，并給聖嬰說，莫看我太值錢，太貴重，小孩們弄到手，只看看，不敢動彈。故此應看我，是不值錢的小皮毬，手拋拋，腳踢踢，丟在地上去輥輥，鑽個洞兒看，或扔在牆角，或摟在懷中，都由祂高興，一言以蔽之，我只供給小耶穌玩耍，逞祂嬰兒性，無論怎麼都甘心。」(八)

聖大德蘭曾以新婚夫婦之愛，象徵人的心靈和天主的結合；聖小德蘭則以小孩對母親之愛，象徵她對天主之愛。她願永遠留為小孩，對天父常懷赤子之心。她孝愛天父之情，還遠遠超過一般小孩愛父母之情。她宣誓自獻作天父聖愛的犧牲，天父愛世人的愛無限無量，人們卻不理會，反而拒絕。聖小德蘭自獻於天父，願天父被拒絕的愛都傾流在她心中，把她焚燒，以作犧牲。

「噫！我的天主，祂的愛情，被人輕賤，被人拒絕，就此留在心中麼？我以為倘有人願做你愛火的犧牲，你必肯，頓時焚化了他。斷不肯，把藏在心頭無窮的愛火，封閉得密不通風，以為快也。……

我的好姆姆，承你允准，就照此意奉獻於天主，時一八九五年六月九日也。你知道，一奉獻後，愛火炎炎，海洋似的聖寵，奔騰充溢我靈魂。就從那日起，這愛火，內而燒透我，外而包圍我。主之仁愛，又令我時刻自新，把我煉得乾乾淨淨，不讓一些罪過痕跡存在我心。」(九)

聖小德蘭奉獻做天主聖愛犧牲時，年紀是二十二歲，兩年後去世。不僅在這兩年內，就在她十五歲進苦修會以來，常以愛天主做日常一切事，而且求做得盡善盡美，還要愉快地承擔不順意的痛苦。

「修道的生活，也如在戰場，為此超性學士，也稱為致命。致命人獻身於天主，本身的知覺仍在。修道人獻身於天主，本性的性情，情誼等等，亦復存在，不過襟懷更寬大、更隆重、更純潔，一變而為超性的罷了。」(十)

困難就在這個「一變」，它不是因著進會便自然而變，卻要修道人事事努力，常想爲愛天主而做，天主又以聖寵支持，才漸漸可變。

聖小德蘭就在日常小事上努力，一次二姐院長病了，她很想去病房探望，但須確守修院規定的時間，好不容易等到自己該去交還聖體櫃的鑰匙時，另一位修女卻想代她交，不讓她進病房。兩個人講話，吵醒了院長，那位修女把過都推在小德蘭身上。小德蘭說當時喉頭好癢，想要爭辯，但反而溜走，爲愛天主而忍受。一次，洗衣，對面一位修女把髒水，濺了她滿臉，她不移開，不退後，不露厭惡色，飽受一頓髒水，爲愛天主而不煩人。又一次，爲服侍一位年老多病，脾氣古怪的修女，從飯桌起身，謹慎小心，輕手輕腳，生怕失手，可是老修女還是一腳沒有放好，差點栽倒，轉頭向小德蘭抱怨她年輕，體力不夠，又不謹慎。小德蘭高興能不受人賞識，單單爲愛天主作事。

「吾行愛德工夫，也不是常常如此歡欣鼓舞的。不過，初修道時，耶穌要我看姊妹們，能個個如見耶穌，是何等快樂的。所以扶持伯多祿姊姊（老修女）時，說不盡心中的愛慕，即全扶持吾主耶穌眞身，也不會更好的了。」(十)

「主之臨在法」使小德蘭服侍同院修女，就如服侍耶穌一樣，做日常瑣事，就如同為耶穌做事；拿這些小工夫，獻給耶穌由耶穌呈獻天父，表達孝愛。

「姆姆，你看，我眞是極小的小靈魂，只能把極小的小物件，獻給耶穌。且有時連這種小祭獻，大可以安慰人心的，也放過了不做。事雖如此，我不貪心，一回兩回錯過了，安慰少得，總望下次加意小心而已。」(十一)

自己加意小心，更要留心祈禱，絕不能靠自己的一點好心，就可成事。聖小德蘭便效法小孩向父母要求東西的態度，簡單地誠樸地同天主交談。

「於是惟有祈求一法，心向聖母，抬頭一望，待耶穌駕臨，自然馬到功成。祈求和刻苦，換言之，要時時禱告，肯犧牲，這便是全身的本領，打勝仗的傢伙，感動人心，比一切言論要鋒利多了，是我親身之閱歷也。」(十二)

「我雖無功，可天天念日課，幸福又幸福！其餘書本上，絕妙經文，實在不耐煩去搜尋，……我只學那不識字，不會念的小孩兒，把我一心所要的，說給天主，天主常常懂我話。據我，這念經不是別的，是心之衝動也，上騰也，眼朝天一望，也是感恩懷愛之呼聲也。憂苦中如是，歡樂中如是。」(十四)

聖小德蘭自視像小孩，靈修的書籍，她看來都提不起精神，祇看聖經，聽耶穌講話。退省週，導師講道，她聽不入心，常覺煩惱，清晨，默想時，免不了打盹。可是她卻不擔憂，在煩惱和打盹裡，她心不離天主。她想母親逗小孩講話，小孩兒睡了，母親也高興，她有一片依賴天父之赤子心情。

「耶穌惠示我以神愛火窯，惟一必由之路。是路也。即是小兒信賴之心，安臥於乃父懷中，泰然無懼。……蓋耶穌并不求人幹何大事，祇眞心信賴，知恩感恩焉耳矣。」(十五)

信賴天主，對於生活的遭遇，以愛心接受，喜樂也好，憂苦也好，心常安定。外人都認爲她一生沒有經過大難，沒有受過大苦，其實她更敏感的心情，受的磨難不少。

「我於困難，有種種經驗，種種認識。我於世人，所受之苦眞不少。幼穉時代，見要吃苦就愁悶，今也不然，見有苦果子，便心安意得，仔仔細細，咀嚼再三，備嘗其苦。……蓋以表面看來，沒經過大風波，大折磨的，要算是我了，殊不知，但把我一年所受，其痛苦無減於致命。」(六)

那一年，她受盡失去信仰的誘惑，以往來生永福的信仰，安慰了她多病的痛苦，一心望著來生和天主同在，平安地忍受身體的病痛。一時，突然，失去了這種信仰，眼前一片黑暗，死後祇是空虛，祇是消失，她盡了全心的力量，決定自己深信來生，但是眼前常是一片漆黑。

「吁！天主，請寬宥我，我雖無信德的樂境，但主知我，我仍舊盡心竭力，做信德的工夫。這一年所發信心，比我一生所發，卻更多了。」(七)

她信賴天父，到了極點，對於自己的生死，完全徹底交給天父，她患肺結核病，沒有藥治，她第一次吐血時，竟平安無事。

「聖瞻禮五晚(後訪節前兩晚),未蒙允准全夜陪守聖體,及至夜半回房,頭方就枕,忽然覺有血潮滾滾,湧到口邊,吐在手帕子上……但小燈已熄,我便克制這好奇之心,留待明天再看罷!不多時,便安然睡去了。晨鐘五點一報,起身,想著夜間的好消息,走近窗前一看,果然滿手帕都是血。」(六)

一位年輕女子,能夠不看手帕是否有血,就連一位成年的男子通常都捺不住,而且還安然睡了,修養的工夫,已經到了爐火純青,淨無雜物了。她信賴天父的心,赤誠無缺。她常有心願,爲天父作一切聖人所作的事,所受的苦。但要她實際上可以做的,則是做好院裡的日常小事,以小事獻於天父。所以她稱自己的靈修法爲「嬰仿小路」,仿效小孩,在小事上孝愛父母,把日常小事,爲愛天父而做。天父不看人所作的事大小,因爲祂不須要人的事,祂祇看人的愛心,在小事上有愛心,比在大事上缺乏愛心,更有孝愛的真情,小事每椿都有價值。

三、

這樣，修德成聖，沒有人生環境的限制了，在我們教會的歷史上，以往，追求成全靈修生活的人，都要放棄人世的社會生活，避居到修會以內，誓發三願：絕財、絕色、絕意。靠修院的規律，離絕棄世的事。又照修會的會規，守齋、守靜默，還行各種克苦。因此，歷代受謚封「聖者」的人，除殉道致命者外，其他聖人幾乎都是修會的修士修女。第廿世紀的第二屆梵蒂岡大公會議，聲明成聖是一切信徒的責任，在世俗生活的人，也應修德成聖。大家便看到「嬰仿小路」可以用作大家成聖的方法。在世俗中生活，每天做社會的俗務，若能常想「主之臨在」，事事爲愛天主而作，就是走在聖人的路上。不過，說來容易，做則很難。在修道人的生活裡，因著環境的適合，較爲容易常想「主之臨在」；在世俗的俗務裡，則就要加倍努力，時時刻刻提醒自己，才可以得到天主的助祐。實踐「嬰仿小路」，務必要有如《中庸》所說：「人一能之，己百之；人十能之，己千之。果能此道，雖愚必明，雖柔必強。」（第二十章）修道的人，做一次就能，在俗的人，必要做百次才能；修道的人，做十次就能；在俗的人，必要做千次才能。但是成聖是可能，不是孟子所說：「緣木求魚」（梁惠王上）的狂想。近年，受謚封爲聖者，也有在俗之人了。當然，修道之人較易成聖，因爲修道人奉獻了自己一生，自願犧牲人世的享受，多得天主的寵祐。

中西對聖人的觀念不同。中國人以聖人為一至全的大人，心靈沒有私慾，事事顯明人性的明德，而且發揚人性，參與天地的化育。中庸以聖人「溥溥如天，淵泉如淵，見而民莫不敬，言而民莫不信，行而民莫不悅，是以聲明洋溢乎中國，施及蠻貊，舟車所至，人力所通，天之所覆，地之所載，日月所照，霜露所墜，凡有血氣者，莫不尊親，故曰配天。」（中庸 第三十一章）中國自孔子以後，就再沒有聖人。

西洋，天主教對聖人，以聖人是完全屬於天主的人。聖，在天主教裡表示屬於天主的。為行祭祀的一切事物都稱為聖：聖堂、聖壇、聖爵、聖磐、聖服、聖索。一個人自獻於天主，在生活上完全實踐這種奉獻，思言行為都為天主而作，都按天主的旨意而作，他就是聖人。

「嬰仿小路」就能造成一位這樣的聖人。

人當然不常是小孩，人的心理越年長越複雜，成聖的工夫在於能夠從複雜的智識和心理裡，解脫出來，剝去歷年所加的複雜性，保持一顆赤誠純淨的心。七十歲、八十歲，甚或九十歲，在永恒的天主前，算得什麼？科學家的知識、哲學家的知識、政治家的知識，在全能全知的天主前，又算得什麼？我自己已經老了，八十歲了，寫了許多中國哲學書，對於信仰的道理，如三位一體，如聖體聖事，我所知道和小孩所知道的差不了多少！對於我自己的生命，我能夠主管什麼？我和小孩一樣地無能。雖不能像小孩撒嬌，然而在天父前，誠心無欺地信賴祂，我是可以做的。而且老年人處處靠人扶持，《聖詠》上說：「投奔上主的懷抱，遠遠勝過信賴世人，投奔上主的懷抱，遠遠勝過信賴王侯。」（第一一八首）我爲什麼不全心投奔天父的懷抱，誠心信賴祂呢？以往沒有修煉這種靈修方法，現在就要以人一己百，和人十己千的努力。老年最易缺乏恒心，而且短少記憶力，則祇有求耶穌基督和聖母瑪利亞加倍照顧。在這方面，守護我的天使，很可以靠助，他常在身邊，隨時可以提醒我。何況天主不棄有心人！

外面的工作範圍日漸縮小，自己對世事又沒有任何的希望，外人也將忘記退休多病的老年人，自己不全心歸向天父，還有什麼事可想？事事都爲愛天主而作，日常小事在天父前有價值，可以用作相助傳教事業的代價。這樣不出門，就是臥在病榻上，還可以傳教，並且做主教的工作，豈不是善度餘年的最妙方法？

註：

(一) 清修庵廚中（勞倫斯修士的「主之臨在法」） 劉巧玲譯 光啓出版社 頁十六。
(二) 同上，頁四十二。
(三) 同上，頁十七。
(四) 同上，九十四、九十五、九十七。
(五) 同上，頁九十六。
(六) 聖女小德蘭 靈心小史 華明書局 頁一八五。
(七) 同上，頁一八八、一八九。
(八) 同上，頁一二六。
(九) 同上，頁一八二、一八三。
(十) 同上，頁二〇二。
(十一) 同上，頁二四八。
(十二) 同上，頁二五〇。
(十三) 同上，頁二三六。
(十四) 同上，頁二三七。

(十五) 同上，頁二六五。

(十六) 同上，頁一九二。

(十七) 同上，頁一九八。

(十八) 同上，頁一九三。

九、拔除自我(聖十字若望)

一、

我喜歡在紙上談兵,若在紙上談「嬰彷小路」,祇費了些許筆墨和紙張,消耗不了多少氣力,但若是去「力行」,則「天主之臨在法」須要極大的細心和恒心,「嬰彷小路法」還必須極力克制自己,而且一定要改變氣質。聖小德蘭不是說自己一生,看來很輕鬆,很平靜嗎?但在骨子裡,卻不僅是咬緊牙根,流淚流汗,還免不了心頭要滴血。她生性非常敏感,心情又脆弱,旁人一句不經心的話,就可以在她心裡激起波浪。不要想,她晚間第一次吐血,放下手帕不看,安心睡覺,不是天生的放浪不羈,或了不解事;而是十幾年的修煉工夫,事事克制自己,養成了的全心信賴天主的心境。聖小德蘭很敬重一位加爾默羅男修會的聖人,聖十字若望,奉為模範。

聖十字若望於公元一五四二年,大約六月廿四日,生於西班牙。一五六二年進加爾默羅男苦修會,次年入撒拉孟加大學,一五六七年晉升司鐸,同年和聖大德蘭相識,共同計劃革新加爾默羅會的精神和會規。一六七五年正月廿五日逝世。一七二六年被謚封爲「聖者」。

聖十字若望和聖大德蘭，修身嚴肅，力行克制肉慾，改革加爾默羅會，恢復原始嚴格的會規，以同基督擔受十字架的痛苦，作生活的規律。

兩位聖者認爲心靈的生活，爲祈禱的生活。「聖德蘭爲祈禱是天主賜給了心靈恩惠中的最大恩惠，從開始修德，一直到攀登加爾默羅山（靈修的頂點），祈禱是必經的路，她不能想像一個充滿精神生活的人，所有的生活不是一個祈禱的生活。對於聖十字若望，同樣對於聖德蘭，祈禱已經不僅是祈求和默想。而是整個的生命，包含修德，發展心靈的力量，最後能夠引導人靈到達天主的神化，從聖愛的過程中，同化於天主。」㈠

祈禱引人同化於天主，同化於天主的過程，則在犧牲和克苦中進行。聖十字若望講述這種過程，譬如一個人在隧道裡行走，眼前一片漆黑，痛苦地一步一步向前，最後走出隧道，進入悅心樂意的光明。

「按照路程，為達到『光明的共融』（union of light），須先走過幾段隧道，從漆墨的黑暗中，進入聖寵的光明，達到和天主的親密。」

「在漆墨的黑暗中，引導心靈的嚮導，是空虛，或克制。祗有空虛我們心中一切不屬於天主的思念情欲，才能夠得到天主。因為互相矛盾的兩者，一個是自私之愛，一個是天主，自私之愛為黑暗，天主為光明，兩者不能同時在一個人心中存在。」

「依照聖十字若望的心理學，人的心靈（靈魂）由內部和外部的感覺和官能而成。這一切的感覺和官能都要徹底從世物的污染中解放出來；才可以預備和天主的共融。空虛自我的工作可以從兩路進行而完成。一、在通常的聖寵助力之下，我們自動更生。二、完全由天主主動，絲毫不用人動。按照這個次序，登上加爾默羅山的路程，分作兩部份：一部份是主動黑夜，一部份是被動黑夜，每一部份都分作好幾章。既然心靈需要徹底加以清除，主動黑夜便分為感覺部份和精神部份；同樣，被動黑夜也分成這兩部份。」㈡

聖十字若望，收集天主教會歷代隱修士的克苦方法，予以系統化，且加以哲學的解釋。但是他的特點，在以克苦工作，作爲進修的路徑，一步一步向「與天主共融」的目標前進。這個目標爲一種精神性的絕高活動，克苦工作便要進入人的內心，內部的克苦高於外部的克苦，內部的克苦達到了人心靈的底蘊，才能使目標完成。

二、

爲什麼人的心靈攀登靈修的頂點，要經過漆墨的黑夜？聖十字若望解釋說：

「為懂得這一點，人應該知道一個心靈為走上成全的道路，通常要經過兩種重要形態的黑夜，使靈修的人能夠洗清自己的心靈。我們稱這種過程為黑夜，因為在這種過程中的人，就如同在沒有光明的黑夜裡行走。

「走向和天主共融的道路，我們稱為黑夜，有兩項理由。第一路程的起點，人的心靈要逐漸除去對一切世物的貪念，這些世物是他所擁有的，他必須除去，除去這些世物，對人的感覺而言，是造成一種黑夜。第二路程的管道，經過信仰（信德），信仰對於理智，就像一個黑夜。第三路程的終極目標，是天主。天主對於現世生活的人，也像一個黑夜。從這三種黑夜裡

，人的心靈必要經過，以能達到與天主共融。」㈢

佛教的修行，爲能得道，須要六根清淨，六根就是感官和意念，六根的清淨，就是消除六根的貪慾。聖十字若望教導願意走上靈修路途的人，必須徹底自動克除感覺的慾望，不論大小，一概克除，走過主動的漆墨黑夜。

「我已經多久等待閱讀這書的人發問：是不是一定必須開始就對一切貪慾，無論大小，都要經過克除的路？或者克除一切重要的貪慾，留下那些輕微的慾念，已經就足夠了？因為看來，太嚴厲，過於困難，為一個人達到徹底完全的清淨，自心對於任何事，也沒有貪念、沒有興趣。

對於這個疑問，我要答覆：首先我承認不是一切的貪念都是同樣有害，或者說不是一樣對心靈有阻礙。因為本性生來的貪念，對於和天主共融，可生的阻礙很少，或者根本上就沒有，因為祇要人不接受，便沒有事，而且有時，人自已就沒有意識到。因此，要一生克除這一切貪念，也就不能。

……但是別的有意識的貪念，或是大罪、或是小罪、或是過失，都必須一個不留地克除，才能走向完全和天主的共融。因為完全的共融，祇有一

個意願，就是天主的意願。若是人的心靈和天主的意願相矛盾，事情就壞了，必須人的心靈在一切活動上，都祗有天主的意願。」四

共融的境界，人的意願和天主的意願相融會，人以天主的意願爲意願。天主的意願是善的，人的感覺則常受外物所牽引，走向出軌越矩的事。孟子也說：「耳目之官，不思而蔽於物，物交物，則引之而已。」（告子上）《中庸》也說：「喜怒哀樂之未發，謂之中，發而皆中節，謂之和。」（第一章）感覺所引起的情慾，常常多次不中節，便是相反天主的意願。爲和天主相融，則不能不克除這些情慾，佛教的修行，爲能六根清淨，乃主張絕慾。儒家則以爲違反人性，使活人成爲槁木死灰。

聖十字若望的克慾，重點在於意願，慾望爲天生的本能，不是引人作惡的魔力，而是人在隨著慾望所生的意願，滿足感官的享受，還常常不遵守倫理的規律。孟子曾說：「養心莫善於寡慾。」（盡心下）佛教和儒家對於克慾，一家主張絕，一家主張寡。聖十字若望則主張革除自我享受感覺舒適的意願。爲著生活的需要，感官有它的用途；人不能自作是瞎子，或自作聾子；六根都要派上用處。修養工夫，在於怎麼用。《中庸》說「發而皆中節」，六根的用必定在規律以內。佛教坐禪求心清淨，譬如炎暑夏天，一個人跳入涼水池，感到滿身清涼，非常舒服，祗是第一步禪。另一個人，跳入涼水池，僅爲洗除汗污，不覺清涼，這是

第二步禪。第三個人，則因洗澡爲該做的事，進入水池，沒有別的意願，乃是第三步禪。第四個人，到水池洗澡，祗爲洗澡，沒有任何感覺和意願，才是高尚的第四步禪。對孟子和《中庸》來說，第一步和第二步禪是好的，第三步禪繳枉過正，第四步禪痲木不仁，精神失常。聖十字若望看四步禪無所謂好不好，爲能好，須要感謝天主賜給了夏天洗澡的機會，爲愛天主好好洗澡，而不是爲滿足自己的需要或舒服。聖十字若望還會看重第四步禪的修養工夫，使心靈超越身體感覺以上，有莊子所說：「隳汝形骸」的境界。聖十字若望的主動感覺黑夜，教人主動以爲天主而活動的意願，主宰自己感官的活動，既不追求感官的舒適而動，更不接納違反天主旨意的感覺情慾。

聖十字若望給人幾項勸告：

「第一，習慣追求仿效基督，使自己的生活相似基督的生活。基督一生以奉行聖父的旨意為自己的飲食。……

第二，為能做到這一點，便要為愛基督克除一切對於天主沒有榮耀的感覺快樂。……

為克制並安定四項生來的情感：喜怒哀樂，使能從四情的和諧和安定以產生精神的幸福，以下的勸告很有靠助，使人進德立功：

不揀選最容易的事，卻揀選最難的事。
不揀選最愉快的事，卻揀選最討厭的事。
不揀選安閒的事，卻揀選困苦的事。
不揀選有安慰的事，卻揀選使人悲哀的事。
不揀選最大的事，卻揀選最小的事。
不揀選最可愛最可貴的事，卻揀選最沒有價值而受人輕蔑的事。
不揀選無論何事都可以，卻揀選無論何事都不要。
努力不追求現世最好的物，卻追求最壞的物。
努力追求空虛對一切現世事物的想望，接受赤貧，祇保留為基督的緣故該有的事物。」(五)

以上的勸言是對於感覺方面，對於精神方面的克慾，聖十字若望有以下的勸言：

「願意佔有一切，則希望沒有任何事物中的任何事物。
願意自成一切的一切，則希望自成完全的虛無。
願意自己知道一切，則希望自己一切都不知道。

願意對世物沒有興趣，則必須走過對世物無興趣的路。
願意自己不知道什麼，則必須走過自己不知道的路。
願意自己什麼都沒有，則必須走自己什麼都沒有的路。
願意自己什麼都不是，則必須走自己什麼都不是的路。」㈥

實踐並力行以上精神方面的克慾，心靈便能找到安定平靜，既然不想任何事物，便沒有任何事物來擾亂；既然沒有任何事物使人向上攀，便沒有任何事物使人向下掉，心靈就能定，「定而后靜，靜而后能安，安而后能慮，慮而后能得。」（大學 第一章）心靈沒有世物的想念，才能安息於天主的意願中，在天主的意願中去考慮事物，乃能得到和天主共融。

三、

精神上的主動漆墨黑夜，有上面的幾項勸告。這個黑夜的根基，則是信仰，即是信德。人在精神方面或心靈方面的活動，都由理智去指揮。中國哲學常以心作人精神活動的主宰，因為心能知。人的特點在於有理性，有理性便常用理智，理智能知，無知便無行，知必先於行。精神的主動黑夜，要人不使用理智去知，而由信仰作主宰。信仰超於理智，信仰的道理，理智不明白。理智的知是人活動的光，沒有理智的知，人的心靈便沒有光，便是一切漆黑。人在漆黑裡走，如同在黑夜裡走。信仰當然也是一種光明，而且光力非常強，因爲來自天主的啓示。但是啓示的內容超越理智，理智不能懂，例如天主三位一體，理智可以懂這句話的詞；天主、三、位、一、體；然而這些詞連結起來的意義和理由，則完全不懂。人祇能相信這句話所說的，完全不能錯，因爲是天主所啓示的。啓示顯明一項真理，這種顯明爲一種光明，啓示的光明爲超乎理智的光明，爲一種超級的光明。有如太陽的光明，對著人的眼睛，眼睛不單不能看，反而使眼睛成瞎。

「這樣，這種光明使人成瞎，光明不成為光明，因為光力過大，遠遠超過視力的範圍。同樣，信仰的光明，光力過強，使理智失去知識的能力；因為理智的知識力衹伸展到本性的知識內，對於超性的知識，理智雖有一項官能，然須在天主樂意提昇它時才能活動。」(七)

心靈的生活，既然傾向精神的層面，追求和天主結合而共融，心靈生活的嚮導，便應該是信仰。人的思言行爲，一切由信仰的觀點出發，一切歸向於天主。

「我想，一個人的心靈為能實踐由信仰任嚮導的生活，它不單對感覺方面的事物，和低層生活的現世事物，成為瞎子，不去追求，就是理性方面對於天主的精神追求，也要成為瞎子。因為，在達到超性的改造上，很明顯的，人要避免本身所有本性的感覺和理智。既説超性，就是説超越本性，本性便在低層。超性的改造遠遠超過人的本能以上，人也不能懂得，人便要完全避免人的理智和意志滲進這種改造……人就要像一個瞎子，依賴黑暗的信仰，讓它做生活的嚮導的光明，放棄理智和感覺所懂的，所經驗的，和所感受的。」(八)

老子曾說「大智若愚。」莊子曾譏刺理智爲小知，都主張人在理智以上有一種「直見」，直接和道相連，由「道」以觀察事物。佛教的天台宗和華嚴宗，講述「觀法」，由「真如」以觀宇宙，一切相融，真如和宇宙同一。老莊和佛教的「大智」(佛教以觀法為智慧)，超越理智，好似愚昧，但是老莊和佛教教導人以「大智」爲生活的導師。不過「大智」雖超越理智，祗是層次的超越，不是本體的超越，「大智」的智慧，理智可以懂，但不用感覺和理智去求證和推論。例如「一入一切，一切入一，一切入一切。」這種觀法，理智可以懂，理智卻不能推論出來，按常識說是不合理，人的人生觀和價值觀則要以之作爲原則。

天主教的信仰，超越理智，是本體的超越，理智既不能推論也不能懂。然而信仰應是人生的導師，人生的目的，人生的價值，以信仰爲根基。人生的想望，人生的追求和滿足，也要依著信仰而建立。把感覺的慾望，和理智的計劃，徹底放棄，主動地加以克制，全心歸向絕對的精神體天主，完全按照信仰去生活，乃能達到和天主的共融。

因此，在祈禱方面，便不再用理智的推論去默想，也不決定一個觀念或一個題目，去行默想，而是對於天主的無言欣賞，心心相印。不過，一個人不可輕舉妄動，沒有修養到這種程度，就自行決定去做，應由天主的指示。聖十字若望舉出三點訊號，顯示天主要一個人實踐心心相印的祈禱。

「第一點訊號，他已經不能再去默想或推理祈禱，既不像以往感到興趣，反而感到乾燥無味。……

第二點訊號，他已經不要決定一個題目，或者指定一點，以集中自己內外的官能，使不分心。……

第三點訊號，他喜歡單獨和天主相對，不須作任何專題的默想，也不使用理智、記憶、意志，他內心感到平安、安靜、靜思。……」(九)

無言欣賞，心心相印的祈禱，用不著理智去想，用不著口去說，不是求福免禍，不是知恩悔過，而是兩心相悅，彼此相愛，小孩對著母親；或者像相愛的新婚夫婦，相對無言，兩眼表露情懷。

四、

無言的祈禱，心心相印，這種境界，除上面所說的主動黑夜外，還要求被動的黑夜。人的心靈不僅要自動克除對世物的想念，克除自己理智和意志的主宰，完全由信仰作嚮導，還要安心接受天主在內外所有的定排，以拔一己的自我。一個小孩若常安臥在母親懷裡，若一舉一動都由母親扶著，這個小孩便不能長大，因爲一個人不受苦，決不能成人。同樣，一個人也不能常常坐在「心心相印，無言祈禱」的境遇裡，天主一定會給他苦吃，他卻常想著這個幸福的境遇，也常想用某種方式表現自己對天主的愛，制定自己靈修生活的方式。這樣

「自我」又出現在他思想裡了，天主要磨鍊他，要他放棄這個「自我」，便他心靈生活上，完全聽天主安排，自己不想有自己的境遇，有自己的方式。

首先，在感覺方面，天主要使他從祈禱默想上，感到非常的乾燥，對於靈修方面的工作，感到了無興趣。而且對於一切歸向天主的事，覺得反胃口；并且對於人世的事物，也失去了愉快感，似乎成了木偶人，或植物人。㈩在另一方面，卻不是植物人，天主光照他，使他認識清楚自己的無能，自己的渺小，又認識天主的偉大、高尚。同時習慣他執行靈修的工作，力行求和天主共融的路，不爲感覺方面所有的愉快感受，也不是爲心靈的滿足。他歸向天主，不是爲愛自己，祇是爲愛天主。

經過感覺方面的黑夜，還要經過精神方面的黑夜，以煉淨心靈方面的缺失，以強健心靈的行爲力。一方面，天主安排信仰方面的誘惑，使作心靈生活嚮導的信仰，突然搖動了，突然生起疑心。聖小德蘭在去世前一年半，對於身後永生的信仰，驟然滿心疑慮，而且似乎常聽到耳邊有聲音說「死後，一切空虛，一切虛無，一切都完了。」一個重病的人，驟然失去了永生的希望，心靈要多麼痛苦。聖小德蘭咬緊牙根，不斷地重複對自己說：「我信仰身後有永生」，但並不能解除疑慮，恢復心靈的平靜。她既然堅持相信，心中卻有疑慮，疑慮便不是她自心所生，而是天主所引發的誘惑，以考驗她的信仰。

再者，天主賞給已經走過被動感覺黑夜的人，直接欣賞祂的臨在，同時使他認識自己的渺小，承擔不起天主的恩賜，心靈裡生出兩種矛盾的心情；天主的賞賜「直觀」（Contemplation）越大 人越覺自己的渺小，兩種矛盾心情所引起的痛苦也加多，造成精神的黑夜。(十)

在這黑夜裡，因爲天主賞賜「直觀」，人心靈燃起愛天主的熱情。愛天主的熱情也是天主的恩賜，人不須有任何行動，人祇須接受天主的愛。人對於世物的興趣，已經克除了。人心不想念任何事物，天主的愛在這人的心靈中便沒有阻礙、沒有限制，可以進入人心的底，可以充塞整個心靈。然而人並不懂，完全聽任天主的發置。

「從上面所說的，我們可以見到這個愛火的黑夜，在黑暗裡清潔人心，又在黑暗裡燒熱人心。」(十一)

這個到這境地的人，他逐漸和天主共融，不用感官和理智，只用天主的愛，和天主共融爲最神祕的活動，最深奧的活動，感官和理智不能擾亂或阻撓。他的心靈已經對宇宙獲得絕對的自由，不僅週遊宇宙，而且遨翔宇宙以上。

五、

當代的青年和學人，看到聖十字若望的「登加爾默羅山」，不是說他是老古董，就是說他是不識時務。今天我在中央日報的第十五版，看到王正良先生（你也是基督徒？民七十九年七月三十一日）的話：「我認為一個人如果做錯了，是要從心中的悔痛產生行動來彌補的，而若僅在祈禱中去尋求神的寬恕就可以安心忘去一切，則太容易、太不平了。……說到祈求的部份，我完全不同意。……我認為『人』之為人，極可貴的一件事，就是那全未可知的未來，我們一面在盡力營造適合我們日後生活的環境及條件，一方面又要認知事實和預期間的差距。如果，把這一層為人生擔憂，不斷惴惴近向挑戰的心情完全託付給上帝的話，『人』的損失就太大了，嚴格說他已無需獨立存在，他只是印證上帝旨意的工具罷了。」

當代青年人最看重自我，佛教卻說「自我」是假我，根本是虛無，有些大學生竟去學禪以空虛自我。聖十字若望的拔除自我，不是毀滅「自我」的存在，不是消滅「自我」的心裡，而是提昇「自我」的能力，擴張「自我」的生命。青年學人用科學的一切知識，可以對未來知道什麼？對自然界可以推知將來的變化，對於一個人自己的未來則是一片黑暗。就是知道明天該做什麼，明年該做什麼；但誰保證你活到明天，或者活到明年；就是明天和明年你都活著，誰保證你該作的事，能夠和你所計劃的一樣？你可以盡心力去做，但俗話說：「謀事在人，成事在天。」我們承認有天主，我們相信祂處理人世和宇宙的一切，我們也肯定天主給人以自由，並且和我們關係是父子的關係。天主造生了人，給人最好的目標，和祂相結合以共融。在宇宙以內，人本來就覺得渺小，從宇宙以一切事物中，人卻沒有滿足的一刻。天主賞給我們恩寵，啓示天主自己的奧祕，指引我們歸向祂？莊子和佛祖已經告訴人要放棄對事物的一切想念，空虛自己的心靈，以能和永恒的「道」或「真如」相合一。今天還有青年人認爲佛道的思想並不愚昧，而且還很高尚。天主指示人的心靈脫離對世物的貪念，提昇人的心靈登上精神生活的巔峰，豈不是更明智，更高尚的事？克除感官的貪慾，拔除心靈的自我，就像遭受刀割一樣，必定覺到痛苦。但在刀割手術以後，心靈的自由，心靈的安定，才是人生的幸福。靜對絕對的真美善天主，雖然還不能常常明明「直觀」祂的本體，但憑著「信仰」的指導，堅信不疑天主對人的愛心，天主自己又賞給人心靈對祂的神性愛火，人心清除了一切對世物的情緒，充滿了對天主的愛，又以天主的愛愛世人世物。人心的動作，純全遵從天父的旨意；然而人自己在工作，人雖成爲印證天主旨意的工具，心的自由並沒有破壞，人仍有「自我」。他的「自我」，不是一個單獨的「自我」，而是和天父共融的「自我」。在和天父共融時，已經和基督結成一體。和基督結合一體的「自我」，便如同聖

保祿宗徒所說：「我活著，不是我活著，而是基督在我以內活著。」（迦太基人書 第二章 第二十節）

註：

㈠ The Complete Works of St. John of The Cross. The Newman Bookonan. Vol. I, p.1.

㈡ 同上，頁二。

㈢ 同上，頁十七、十九。

㈣ 同上，頁五十一、五十二。

㈤ 同上，頁六十至六十一。

㈥ 同上，頁六十三。

㈦ 同上，頁七十。

㈧ 同上，頁七十四。

㈨ 同上，頁一一五至一一六。

㈩ 參考同上，頁三七三至三七五。

⑪ 參考同上，頁四一〇至四一一。

㈩ 同上，頁四三六。

一〇、光榮天父（聖依納爵）

懷著赤子心情，對越天父；拔除自我，完全聽信仰的指導，遵行天父的旨意；達到和天主共融的境界，在「直觀」裡對面和天父交談，在人世就已經開始來生的天堂生活。這種生活是愛的生活；在天堂的天使和聖人，全心全意全力愛天主，歌頌天主的美善，永世無疆。在現世生活的聖人，全心全意愛天主，卻不能白日黑夜祇在念經唱歌，讚頌天父。就是隱居苦修院的修士修女，也要費力作每天勞心勞力的工作；在世俗裡生活的人，另外負有主管事業的人，他們還要費心費力去作計劃，以謀事業的發展。他們和天主共融的生活，在於爲愛天主而作事業，以事業去光榮天主。

耶穌基督在世傳道時，剴切地聲明祂不求自己的光榮，祇一心求派遣祂來作人者聖父的光榮，但是聖父也會光榮子。

「我不尋求我的光榮！……我如果光榮我自己，我的光榮算不了什麼！」（基督福音

第八章第五十—第五十四節）

「父啊！……我在地上，已光榮了祢，完成了祢所委托我所作的工作。父啊！現在在祢面前光榮我罷！賜給我在世界未有以前，我在祢前所有的光榮罷！」（若望福音　第十七章第一節—第五節）

聖父派遣聖子降生，為引導人類重新回到造物主天主。回到造物主天主是一心傾向天主，因造生和救贖的恩惠而全心愛天主，愛心的表現則是欣賞宇宙萬物的美妙而歌讚造物主。歌讚造物主便是光榮造物主，好比稱讚一位藝術家的作品，便是光榮這位藝術家。當耶穌基督誕生時，牧童們聽見成群的天使在天空唱說：「天主在天受光榮，主愛的人在世享平安。」

全心全意愛天父的人，必定全力做好自己的職務，因為職務是天父委派他的，做好職務便是光榮天父。

「你們的光也當在人前照耀，好使他們看見你們的善行，光榮你們在天之父。」（瑪竇福音　第五章第十六節）

耶穌基督對天父的孝愛，就同儒家的孝道相同，儒家的孝道有三：「大孝尊親，其次弗辱，其下能養。」—中國歷代讀書人都追求「揚名顯親」，不作惡事，以免遭受刑罰，致使父母受辱。孝愛天父的人便要全心全意全力追求光榮天父，全心全意全力避免犯罪，羞辱天父。

在歷代人中有一位以「愈顯主榮」作爲座右銘的，則是聖依納爵。他創立了「耶穌會」修會，也以「愈顯主榮」作主要宗旨。

聖依納爵是西班牙人，生於公元一四九一年，於一五五六年去世，年六十五歲。聖依納爵出身貴族，生時好強，少年入伍，榮登軍階。公元一五二一年，法王方濟一世攻打西班牙，依納爵率兵堅守營地，兵敗受傷，法軍放他回家養傷。他施行手術，整治右腿。那時沒有痲藥，他忍受刀割鋸折，幾個月不能出戶行走，坐在屋裡看書，找不著《十字軍英雄傳》，祇得讀《聖年廣益》的聖人事蹟，漸漸欣賞聖人們的果決和志氣，然後拿起聖經來唸，才覺到人世事物的空虛，決心放棄功名，離家出來，往耶路撒冷朝聖。先到寨辣山聖堂，在聖母像前按照騎士的習慣，全身武裝，手持寶劍，站著守夜。從耶路撒冷回歐以後，專心讀神哲學，先進撒拉忙克大學，後進巴黎大學，聚齊了志同道合的青年六人，結成團體，創立耶穌會修會。當時，天主教會處在一個非常混亂的時期，路德在德國脫離天主教，設立新教。瑞士有加爾文另創教派，英國國王亨利八世因離婚問題也判教，北歐的諸侯們紛紛乘機脫離和羅瑪教宗的關係。天主教會乃興起改革運動，整頓教士和修會會士的生活規律，嚴格限制教會的浪漫風氣。聖依納爵對耶穌會採取嚴密的組織，要求絕對服從，不僅服從會長，還要宣誓服從教宗，會士全力從事教會工作，以學術教育應付歐洲的「唯理性主義」。四百年來，耶穌會成了天主教會內的第一個修會團體，會內有嚴密的紀律，有高深的學識，聖人和學者輩出。全會的標語，是會祖所標的「愈顯主榮」。

「聖依納爵將列入聖品（謚封聖者）以前，羅瑪教廷高等法院的人員，討論聖人生平的行實以後，下斷語說：『依納爵神父一輩子所思所言所行的，皆以天主的光榮為唯一無二的目的。』這幾句批評的話說得極其恰當，統觀他一輩子的行實，全是以為天主愈大光榮一句話，為規矩，為終向。聽他的言語，是為天主愈大光榮。念他的書信，日記，著作等，也是為天主愈大光榮。他自己所尋求的，是天主更大的光榮，勸門徒們所趨向的，也是為天主更大的光榮。為這個緣故，這為天主愈大光榮一句話，就成了聖人的標幟。」(一)

二、

這句話說來似乎很響亮，似乎眼睛常向高處和遠處看；但是聖依納爵絕不是好幻想的人，他是武人出身，事事處處都表現嚴密的步驟，爲天主的更大光榮，是要從日常生活的小事做起，小事做好了，才可以做大事。每個人把自己每天該做的事，小心去做，做得盡善盡美，便可以爲天主更大的光榮了。

「有一次，聖人看見一個輔理庶務的修士，為一樣本分，盡的太疏忽，就上前去問他，你為什麼進了修會，你進修會是為事奉誰？修士答說是為事奉天主。聖人鄭重其事的責斥他說：你既為事奉天主，怎麼你盡本分，還這樣疏忽呢？你若是為事奉人，盡本分略疏忽些，尚有可原，天主的尊威無限，我們全盡了心力事奉他，也不相稱他的尊貴，你為天主盡本分，這樣懈怠，如何使得呢？下一次我若再看見如此，一定要重重地罰你。」(二)

「聖人每次看見美麗的鮮花，青秀的草木，立時就推想天主的全能，製造安排的那樣細緻秀雅。為這個原故，聖人每次往本院的小花園裡去，一到了那裡，徘徊良久，久而不厭。外面雖彷彿是玩賞散心，其實是藉著花草的奇妙，默想天主本体的美善，所以聖人也往往感動的至於滿眼流淚。」㈢

事事留意，處處有心，存想天父的美善，也不忘天父的尊高，在小事上就以愛天主的心，光榮天父。

爲習慣在小事上光榮天主，以能在大事上愛天主，聖依納爵著有「神操」一書，用軍人的操練方式和精神，很細密的，很切實地執行生活的修養。「神操」成爲耶穌會精神生活的反省方式，持續四個星期，組成反省月。每一天的反省，集中眼耳鼻口手身感官到所反省的題目，又匯集心靈的官能理智、記憶、感情、深入地體驗對反省題目的實踐，整天沉入在反省的題目中，以反省題目而生活。

例如第二週，反省題目是「神國瞻想。」第一部份，瞻想世上君王的號召，設想一位君王，告誡臣下，爲他效命；第二部份，瞻想耶穌君王的召喚。

「把上邊君王的例子按照所說過的三端，拍合到吾主耶穌身上。第一端：我們存想了一位世上君王這般號召他的屬下，那麼，我們見到吾主耶穌基督，永遠的君王，并在祂面前的全世界；我們又該怎樣加以存想呢？祂召喚全世界，祂更特別地召喚每一個人，祂說：我的意志是征服全世界，征服一總仇敵，因而進入我的聖父的光榮。因此，誰願意跟我來，該和我一同勞苦工作，庶幾在勞苦中跟隨了我，也在光榮中跟隨我；第二端：存想一總有判斷，有理性的人，都要完全奉獻自己，為勞苦工作；第三端：誰願意有更大的愛情並且在事奉這位永遠的君王，萬有的主宰上，表現自己與眾不同，那麼不單要完全奉獻自己為勞苦工作，甚且要反攻自己的感官的貪慾，反攻自己的血肉的世俗的貪愛，做這更有價值，更有關係的奉獻說：『吁！萬物的永遠主宰，我依賴祢的恩寵，祢的助祐，在祢的無窮美善前，并在祢的光榮的母親和天朝眾位聖人聖女的鑒察下，我奉獻我自己，并鄭重宣仰我的審慎考慮了的決心；祇須專能事奉祢，更能讚美祢，我願意，我切望，效法祢接受一切侮辱，一切譴責，一切貧窮，一如內心的貧窮，如果祢的至聖的尊威，願意選擇我，收納我，在這樣的生活和地位上。』這操練在這天內舉行兩次，便是早上起床後，和午膳前或晚膳前的一小時。第二週內和以後第三週第四週內，隨時閱看一些師主篇，福音經或聖人傳記，很能有益。」(四)

目標和聖十字若望的目標相同，方法則有差異。「神操」列出實行反省的方法和步驟，緊密又繁瑣，爲現代習慣多想多貪的人，乃是收心的途徑，嚴格地擺脫一切的思慮，進入自己的內心。參加四週神操的人，就像大學生參加了成功嶺一期入營軍訓，把不思索，漫無規則的生活簡單化，紀律化。

三、

聖依納爵自己任耶穌會總會長，且是創立人，掌握本會的一切權柄。耶穌會的組織採取獨裁制，一切由總會長處斷。「最可奇妙的，是聖人的見識，雖然如此高明，慮事又如此週到，到底還不敢仗恃自己的明智。事前盡心料理，如同事之成敗，全關係自己的見識一樣，及審量打算，全盡了自己的力量以後，到了要興辦的時節，卻又把事全托於天主，如同事之成敗，全賴天主上智的照顧一樣。……爲了這個緣故，聖人不拘興辦什麼事業，若是辦成了，多咎也歸功於天主，總不敢認爲自己的能力，若是中間遇見了阻礙，總不失望，還是堅心依靠天主，也鼓勵本會修士的心火說，事情非遭險阻，不能彰顯天主的全能。」(五)

聖依納爵爲「愈顯主榮」，計劃創立事業，行傳裡記述他創立主加大利納院，爲沒有嫁貧的待嫁女青年，計劃她們在院內工作，籌備出嫁的嫁妝。他創立了濟良所，收容從良的娼妓，濟良所取名聖瑪爾大院。他最主要的創舉是創立了羅瑪的德國學院，那時德國教會因路德叛教造成分裂，聖依納爵在羅瑪創立德國學院，選擇德國天主教攻讀神哲學的男青年，來羅瑪留學，晉昇神父，這座學院，到現在還很興旺。聖依納爵創立耶穌會，當然非常敬愛耶穌，他便創立了四十小時跪拜耶穌聖體的儀節，這項儀節還流傳到現代，處處舉行。

但是對於有些事業和工作，他卻堅持不做，又不許本會修士做，例如不接受主教的職位，除非教宗直接下令，會士才許接受。耶穌會士不能任修女的會長，不能做他們的靈修導師。因爲他曾經指導三個婦女所組織的修會團體，所得經驗，「比管理耶穌全會費的工夫更大，該時時刻刻解釋她們的疑難，調停她們的紛爭，此去彼來，一年到頭也料理不完。」㈥索性上書教宗，明令禁止耶穌會士做修女的導師，免生各種枝節。

創立事業成了耶穌會的特徵，在學術文化方面更積極工作。聖依納爵教導弟子們爲創立事業，應留心下列幾點：

「一、人幾時為光榮天主，想著成就大事，該用心提防黑暗，還該用心提防現世界的光亮，換句話說，就是該用心提防本性的怯懦，還該提防本性的明智。

二、雖說人也不可冒昧從事，動不動的就指望天主發顯靈蹟，到底為依靠天主，該遵守這個不能舛錯的原則；就是一方面該記得，天主的全能，天主的聖意，不受萬物常法的拘束；另一方面該記得多咎我們為天主辦事，若依恃我們自己的才力，便是大大的錯誤了。為天主辦事以前，該全心依靠天主，就活像事之成敗，全在天主一樣。及趕到了辦事的時候，是如何進行，用什麼法術，我們又該仔細斟酌，竭盡心力，就像事之成敗，全關係我們的智謀一樣。凡為成就那件事有益的法子，一樣也不忽略。

三、在交接來往上，多聽別人的話，自己少說話。……

四、專務一件事的人，比不拘什麼人辦的事都多。尚且為辦不拘什麼事，有一條十分要緊該用心遵守的規矩，就是拘束自己，為就合時勢；不可勉強時勢，就合自己。……

五、人若過於怕世俗，總不能為天主辦成大事。……

六、不拘什麼人，若把自己全託於天主手中，憑天主隨便處置安排，都能成有用的大器。……

九、得了天主的人，雖然兩手空空，一無所有，也不算貧窮，因為天主是萬福之源，就得了各樣幸福。……

十六、從世福中生出來的一切甘飴，全聚在一齊，也比不上耶穌送給我們的酸醋苦膽那樣甘飴。所說的酸醋苦膽，就是為耶穌，也同耶穌一齊忍受的煩悶憂苦。

十七、總不可因為打算後來要作榮主救人的大事，至於忽略眼前能作的小事。……

二十二、克苦肉身的工夫，或多或少，該按每人身體的強弱，並時勢光景斟酌定奪，不可冒昧進行，漫無節制。我們的肉身，是天主賞給我們的一種器具，我們用的好歹，將來要受天主的審判，不但過於嬌養肉身，隨從我們的嗜好，有我們的過錯；就是克苦肉身，過了節制，至於肉身虛弱，不能為天主愈大光榮，作許多有益的事業了，也有我們的過錯。……

二十三、聖依納爵看著，在交接往來之間，言語行事，會就合別人的心情脾氣，是引人歸向天主，最有效驗的法子，聖人稱這個法子，說是從人的門進去，從天主的門裡出來。……」(七)

聖依納爵武人出身，持己嚴律，但對於立身處世，則非常開朗，不偏不急，雍庸中道。從上面所節引的訓言，為「愈顯主榮」，大小事都要為天主做，都須依靠天主，善盡人力。

克己苦身，也要保守中庸，沖淡了古代隱修士的克苦心情。他的目標和生活重點，都放在光榮天主。

四、

耶穌基督對天父的孝愛，全繫在「光榮天父」一點上，祂降生成人的目標，引導人類歸向天主。以自己的性命作爲犧牲，補贖人類罪惡對天父的侮辱。建設洗禮以自己的神性生命賜給人，使人成爲天父的子女，同祂讚頌天父的恩惠，稱揚天父造物的奇妙。如同聖保祿宗徒所說：「因爲一切都是你們的；……或是世界，或是生命，或是死亡，或是現在，或是將來，一切都是你們的，你們卻是基督的，而基督是天主的。」（格林多前書第三章第二十一章）基督不僅引導人類歸向天父，也引領全宇宙歸向天父；因爲宇宙萬物爲人類的利益而受造，人卻違反天主的旨意，用爲自己私慾的享受，而且對於萬物的美妙，也盲目不仁，不知讚揚造物主的妙工。人既因基督而歸於天主，也把萬物歸於天主，和宇宙萬物同聲讚美天父。

耶穌基督教給門徒的祈禱經，上半段就是爲光榮天父：

「我們的天父，願祢的名受顯揚。
願祢的國來臨。
願祢的旨意，奉行在人間，如同在天上。」

「願祢的愛受顯揚」，原文是「願祢的名受聖」願祢的名字，受人們尊爲神聖，不要呼喚，不予輕侮，處處受尊敬。中國歷代對於皇帝和父母的名字，都諱不敢稱呼，以色列人不敢直接稱呼天主，都是表示尊敬。以天主的名爲聖，爲神的聖名；稱呼時，心中懷著敬畏的心情。既有這種心情，心中已有信仰，更易懂得主教在彌撒祭祀結尾說：

「願上主的聖名受顯揚」

「自今日直到永遠！」參禮者答。

「上主的聖名是我們的助祐。」，主教說。

「因爲祂創造了天地。」參禮者答。

全能造物主天主的聖名，具有無上權威；在急難中，是安定心神的磐石；在憂苦中，是解除傷痛的涼風；在喜樂中，是平靜情緒的音樂；在孝思中，是赤子心情的細語。在人生的各種境遇中，天主的聖名，常留在我的唇邊。

「大孝尊親」，尊敬上主天父的聖名，愛慕上主天父的聖名，又願大家也一樣尊敬，尊親便顯親，尊敬父親母親的人越多越好，「願祢的國來臨」，天主的國表現在人的信仰，願大家都信仰天主，尊敬祂的聖名，誠心歸順祂。「願祢的旨意，奉行在人間，如同在天上。」天上的天使，認識天主，愛慕天主，一心順從天主的旨意。人間的人，卻多不認識天主，不信仰天主，連天主造生給人良心的性律，人也敢不遵守；就連信仰的人，還不謹守天主所定的十誡。我們祝望全球的人，都能信仰天父，遵守天父的誡命，大家異口同聲，向天父歡呼：

「讚主於聖所，讚主於天府。
讚主之偉績，讚主之弘度。
讚主宜吹角，鼓琴復鼓瑟。
播鼓助萬舞，頌聲入絲竹。
大鈸和小鈸，噌吰且鏜鎝。
願凡含生屬，讚主永不息。」（聖詠 第百五十首 吳經熊 聖詠譯義）

清晨登阿里山，陽光初出，東天淡紅，殘月尚掛在西邊，兩三星點似醒猶睡，群樹向榮，綠葉飄香。小鳥棲在身傍樹枝，吱吱作歌，隨伴小狗，跳躍歡叫。這時，伸張雙手，邀請整個宇宙，同聲歌唱：

「讚主於天中，讚主於蒼穹，讚主爾諸神，讚主爾萬軍。
讚主爾日月，讚主爾明星。讚主爾九天，讚主爾靈淵。
溟海與源泉，冰雹與氛氣，雷霆與白雪，飄風布聖旨。
小丘與高嶽，果樹與喬木，爬虫與飛禽，野獸與家畜。
王侯與眾庶，權位與貴爵，壯男與閨女，白髮與總角。
皆應頌主名，主名獨卓卓。峻德超天地，子民承優渥」

（聖詠　第百四十八首　吳經熊　聖詠譯義）

註：

㈠ 聖依納爵傳 獻縣天主堂出版 頁六百五十七。

㈡ 同上，頁六百五十九

㈢ 同上，頁六百六十六。

㈣ 神操 王昌祉譯 光啓出版社 頁四十六—四十八。

㈤ 聖依納爵傳 頁四百七十五。

㈥ 同上，頁六百十二。

㈦ 同上，頁六百七十九—六百九十六。

一一、懺悔心情（聖奧斯定）

一、

孔子說：「內省不疚，夫何憂何懼。」（顏淵）不憂不懼乃是君子。孟子說：「君子有三樂，而王天下不與存焉。父母俱存，兄弟無故，一樂也；仰不愧於天，俯不怍於人，二樂也；得天下英才而教育之，三樂也。君子有三樂，而王天下不與存焉。」（盡心上）儒家教人力行做人之道，謹遵天命，常反觀自心，不愧於天，不怍於人；心中安定，不憂不懼，怡然而樂。

聖若望宗徒則教訓人說：「如果我們說我們沒有罪過，就是欺騙自己，真理也不在我們內。但若我們明認自己的罪過，天主既是忠信正義的，必赦免我們的罪過，並洗淨我們的各種不義。」（若望一書 第一章第八節）

我們敬愛天父，常有好心願意順從祂的旨意；可是，理智有時黑暗了，意志有時軟弱了；有時便不知不覺地做錯了，有時還明知故犯了。而且還有人站在天父跟前，心裡這樣祈禱：「天主，我感謝祢，因爲我不像其他的人，勒索，不義，姦淫，也不像這個稅吏。我每週兩次禁食，凡我所得的，都捐獻十分之一。」那個稅吏「卻遠遠地站著，連舉目望天都不敢，只是搥著自己的胸膛說：天主，可憐我這個罪人罷！」耶穌下斷語說：「我告訴你們，這個人下去，到他家裡，成了義人，而那個人卻不然。因爲凡高舉自己的，必被貶抑；凡貶抑自己的，必被高舉。」（路加福音 第十八章第十節）

在世界文學界有一部具有很高文藝價值的書，譯成了多種語言，在一千多年裡常受人的讚賞。我們中國也有譯文，就是聖奧斯定的「懺悔錄」。

聖奧斯定生於公元三百五十四年，逝世於四百三十年。出生地在北非，逝世也在北非。在世界的聰明人中，他要算爲最聰明的人；在世界著作很多的學者中，他該視爲著作最多的學者。但是他的一生，前半生荒唐極了，荒淫，後半生嚴肅極了，隱修克苦，任主教，著書立說。他寫了《懺悔錄》，直接向天主認罪，絲毫不掩飾，絕對不以悔罪求榮。他心中祇有天主，全心全靈全意全力愛天主。他在他的《懺悔錄》開端就說：

「主，祢是偉大的，最可讚美的；祢有無限的能力，難數的智慧。人要稱揚的，就是祢。可是他，受造物中渺小的一份子，渾身是死亡的徵兆，罪惡的痕跡，和祢討厭的驕傲人們的證據。

不管怎樣卑微，他還是要歌頌祢。實在，他的樂趣，就在歌頌之中：因為我們是造來為祢的；我們的心得不到祢，就搖擺不安。主，求祢使我明瞭：先呼喚祢呢，還是先頌揚祢？先認識祢呢，還是先呼喚祢？可是，不認識祢的人，怎會呼喚祢呢？不認識祢的人，只能在祢以外，呼喚另一個對象。或許，呼喚祢也會是認識祢的前導。可是，那個人家所不信仰的，怎能去呼喚他呢？假如沒有宣講師，人家怎能去信仰呢？尋求主的人，將頌揚他；因為覓則獲，獲則譽。」

「主，希望我在呼喚中尋覓祢，在信仰中呼喚祢；因為我們已聽到關於祢的福音。主，祢給我的信德，祢通過了祢聖子的人性，和祢講師的工作，灌輸於我的信德，正向祢呼籲著。」㈠

聖奧斯定在信仰中呼籲天主，他的信仰不僅是他的神學哲學思想，而是他心靈深處的呼籲。

「那末，我的天主，祢究竟是什麼？請問：祢不是天主，是什麼？主外還有主麼？我們的天主以外，誰是天主呢？至上，至善，至能，至仁與至義，至隱與至顯，至美與至力，隱而不可捉摸，不變而變化一切；永不新，永不舊，而刷新一切；在不知不覺中，壓倒傲慢的人們。常動常寂，細大不捐，而什麼都不需要。背負，填充，保護，造化與養育，完成與尋求，而什麼都有。祢愛而不狂，嫉而不亂，悔而不痛，怒而仍平。祢變換祢的工作，而又堅持祢的計劃。祢雖復得，卻沒有失掉過什麼。祢愛收穫，可絕不為了匱乏。祢求利息，可沒有吝嗇。大量的供獻，使祢發生義務；可是，誰給了祢不是祢的東西呢？祢沒有義務，祢還是去工作；祢免人的債，祢仍沒有損失。

我的天主，我的生命，我的聖的甘飴，我們說了些什麼？幾時談祢，我們能說什麼？談話而不談祢的人，是有禍患的；因為嘮叨的人，甚於啞吧。」(二)

聖奧斯定談天主，先就看自己，自己不僅是渺小的人，而且滿身污穢。他呼籲說：

「誰能使我安息於祢呢？誰能使祢進入我的心靈，而使它陶醉呢？希望我能

忘卻我的一切煩惱，而把祢，我惟一的愛，緊緊懷抱著！」(三)

他腦中心中都記著以往的罪愆，淫亂和女子同居，信摩尼教，自傲自大，他向天主自訟自承：

「主，我怎樣感謝祢呢？我想到以前的種種罪過。我的靈魂一點感覺不到懼怕。主，我願意愛祢，謝祢，稱揚祢的聖名，因為祢寬赦了我這樣多的罪過。祢的聖寵，祢的仁慈，使得我的罪惡，全部冰釋。還有許多的罪，我能犯而幸未犯，這也當歸功於祢。什麼罪我都會犯，因為就是為我沒有益處的罪，我也依依不捨。

我感謝祢，因為祢寬免了我明知故犯的罪。又使我避免了不少的罪。誰敢說：軟弱的人，他的形清神潔，是仗自己的力。誰敢相信：為了他既不需要祢的仁慈，就可以比那些從迷途裡回來的人少愛祢。希望特別聽祢招呼，沒有犯過像我所犯的罪的人，不要譏笑我。當知那個治好我病的醫生，就是使他不生病，或少生病的一個。他當同樣地愛祢；我說什麼？他當更愛祢，因為祢解除了我的罪惡，祢卻使他不陷於罪惡。」(四)

自訟自承，他更承認自己的回頭，因有一位德性高尚而又最關心的母親。母親名莫尼加，信仰最誠，愛心最堅，丈夫故去以後，處處跟著奧斯定，日夜向天主祈禱，使兒子改過。

「祢從天上伸下手來，把我的靈魂從黑暗的深淵裡拯救起來。當時在祢面前，我的媽媽，祢的忠信的婢女，為了我，哭得比哭亡者的母親們，還要淒慘；因為她從祢賜給她的信光裡，覺得我不過是個行屍。主，祢竟俯允了她；祢俯允了她，祢沒有藐視她的眼淚。她祈禱的地方，到處淚流如注。是的，祢俯允了她。這個夢，這個祢用來安慰她的夢，是從那裡來的？她從此答應我，和我住在一塊，食在一桌。有一個時候，她為了痛恨我的罪惡，不肯和我同居共處。她夢見自己站在一根木尺上，一個青年走近她。他又漂亮，又活潑，向愁雲滿面，心事一腔的她笑著。他問她：為什麼憂苦？為什麼天天哀哭？這，如在別的同樣的情形下，不是向她探聽什麼，卻是指導她。她答道：她正為了我的淪亡而悲傷。青年叫她放心，又叫她注意：我就在她的身邊。她就開眼注視，覺得我眞的在她身邊，和她站在同一的木尺上。

這個夢是那兒來的？至善全能的天主，不是從祢來的麼？祢把祢的耳朵側向她的心，祢看守我們每一人，像只看守一人；祢看守眾人，像只看守一人。

這個夢是那兒來的？她向我報告她的夢境的時候，我叫她不要為我失望。她毫不疑惑地給我說：『不，他並沒給我說：他在那裡，祢也在那裡。他卻說：祢在那裡，他也在那裡。』

主，我承認這點，且已不止一次了。假使我的記憶力還不差的話，祢用我勤懇的媽媽的嘴，給予我的答案，她在我錯誤的見解前的鎮靜，她見事的敏捷，指導的準確，使我非常感動；決不是那個為安慰這個熱心女子的煩惱，而預先向她報告一個喜信的好夢，可以比得上的。

差不多，九年之間，我在深泥潭裡，我在虛話的黑溝壑中打滾。我求自拔的努力，不過使我越滾越深。可是，那個貞潔的，熱忱的，淡泊的，祢所愛憐的寡婦；懷著悲傷希望的情緒，不斷地在祢台前為我哀禱。她的祈禱的聲浪，向祢飄去，祢仍讓我在黑夜中濫滾。」㈤

聖奧斯定研究哲學，欣賞柏拉圖的觀念世界。他把柏拉圖的觀念世界，移到造物主天主的本體中，由宇宙萬物的美，欣賞造物主天主的美。

「我們的靈魂，假如肉軀中祢的意，祢當為了它們讚美天主，祢的愛當上升到它們的創造者。不是這樣，我恐在祢愛物的行為中，祢會得罪祂。假如靈魂中祢的意，祢當為天主而愛它們；因為它們也是變動的；它們得不到祂，是不會安定的；終要淪亡的。那末，為祂而愛它們祢！盡祢所能，引它們同祢歸向祂吧！當祢給他們說：我們共同愛祂吧！萬物是祂造的；祂就在眼前。祂造了它們以後，並沒有離開它們。它們是從祂來的，可是仍在祂手裡。祂在那裡，那裡有眞理的馨香。祂在人心深處，人心卻同時可以離開祂。罪人們，快回到你們的心裡吧！你們當同造你們的天主，打成一片。你們留在祂身邊，你們將得到穩定。你們在祂身邊休息，你們將得到安樂。你們向削壁去麼？你們那裡去？你們所愛的美善，是從祂來的；但該曉得，美善一脫離祂，就失掉它的本性。它就變為酸苦，這是理所當然的，因為飲水忘源是一種罪惡。為什麼你們還依舊甘心走在苦難的路上呢？你們求平安，你們偏到沒有平安的地方去找它。你們想尋找東西，它卻不在你去尋的地方。你們在死亡的領域內，尋求幸福的生存；它怎能在那裡？在沒有性命的地方，怎能有幸福的性命？祂，我們的性命，降到了我們中間。祂把我們的死亡，放在自己身上。祂又運用他豐滿的性命，打倒了死亡。祂用如雷之聲，喚我們從這裡向祂那裡去。從那個神妙之士，祂進入一個貞女的胎，和人性，我們死亡的肉軀，結成了一體。可是，這個死亡並不是永久的。祂如『新婚床上跳起來的夫君，巨人一般地奔祂的前程。』祂不是不休息，祂只管奔著，用祂的言行，生死，降地獄，升天堂，督促我們歸向祂。祂離開了我們的肉眼，要我們回到我們的心裡去尋祂。不錯，祂已去了；可是祂仍在這裡。祂不要長久同我們在一塊兒，可是祂並沒有遺棄我們。在這裡，我們雖看不見祂，祂並不是不在這裡。世界是祂造的，在祂來到世界上拯救罪人之前，祂已在世界上了。我把我得罪祂的靈魂，託付給祂。祂呢？祂要予以醫治。人類的子孫，你們的心要硬到什麼時候呢？性命既從天降來，你們為什麼不想升上去生活呢？可是你們出言不遜，侮辱上蒼，你們早已高高在上了；那末，你們再升上那裡去呢？這不是我所說的上升；你們當降下來，然後再升上去，升到天主台前。當知你們趾高氣揚，蹧蹋天主，這是你們的墮落。

我的靈魂，請你把這些話向他們報告一下；務使他們在涕泣谷中，好好地痛哭，因而得和你一起升到天主台前，這些話是天主之神啓示我的，你當懷著熱烈的神愛之火去聽它們。」㈥

離開物質的世界，上升到精神界，可是人須謙虛，若自以爲可以攀到天上，就會掉入物質的深淵，再也看不著精神的美麗。

「啊，天主，宇宙的創造者，為這些美麗的東西，我的靈魂當讚頌你。可是，我希望它不要為了那些美麗的東西，陷入邪惡的漩渦。它們走著從前走的路，以趨滅亡，它們用各種狂妄的思想，擾亂人的靈魂。人的靈魂呢，既欲生存，又欲安居在它所愛的東西中。可是，它在這些東西身上，那裡找得到一個安息之所；它們如同浮萍，永遠飄流著。我們的肉目怎能加以監視？就是它們站在眼前的時候，誰也不能予以控制。這正為了人的五官，但人的五官，是很有限的。感官對於本來的職務，自有足夠的能力；可是對於那些從起點到終點，行得這樣急速的東西，是無能為力的。它們只曉得聽你的造它們的聖言的命令：『從這裡到那裡去吧！』」㈦

天主以聖言而創造宇宙，人要由聖言以認識宇宙的美。聖奧斯定一心追求美，先則由美到愛，由愛而墮入肉慾，後來回頭呼籲天主，乃由聖言去求美。

「可是只有祢，憑祢的全能，能實現各種妙工。我對於祢的妙工，還未能徹底瞭解。我的心靈，徘徊於有形的物體上。我說：自身使人中意之物為美，為著適合於別一物而使人中意者為宜。根據物質世界的一切，我以為宜佈美宜的分野，是合理的。從物質世界，我進入了精神世界；可是為著我對於精神世界所有的成見，我未能認識精神世界的眞面目。實在，眞理之光，照耀於我目前。但是，我妄動的靈魂，拋棄了無形之物，而著眼於線、色、與重笨的頑物上。為了在我心靈內，我不能看到這些東西，我以為我也不能明瞭我的靈魂。一如在聖德裡，我愛和平；在罪惡裡，我恨紊亂。和平的結果是合一，紊亂的結果是崩潰。在合一裡，有理性的精神；這是眞理和至善的要素。相反地，在那無理性的生活裡，我覺得有種難說的實體，至惡的要素。這種實體，不純是實體，而也是一種性命。可是，我天主，我想一切雖由祢化成，但不當是從祢來的。

第一種，我叫它莫納得（單子），這是種沒有性別的神體。第二種，我叫它代阿特（雙子）。罪惡中的忿怒，是屬於第一種的；淫亂裡的感性，是屬於第二種的。我雖這樣說，我卻不知道我說什麼？因為，當時我還不曉得，惡不是實體；我們的靈魂不是不變的至善。

當惡劣的感性，像脫韁之馬，狂奔濫馳時，人們就會犯罪。假如情慾的狂瀾，靈魂不予抵禦，人們就會荒淫無度。同樣，我們的靈魂變壞，我們的性命就要受異端邪說的迷惑。我的靈魂當時正這樣。我的靈魂雖不是眞理之源，我還不知道，它當受別一光源的照耀，才能獲得眞理。『主，祢光照了我的神魂之燈；我天主，祢光照了我的黑暗。我們所有的一切，都是從祢的大泉源裡來的。祢是眞光，光照了入世的人群。在祢身上，沒有一分的變蝕。』」(八)

天主光照了他，他在米蘭遇到了當時天主教會的一位出眾的學者，又是聖者，聖央博羅削，米蘭的主教。因著聖央博羅削主教的講道和談話，聖奧斯定終歸去回頭了，決定放棄塵世的一切，跟著母親回到非洲故鄉去。

他感激天主：

「祢造我的口舌，要我用來稱揚祢的名字。現在我借以做我的懺悔，請祢接受這個祭獻祢！又請祢醫治我的骸骨，使它們呼出：『主，誰像祢？』向祢懺悔的人，不能報告祢什麼新聞：因為任何禁閉著的心，不能阻止祢的觀察，任何硬心的人，不能拒絕祢的干涉。

願我的靈魂為愛祢而讚美祢；為讚美祢而宣揚祢的慈悲。一切受造之物，不能不讚美祢，也不能中止讚美祢。歸向祢的心靈讚美祢；牲畜和頑物，憑觀察者的口也讚美祢。我們的靈魂，從疲倦中醒來，根據祢的工程走到祢，這樣浩大妙工的作者之前。那裡，可以找到安息，和眞的勇氣。」(九)

「主，我從小就仰望祢；可是，當我徘徊歧途的時候，祢在那裡？祢到了那兒去呢！我不是祢造的麼？我與走獸不同，我比飛禽聰明，這不是由祢支配的麼？我在黑暗中，走條滑溼之路，我在我身外找祢，我找不到我心之主。我沈入海底，我悵惘，我失掉了尋獲眞理的希望。

我虔誠的母親，已追蹤而來。爬山航海，把祢做靠山。為尋我，任何危險，都不怕。當濁浪排天，危急萬狀的時候，她反去鼓勵那些理當安撫旅客的水手，保他們平安到達目的地。這是出於祢特別的啓示。」(十)

「我的天主，為感謝祢，我要回憶祢對於我的種種慈悲的措施。我願我的骸骨浸沈在祢的愛情中，且向祢說：『主，誰像祢？』『祢解放了我的縲絏；我願向祢做一頌揚之祭。』祢怎樣完成了我的解放，我要縷述於下。希望欽崇祢的人們，聽了我的話，要說：『上天下地的主宰當受讚美！祂的名字是偉大的，奇妙的』

祢的話刻在我心靈深處，祢四面圍困了我。祢的永遠的性命，我雖只在鏡中，模糊地看到，我已篤信無疑。祢的物體是不會破壞的，別的物體都是從它來的。對於這點，我也毫無疑惑。我所要求的，不是希望對於祢獲得一個更確實的認識，而是為我對於祢能有一個更堅定的信心。在我的生活裡，什麼還都搖曳著；希望那個我心中的宿酵，能一掃而空。主，祢是路；這使我很樂意；可是，我覺得我還缺少踏上這羊腸曲徑的勇氣。」(十)

「輾轉不安的我，自覺罪惡深重，翻來覆去，在縲絏中掙扎，直至全部解除為止。縲絏在我身上，已沒有從前的堅強，可是仍舊拉著我。主，祢在我靈魂深處催促我，祢的嚴正的仁慈，用驚恐慚愧的鞭子，阻止我再度墮落。假使我再墮落的話，那個脆弱的鐵索，勢必加強它的束縛力。

我的內心向自己說：『快結束了罷！快結束了罷！』我的話催我採取行動；我想動，可是仍舊不動。我雖沒有蹈我的覆轍，可是站在深淵之旁作呼吸的我，又來了個新嘗試。這次我差不多到達了目的地，把握了目標。結果，還是到達不到，把握不到，因為我還沒有以死求生的決心。老惡比新善，在我身上更加有勢力。去舊更新的時間越近，越使我惶恐，我雖不退，我也不進，我彷彿懸了空。

我的那些女朋友，最可憐的可憐蟲，最虛浮的繡花枕，每溫和地動我的肉軀，在我耳邊輕輕地咕噥著：『祢棄絕我們麼？從此，我們就永不能接近祢了麼？這個，那個，祢永不能再做了麼？』我天主，這個，那個，她們說得出什麼好東西呢？糞土而已，醜行而已！希望祢的仁慈，從祢僕人的心裡，掃除這些渣滓！她們的聲音，我只聽到一半：因為她們同我談話，不像在正大的辯論中，面對面進行的。她們只在我背後嘰咕著；當我要遠行的時候，她們就拖我，使我回頭。她們的拖拉，終使我緩進，因為我沒有拒絕她們，棄絕她們，奔向目的地的決心。大能的惡習對我說：『祢想祢沒有她們，祢能活下去麼？』」—(十二)

「從我靈魂深處，一個精密的默想，把我的一切罪過，臚列在我心目之前。忽覺一陣暴風挾著傾盆大雨而來。為哭一個痛快，我就遠離了亞利比阿斯；怕他為我是個障礙，而我相信獨居是個必要條件。

這是我當時的情形，他也大概看得很清楚。我不知在我號哭裡，說了些什麼話。在我起身之後，他仍坐在原處，又驚奇，又納悶。我躺在一棵無花果樹蔭下，盡情地哭，只覺淚水簌簌而下。我想這是個最中祢意的祭獻。我向祢申訴，我的話，我已記不得了，可是大意如下：「主，祢到何時，到何時，祢要發怒呢？我們的罪行，祢都不記麼？」我覺得我的罪惡還拖著我。我哀號說：『為什麼常明天，明天呢？為什麼不立刻立刻呢？為什麼不立即湔雪我的恥辱呢？』

我且說，且哭，我憂心如焚。忽從鄰居傳來一個青年或女子的聲音：『拿，念；拿，念！』我忽變色，我盡心查問：在兒童的玩意裡，是否有這樣的一套。可是我終找不出什麼。我壓住了淚，我起來。我以為，這無非是天主的命令，要我展開保祿使徒的著作，隨手展卷而讀。當時我記得，一天，在安當念聖經的時候，忽然感覺下面的幾句話，就是天主的命令：『去，出賣祢所有的一切，給予窮人，祢將在天上，獲得實貝，來，跟我！

』這些話，立刻使他回心向祢。

我趕緊回到亞利比阿斯坐的地方去。我起立，保祿的著作落了地。我把它拾起來，我隨手展開來，我低聲而讀下面一段：『不要在宴會中活命，飲酒過度，尋花問柳，口角嫉妒；但當服膺吾主耶穌基督，棄絕肉情的快樂，』我不想再多說了，因為多說是沒有用的。我念完了這幾行，一線恬靜之光，射進我的心，把我不安的黑暗，一掃而光。

我用我的手指，或用別的方法，在那一頁上做了一個記號，就把書合了起來。心曠神怡的我，把這一切告訴亞利比阿斯。他呢？他也把他內心的秘密報告我。他要求我念那段聖經，我就指示他，他念得比我更專心；而且念了下去。下邊的一句，『信德不堅的人，請予以提攜！』我沒有念，他卻念了。他以為，這是針對他的。這個啓示，增加了他的勇氣，堅定了他的聖善的志向。他的言行是很純潔的，我實望塵不及。這樣，他就堅決鎮靜地跟從了我。

不久，我們去見我的母親，報告她經過的一切，她歡欣踴躍，很是高興，極口讚美祢。祢所能做的，超出我們的想像力。她的動人的涕泣，哀號，在我身上，竟有意外的收穫。祢這樣地弄得我鍾情於祢，使我不想再去尋女人，求什麼俗世的榮華了。不知多少年前，祢默示她的一切，在我決定把信德為準繩的今日，已全部實現了。她的悲哀忽變為意想不到的濃郁萬分的幸福。這個幸福比她前曾設想，有一天能見她的孫子孫女的幸福，更純潔，更可愛。」(十三)

聖奧斯定陪伴母親莫尼加回非洲，在羅瑪城的港口奧斯底等船。莫尼加突然病了，病得很利害，自知將不久於人世了，心中卻安定而且滿意，因為她達到了目的，滿足了一生的希望，看到奧斯定改變了生活，堅決地向善了。她病了九天，脫離了人世，她的年齡是五十七歲，奧斯定是三十三歲，她閉了母親的眼，心頭至極，但沒有流淚。他想母親生平的功德，死就不是毀滅。他痛心向天主說：

「我天主，我們是祢造的。我的一點孝敬，怎樣及得到她加於我的恩情呢？我的靈魂少了她，就少了一個大安慰，怎能不悵惘呢？我們母子的性命是二而一的，她的死不就是這個性命的分裂麼？」(十四)

「後來，慢慢兒，我又回憶祢的婢女；在我腦海裡的她，對祢是熱忱的，對我是慈悲的。忽然我少了她，我在祢面前，只有痛哭：我為我的母親而哭，又為我自己而哭。從前我過住的淚水，我已讓它自由地，盡情地流去。淚水像隻床，我的心躺在上邊，得到了安息。聽我淚水聲的，只有祢的耳，懂我淚水意的，決不是一個陌路人。」(十五)

聖奧斯定後半生，活在天父的聖愛中，愛天父、愛人，愛教會，用他的心力，把古代學者留傳的思想，把自然界萬物所引發的靈感，結成了高深神哲的書籍，織成了通連天地的橋樑，他向天父呼籲：

「希望祢的事業讚美祢，使得我們愛祢。希望我們愛祢，使得祢的事業讚美祢。它們在時間內，有始終，有升降，有進退，有美醜。它們各有各的晨夕，有時是神秘的，有時是彰明的。

它們是祢從烏有中造的，不是從祢分化出來的，不是從一樣不是祢造的而早存在的東西來的，可是從祢造的無定型的物質來的；可是它們的存在，和無定型的物質的存在是同時的。

天地的內質和天地的外表是不同的。內質是祢從烏有中造的，外表是祢根

據內質造的。這兩個行為，是同時的，無先後的。」(十六)

「這些在我們眼前的事業，我們認為很好，因為祢在我們看見它們。我們靠祢給我們的聖神，又看見了它們，又因它們愛上了祢。

主，天主，祢既給了我們一切，還求祢給我們和平；穩定的和平，安息日的和平，不夜的和平。這些美好的東西，隨怎樣井井有條，迨祢預定的界限一衝破，都要化為烏有。它們有它們的清早，它們也有它們的黃昏。

可是，第七日是不夜的，沒有日落的；為了一經祢的祝聖，它將是個永遠的白日。祢的一切良好的事業，完了之後，祢就擇第七日為安息日。這大可象徵；當我們的大好工作，在祢的庇佑下，完了之後，我們將有一個永生的安息日，永遠安息在祢的聖懷中。」(十七)

「永久的安息，安息在天父的懷中，在天父的天家，兒女和父親同居。耶穌基督在最後晚餐，向十一位宗徒告別時，安慰宗徒們說：『祢們心裡不要煩亂，祢們要信賴天主，也要信賴我，在我父的家裡，有許多住處。我去，原是爲祢們預備地方，如不然，我早就告訴了祢們，我去了，爲祢們預備了地方以後，我必再來接祢們到我那裡去，爲的是我在那裡，祢

們也在那裡。』」（若望福音 第十四章第一節）

註：

(一) 懺悔錄　吳應楓譯　上海土山灣出版　頁一。
(二) 同上，頁三。
(三) 同上，頁三。
(四) 同上，頁二八。
(五) 同上，頁四十二。
(六) 同上，頁五十五、五十六。
(七) 同上，頁五十四。
(八) 同上，頁五十九、六十。
(九) 同上，頁六十二。
(十) 同上，頁八十一。
(十一) 同上，頁一二三。
(十二) 同上，頁一三八—一三九。
(十三) 同上，頁一四〇—一四一。

(十四) 同上，頁一六一。

(十五) 同上，頁一六二。

(十六) 同上，頁二八七。

(十七) 同上，二八八—二八九。

一二、結語（向天父，八十自責自慶）

天父，我怕我浪費了一生，沒有盡主教的責任，祢在無始之始就指定了我作主教，主教是牧人，要照顧祢的羊，又要宣講祢的聖名，使不信仰的人信祢，他們能夠因著認識基督福音而認識祢，領取永恆的生命。我卻費了精力和時間，寫了許多書，講的不是基督福音也不是祢，讀我的書的人也沒有因而信仰祢。天父，祢看透人心，祢知道我寫這些講論中國哲學的書，我沒有想離開祢，也沒有把人世的學術混在祢的啓示真理裡，更沒有把祢的啓示真理混在人世的思想內。天父，我祇是想爲祢的啓示真理舖路，使能進入中華民族的文化，在中華文化內紮根。然而我知道我所作的還很淺薄，五千年的文化我懂得很少，我所寫的一定有許多錯誤。天父，求祢派遣更智慧的人，繼續這種舖路的工作，做我所沒有做的。天父，求祢寬恕我因研究和寫作人世的學術，腦中和心中常忘記了祢，我的心靈不曾超越人間的想念，一心歸向祢。

而且因爲寫了這些書，我卻自以爲大，自以爲高，人間的虛榮進入了我的心靈。天父，祢一定厭惡我的自大自高的心，但祢是慈父，祢又看著基督的犧牲，沒有常發怒，馬上打擊我。我又閉著眼，看不到別人對自大自高的人的厭惡，自己常想高出人上。天父，祢現在叫我懂得舊約聖經祢給以色列人的嚴罰，別的罪祢可以輕輕放過，唯有敬邪神代替敬祢的罪，祢不放過。自大自高的人，把自己放在祢的地位；應該歸於祢的榮譽，卻歸於了自己，罪同敬拜邪神。可好，在新約時期，祢看世界的人經過祢的聖子耶穌而看，耶穌自獻作贖人罪的犧牲，看著耶穌的犧牲，把人類的罪留給耶穌去審判，祢自己不馬上降罰。耶穌基督既愛人至死，她對人有耐心，她去尋找迷路的羊，把羊背回。天父，現在，我看我生活的經歷，看清楚了以往許多大小輕重的打擊，乃是耶穌每次在叫喚我，放下自大自高的惡態。漸漸我也聽了，也讓耶穌來拉住我。

天父，祢知道我從來不想報復人，從來沒有過設計去陷害人。但是，因爲喜歡看書寫書，疏忽了我牧養羊群的職務。在台北以致神父們說我喜歡自己舒服；自己一個人住，不和他們一起同甘苦。天父，祢知道我所求的舒服祗是清靜，能夠做學術工作。

天父，祢知道我的脾氣很急很躁，得罪了許多人。有人說我不讓來見的人說完，就打斷他的話，實則是我已經明白他的事情，馬上答覆，並不是看不起他，不讓他說。性急，更是招的麻煩太多了，自己常生氣，別人也感到不痛快，不服氣。天父，我生了氣，事過了，我就忘了；可是，我對他生氣的人，他不能一下就忘了，心中一定很久不安！我就傷了愛德。

天父，台北的神父，曾有人公開笑話我對神父分等級，有的最喜歡，有的喜歡，有的平常，有的無所謂，有的討厭。天父，這是我的短處。我是重感情的人，也讓感情自然流露，本來應該有修養，好好接待一切的人。天父，祢知道我這些感情的流露，祇是在彼此見面時一點表現，我沒有按著心靈的感受，在實事上分等級去待人！

還有更令人不滿意的，我對女人也表示情感。天父，祢給了我一顆藝術者的心，喜歡美的美感，常常作祟。人家說我的秘書都是漂亮的女郎，對於她們也表親熱。天父，祢教訓我親熱有不能超越的程度和界限。我常一個人住，服侍我的也是女性。天父，在這種境遇裡，需要祢特別的支持和警戒，否則，處處都有墮落的陷阱。

我對於學生，好像爺爺對於孫輩，我愛他們，我不喜歡罰學生，喜歡和他們談話，年歲老了，精力衰了，跟他們在一起的時間很少，很可惜！

天父，我不知道是不是有人罵我是政治和尚！實際上，祢知道我是怕進入政治的圈子裡，我曾經在外交界服務，那是在駐教廷的大使館內，我知道了教廷的外交政策和方式；但是我對於國家政府的外交手段，一概不懂。台北的許多政府機關和民間團體，邀請我作委員或會員，都是以社會公正人士的名義邀請。我和政府官員往來，都是泛泛之交。我請他們幫助，常是神父和修女爲著一些難題，找我關說，我就寫封信，通一次電話。天父，人家罵我專門作關說，祢看到我的關說是爲教會的利益，我有名義也有義務應該去做。不然，祢要責備我作主教幹什麼？祢賞給我在社會上有可以活動的地位，我怎樣用了！

天父，我對於中國教會非常關心。天天爲大陸教會祈禱，寫文章，作計劃。有人罵我自大，沒有名份可以給大陸教會下令。天父，我從來沒有下過令，只是出出主意，對於祢教會的信仰，我堅決維護，不免表示過硬。我又很關心台灣的教務。我大約過於注意身體健康，不常去參加主教團或神父修女的齋會。天父，祢知道每次主教團開會，我常寫出我的提議，我決不是消極不管。祢當然知道，用不著我說，爲保持我政府和教廷的外交關係，又爲爭取主教團對大陸教會的發言權，我和教宗保祿六世，教宗若望保祿二世，幾次晉見，陳述意見，盡力辯說，能得有點成效。天父，這全靠祢聖神的光照和支持，更賴兩位教宗對我的好感。

政治的圈子，我不敢進；社會的各門圈套，我也絕不去套，各種會議，我是會員該去參加，我祗開會，從來沒有爲會議中的事，在會前會後去找過人。我沒有在社會上建立一股勢力，我沒有向掌權者巴結。天父，祢知道我不出門拜會人，祗拜會俞大維老人談哲學，他有心進教。我最怕投機取巧的人，也逃避掛名圖利的組織。天父，我不是像有人所說能在政壇上呼風喚雨，我什麼勢力都沒有；我所靠的，是天父給我的「總主教」名銜，天父讓我寫的幾冊哲學書。大家想天主教總主教應當是公正人士，講哲學的人必定懂理。

二、

天父，生命乃是祢的最大恩物。祢在無始之始決定有我，選定我任主教。祢的聖徒保祿曾說：「天主使一切協助那些愛祂的人，就是那些按祂的旨意蒙召的人，獲得益處，因為祂所預選的人，也預定他們與自己的聖子的肖像相同，好使聖子在眾多兄弟中作長子。天主不但召叫祂所預定的人，而且也使祂所召叫的人成義，並使成義的人，分享祂的光榮。」（羅瑪人書 第八章第二十八節）

天父，我衷心感激祢召選了我，我現在在社會上被視為公正人士，我的白髮受人尊敬，就是分享祢的光榮。當然，我更希望也禱告祢要使我在天分享祂的永恆光榮。

祢使我生在一個天主教家庭裡，在我的血液裡就帶來祢的信仰。開口學話，就學習呼喊祢的聖名；知道背誦時，就背誦對祢的祈禱經文。到了喜歡遊戲的童年，祢引我常到聖堂，參加彌撒祭禮。當我決定要進公立中學，走向後來一生的方向，祢擋住了我路，逼我走入修院，走向祢所規定的路。大陸因共黨的組軍，後來在江西叛變，接著由湘西入延安。日本又侵略中國，共黨便竊據大陸。在這長久的變亂時期，我家破人亡，父母蒙難，天父，祢卻安排我在羅瑪，平安求學。歐洲第二次大戰爆發了，羅瑪城也被炸，祢則安置我住在梵蒂岡城，性命安全，衣食不缺。

祢預定的時候到了，祢實現召叫我的決定，派我來台灣任主教，先在台南，祢賜給我三十多位青年神父，從世界各處來台南幫我建立教區。後來調我到台北，在和我不相宜的氣氛中，祢還是開始中國修女的訓練和教友的組織。最後祢把輔仁大學作我工作的園地，加強了我工作的興趣，振興了我工作的信心。天父，祢使我體驗到我是在做我最適合我生性的工作。

天父，我感激祢賜給了我喜愛學術研究的心，沒有一天不如同孔子所說：「發憤忘時，樂以忘憂，不知老之將至。」（述而）在住醫院治病時，也能夠拿筆寫書，書一冊一冊地寫，大家恭維著作等身。天父，這對我有什麼益處呢？我去世時不能把書帶到祢跟前去！我還怕帶到祢跟前的是因寫許多書而生的驕傲罪惡！天父，我求祢叫我把這些書忘了，心裡祇想好好預備去世去見祢。

天父，我要特別感激和慶幸的事，多年來從來沒有一天缺了舉行彌撒聖祭。在旅行時，我在房中每早同秘書舉行聖祭；在醫院時每早有修女來病房同我獻祭。祢的聖子基督任我作主教，代祂牧養教友，基督自己時常以十字架的祭祀，向聖父爲世人敬拜欽崇祢，我怎麼不每天同祂舉行繼續十字架祭祀的彌撒呢？行了彌撒，我一天的生活就圓滿。

天父，祢使我一天的生活有規矩，也簡單。清早起床，天氣好，乘車到故宮博物院前平台健步，一邊走，一邊行默想，陪我健步的司機從不閒談打斷我和祢的談話。半小時後，回到牧廬舉行彌撒聖祭，聖家會修女參與祭祀。早餐，真是祢的恩賜，因爲都是朋友，修女，管家的愛心，他們操心我的氣喘病，每早供給我一顆蜂蜜浸潤的大蒜，一杯葡萄柚果汁加蜜，加麥片餅，一片夾火腿的麵包，一小瓶雞精。午餐和晚餐則簡單，一葷，一素，一湯。我怕在外面吃飯，吃多了；吃了醫生禁止吃的，身體就不好受。

早餐後，我要休息半小時，才可以動身往輔大。午後和晚餐，我讀書寫作。晚餐睡覺。天父，祢給我考驗，常睡眠不穩，又怕冷，又怕熱，又怕換床，房間要黑，每每吃安眠藥。兩年前，我在榮民總醫院治病，一位女醫師拒絕給我安眠藥，說爲慢性肺氣腫可能生意外。我想起了往年在羅瑪所用的菊花茶，是一種鎮定飲料，便每天泡菊花茶，兩年來沒有斷，睡眠真能安穩多了。不過，還須加了另外的設備，朋友送了一鋪醫院用的自動頭腳能升起的床，床頭安置了氧氣桶。天父這全是祢的照顧。可是我便不可以出門遠行了；最多，是早出晚歸。

天父，這樣很好，我可以避免許多分心的事，孟子曾說人把心放出去，不知道收回來，哀哉！（告子上）到了老年，還不收心，真可哀！世界已不是世界，人家已經說他年歲大了，這些事不叫他做了，那些事也不交給他了。我還想什麼呢！名嗎？位嗎？已經不可多了。人家的讚美，人家的批評嗎？改變不了我現在的身份。愛情，青年時我都不談，老年時連想也不必想了！在這時候，真是不歸向祢，天父，就沒有可走的路了。歸向祢，天父，這條路還真有意義，真有價值，真有快樂。歸向祢，是爲愛祢做事，祢是全能的造物主，祢不需要任何東西，人爲祢做大事做小事，祢不看事的大小，因爲對於祢，人事的大小都等於虛無，祢所看的是人做事的心情，全心爲祢做事，祢最看重，我現在年老日常小事，較比年壯力強時做大事，是可邀祢的歡心。年壯力強時做事常有自求虛榮的心，常忘記祢，現在想求虛榮，已沒有虛榮可求，可以全心爲愛祢而工作了。即使什麼也不能做，將來行動不便，或許常要躺在床上，只要我想是同祢的聖子基督一齊受苦，完全尊行祢的旨意，我又能表示對祢的愛。祢的聖徒保祿曾經慷慨聲明說：

「誰能使我們與基督的愛相隔離？是困苦嗎？是窘難嗎？是迫害嗎？是饑餓嗎？是赤貧嗎？是危險嗎？是刀劍嗎？然而靠著那愛我們的主，我們在一切事上大獲全勝。因爲我深信：無論是死亡，是生活，是天使，是掌權者，是將來的或現在的事物，是有權能者，是崇

高或深淵的勢力，或其他受造之物，都不能使我們與天主之愛相隔斷。」（羅瑪人書　第八章第三十五節）

天父，這是我的誠切希望，是我的虔誠祈禱！

我安靜地坐在天母牧廬裡。天父，感謝祢賜給了這所小屋，說小也不小，上下兩層樓，一切東西都有安置的地方，也都安置得美觀。祢叫我性情喜歡藝術，雖沒有學設計，也懂得屋內的設計，我幾萬冊書安置得一冊都看不見。原先喜歡養狗，後來看到所喜歡的「多福」老了病了死了，沒法好好照顧，就不忍再養狗了。屋外，有一片地可以放花盆，我已養了幾乎一百盆的花卉，今年蘭花開得茂盛，一連好幾個月，我書房所供的聖母像前有蘭花；我喜歡小孩，天父，祢便叫司機黃清泉一家住在我的牧廬裡。司機有小孩；一男一女，我看他們從襁褓漸漸長大，現在已讀國小。兩孩很乖，很懂事，不吵我，但知道上樓跟我玩一玩，出外陪我散步，有如孫兒女跟爺爺，我心裡還不寂寞。他們的媽媽錢玉珍，十多年忠心經管我的房子和衣食，洪瑞霞修女則二十多年忠心又細心以爲基督服務的精神管理牧廬的一切事。我真享受祢賜給我的安靜，一心辦公和寫書，絕對不要操心生活起居。我最快心的事，是在三次搬家，每次在牧廬裡常佈置小聖堂堂內，祭壇上供有聖體。基督聖體白天黑夜常在聖櫃裡，聖櫃常還點著長明燈。小聖堂是我心靈的安息所，舉行彌撒聖祭，在聖堂內，唸日課經，在聖堂內，向基督請教；在聖堂內，向基督求助；在聖堂內，向基督訴苦；在聖堂內，和基督和天父談心。進了小聖堂，可以忘記一天的辛勞，也可以忘記人們對我的心態；喜樂也好，憂苦也好，平靜也好，氣憤也好，在小堂內我同祢的聖徒保祿所說：「和基督同釘在十字架上，我活著，已經不是我活著，是基督在我內心活著。」

基督在聖體內，血肉分離，表示繼續十字架的祭祀，和耶穌聖體相結合，不是同祂舉行十字架祭祀嗎？天父，這是祢召叫我，任主教給我的使命。在小聖堂內，心安且靜。

「萬有主宰，爾宮可愛。夢魂依依，庭闈藹藹。
心歌腹詠，生靈淵海。
啁啁之雀，樂主之廬，燕亦來巢，言哺其雛。
吁嗟吾主，鑒我區區，聖壇之下，欲寄微軀。
福哉諸聖，聖宅是君，弦歌不絕，和樂以舒。
仰賴所天，其福無邊。心慕聖殿，景行乾乾。
行經悲谷，化為甘泉。及時之雨，膏澤是宣。
愈行愈健，彌勞彌堅，竟抵西溫，直達主前」（聖詠 第八十四首 吳經熊聖詠譯義）

天父，我仰望基督爲我在祢宮裡設備的住所，我求能從牧廬小聖堂，直達祢的聖宮，求祢切不要向我關上門，不讓進去。我「景行乾乾」，求祢「鑒我區區」；使我「聖宅是居」，同「福哉諸聖，弦歌不斷，」感恩頌德，「其福無邊。」

羅光全書

冊廿四之二

耶穌基督是誰

臺灣學生書局印行

增訂本序

民國七十八年，輔仁大學建校六十週年，我曾寫了一本《耶穌基督是誰》，作爲紀念禮物，贈送輔大同事和友人。在序文裡說：「我把所有的體驗和感觸，寫成這本小冊。」不是學術作品，而是在生活體驗中，描述和基督的關係。

生活的體驗，爲活的感情和行動，常能引起同感；但是範圍則縮在一己的生活裡，和別人的生活範圍大小不同，有時別人看來漠不相關或者因爲感觸不同，竟而引起反感。

今年我寫完了《王船山形上學思想》，便把《耶穌基督是誰》拿來，加以修訂。修訂的標準是加添舊約聖經相關的文據，以增加幾分學術性。修訂以後刪去了幾節重覆點，全書幾乎增多了一倍，因此，我把這次修訂本稱爲增訂本。

增訂本較原書增加了第二章聖子，聖子是耶穌基督的根本身份，近半世紀，西方有些講神學的人，掩飾了基督的天主性，只標舉祂的人性，主張天主的工作在耶穌基督盡量顯出，而不是天主聖子在耶穌基督本體內；然而耶穌基督確是天主之子，受聖父派遣來世，祂是真真的天主又是真真的人。

增訂本給原書每一章增加了第一節，引據舊約聖經對耶穌基督各種身份的預言。在每章的第二節，說明基督對每種身份的自有意識。每章第三節則體驗基督每種身份和我們生活的連繫。信仰耶穌基督的人，他的生命和基督的生命相結合，融滙爲一。融滙越圓滿，生命的活動和意義也越圓滿。增訂本仍舊保全了原書的意義，使閱者從生活裡體驗耶穌基督是誰。

天主教的傳統以教義爲重，對有意信從的人所講的是教義，教義的系統以哲學爲線索，有條條的信條，接受全部教義的人，就可以接受洗禮，成爲教會的一份子。基督教的傳統則以解釋聖經爲主，不注重教義，而注重每人和上帝和基督的生活關係。佛教更是只實行禪靜的生活，格除人心的煩惱。當代人對宗教的要求，就是在生活上追求宗教的提昇，不堅執宗教的教義信仰。最近我在報章上讀到兩位有事業成就的女子，原是天主教信友，在生活上感受不到天主教的精神指導，便投向了佛教，覺得佛教安定了她的心情。因此，當前天主教的傳道方向，也轉向了生活方面。

耶穌基督是天主而人的救主，是天主教教義的信條；但是耶穌基督是一位生活的救主，祂降生成了人，給人類啓示了天父的愛；祂爲救人，犧牲了性命，然而復活了，升了天，卻仍舊留在教會內，信從基督的人，是自己和基督相接觸，以基督的生命爲自己的生命。信仰的表現，乃是生命的活動，在生命上面和基督相遇相連，人的生命被提昇到天主性的生命，人生的目標，安置在永生的目標上，人生的價值觀以心靈勝於肉體。耶穌乃說：「貧窮者乃真福」，「禍者，現在擁有錢財的富人。」

耶穌基督生活的救主，乃是天主教信仰的中心，更是宗教信仰生活的基礎和動力。這種信仰生活，不僅使天主教信友的生活神性化，超越物質而得安定，也能使沒有受洗禮的人的生活精神化，不隨人世變幻而浮沉。

這本增訂本的耶穌基督是誰，介紹了基督在多方面的身份，和我們每人的生活都能發生關係。尤其對於我們信從基督的人，認識基督以愛基督，和基督的生命相融匯，貫徹人生的目標以達到永生，在現世生活裡就能和永恆相連接。

民國八十二年六月廿三日　羅光　序於天母牧廬

序

我習慣獨自一人，坐在寓所「牧廬」的小聖堂裡。陽光從兩個彩色嵌花的玻璃窗照進，光明渾澤祥和。老年人當然常想著生命還有多久？我的生命往那裡去？回過頭去，過去快到八十歲的生命，究竟從何而來？又怎樣過去了？

眼看著祭壇上長明燈所照的聖體櫃，靜靜無聲。聖體櫃裡不是有耶穌基督嗎？我等著祂給我答覆。我心裡聽到了沒有聲音的聲音：「一切都是我」。

走在陽明山公園，滿眼顏色繽紛的花，綠葉茂盛的樹，近處矗立著高峰，遠處有白光一線的河，胸懷開敞，呼吸舒暢。這一切是無目的而偶然生出來的嗎？望著天上悠悠的白雲，我心底處聽著無聲的回答：「不是盲目偶然的，是我造成的。」

我一生坐飛機的次數，不算很多，也算不少。民國五十年到民國七十五年，二十五年的歲月裡，幾乎近一百次在由台北到羅瑪，由羅瑪到台北的航線上飛過，可是我越來越討厭飛機，因爲航程遠，飛行的時間長，我不能睡眠，身體非常累，但當飛機飛行平穩時，看看窗外的天地，也是賞心悅目的奇景。看義、瑞兩國邊境亞爾皮山巔的白雪，看印度連綿的黃色河流，看北極冰天雪山的白光，看地中海的千傾藍色海波。我又想起當我民國十九年乘船往義大利時，在印度洋看船尾的明月，在希臘沿岸看天崩海裂的濤浪，心中覺到宇宙偉大，驚奇宇宙美麗，然而目前靜居天母牧廬，在書齋窗前觀看窗沿上放著的小花草，卵形綠葉上點點紅圈，纖細的青葉上畫著黃色的十字，還有小小花瓣的紫羅蘭，就是最精細的人工也織不出這樣美麗的圖形。難道宇宙偉大的美，纖細花草的美，都是盲目偶然拼湊的？一次拼湊了，爲什麼又常常有同種的花草和同樣的山河美妙？我心底處聽到無聲的回答：「是我的化工」。

聖經上說天主以聖言創造了萬物。

若望福音開端說：「原始就有聖言，聖言與天主同在、聖言就是天主。在原始聖言就與天主同在，萬物是因祂而造成的。」

聖言是誰？

若望福音繼續說：「聖言成了血肉，寄屬在我的中間，而我們見了祂的光榮，正如聖父獨生子的光榮，滿溢著恩寵和真理。……而且我們從祂的滿溢中都分享到了，而且是恩寵加恩寵。因爲法律是由梅瑟（摩西）傳授的，恩寵和真理卻是由耶穌基督而成立的。」

聖言是耶穌基督，我心底無聲的聲音就是耶穌基督。

但是耶穌基督在世時，有一天，在凱撒肋地方，向門徒說：「人們說我是誰？」門徒們答說：「有人說你是黑落德王所殺的若翰復活了，有人說你是厄里亞先知，有人說你是葉肋米亞先知，或是先知中的一位。」耶穌再問說：「你們以爲我是誰？」伯鐸（比得）回答說：「你是默西亞救主，永生天主之子。」耶穌說「伯鐸，你真幸福，這不是有血肉之軀的人可以告訴你的，乃是我在天之父啓示你的。」（馬竇福音 第十六章第十三節——第十六節）

問題並沒有結束，兩千年來，人們常常問耶穌基督是誰？也常常問宇宙是怎樣來的？又常常自問生命由何而來往何而去？

我出母胎就受了洗禮，自己獻身作司鐸也經五十三年，又作主教作了二十八年，卻免不了也常常有上面的幾個問題。不是在學理和信條上有問題，而是在實際的生活上突出這些問題。

在實際的生活上，我要實際體驗到每樁事件，每種情節，都和耶穌基督連得上。不僅連得上，且要體驗到我的生命的每一刻，生活的每一動，都由耶穌基督作主。

耶穌基督是誰？已經不是一個學術上或歷史上的問題，而是我生命的問題。由我的生命連到人類的生命，由人類的生命連到宇宙萬物的生命，整個生命的問題，都由耶穌基督來回答，來解決。

我把所有的體驗和感觸，寫成了一本小冊，贈與輔仁大學的朋友。在紀念輔仁大學創校六十週年時，表示謝謝他們的關懷和協助。這一本小冊子可以協助他們解答生命中最擔心的問題。

民國七十八年四月廿六日 羅光 序於天母牧盧

耶穌基督是誰

目錄

一、生命

天一亮，開開窗戶，陽光照著窗前的盆景，鄰居的房屋，屋前的街道，人走車跑，風飄鳥飛。眼前一片是動，宇宙是個活的宇宙。

中國古人稱讚宇宙乃一道生命的洪流，長流不息。山峰、湖水、水溪、長江，顯映寧靜活潑的氣息。鳥鳴、風嘯、蝶飛、花開，表現多彩多姿的生命。古來的詩人騷客，常以自己的生命滲合在宇宙萬物的生命裡，作成扣人心弦的詩歌。

「離離原上草，一歲一枯榮，野火燒不盡，春風吹又生。
遠芳侵古道，晴翠接荒城。又送王孫去，萋萋滿別情」（白居易　草）

古國中代詩人騷客最能在自己的悲歡生活裡，體會宇宙萬物的同感。

「感時花濺淚，恨別鳥驚心。」（杜甫 春望）

「雨中黃葉樹，燈下白頭人。」（司空曙 喜外弟盧綸過宿）

「浮雲遊子意，落日故人情。」（李白 送友人）

孔子當時已經說了：「天何言哉！四時行焉，百物生焉，天何言哉！」（陽貨）宇宙常常變易，五穀百果，春生夏長秋收冬藏，《易經》乃說：「生生之謂易。」宋朝理學家朱熹便以天地以生物爲心；因爲《易經》已經說過「天地之大德曰生。」（繫辭下 第一章）

整個宇宙常在變易；我們所看見的，就是變易。宇宙的變易是「生生，使萬物生生不息；我們所看見的，也就是萬物的化生，中國古人以「春生、夏長、秋收、冬藏」，代表宇宙的變化。

宇宙萬物，大如銀河星辰，小如嫩草細花，結構神妙，形色美麗。每天我看窗台上的紫羅蘭，走廊裡的蝴蝶蘭，花形葉色，美妙驚人，決不是人功可造，也不是自然界偶然所湊，即使造成了，也祇是呆木靜靜，不會神妙地生長。生活的宇宙必定由一位無限智慧的神所造，由全能神力所支持。若望福音說這位生命的創造者是「聖言」，「聖言」就是天主。舊約創世紀載天主創造天地萬物，用一句話，「說有」就有。

上主天主以自己的創造力創造了創生力的宇宙，創造力乃是活力，所造的宇宙不能是呆板不變，而是繼續不停的變易。宇宙的「有」，由上主天主的創造力而有；宇宙的「存在」，靠上主天主的創造力繼續支持；宇宙的變易由上主天主的創造力而有創生力的動力。整個宇宙就是上主天主的創造力之表現。宇宙因造物主的創造力而開始，由造物主的創造力而存在。

天主創造宇宙，藉聖言而造。聖若望乃說：「萬物是藉著祂而造成的，在聖言內有生命。」宇宙萬物的生命，以人的生命最完全。人和聖言便最相近，聖經說天主按自己的肖像造了人，天主的肖像就是聖言，世人的生命由聖言而來，肖似聖言，要和聖言相連，同歸於造物主天主。

二、

舊約創世紀說：「天主看了祂所造的一切，認為樣樣都很好。」（第一章第三十一節）

可是人類世界卻不美好！荀子說：「今人之性，生而好利焉，順是，故爭奪生而辭讓亡焉。然則從人之性，順人之情，必出於爭奪，合於犯分亂理，而歸於暴。」（性惡）

聖保祿宗徒責斥古羅瑪人「隨從心中的情慾，陷於不潔，彼此玷辱自己的身體。女人把順性之用變為逆性之用；男人放棄了與女人的順性之用，彼此慾火中燒……，他們心思陷於邪惡，行為不正，充滿了各種不義」。（致羅馬人書 第一章第二十四節、第二十六節）

這一幅慘痛的景象，還是今天中西社會的寫照。

全美全善的天主藉自己的聖言造了肖似自己的人，人為什麼拋棄了天主聖言的肖像，變成了跟禽獸一般的愚昧作惡呢？

人類的原祖，曾接受造物主指定的一種考驗。勝過考驗，就表示服從天主，作為天主的子女，享受天主的恩寵。沒有勝過，就是違背天主的命令，和天主敵對，失去天主的恩愛。原祖沒有勝過考驗，作了天主的仇敵，情慾放濫，罪上加罪。生命成了苦海，永不能走向終極的目標，回歸造物主天主，永不能欣賞上主天主的無窮真美善，生命被浪費。這種痛苦的境遇，成爲原祖世世代代子孫的境遇，成爲整個人類的遭遇。

但是創造人類的天主，不忍人類永久淪亡，預定了救贖人類的計劃，到了預定的時候，派遣聖子降生人世，爲人受苦贖罪。聖子降生名叫耶穌基督。耶穌基督甘心被釘死在十字架，補償人類的罪惡對天父的侮辱，然後把自己的天主性生命賜給信從祂的人，使人和祂結成一體，成爲天父的子女，聖若望說：「給信從祂名字的人一項權利，好成爲天主的子女；他們不是由血氣，不是由肉慾，也不是由男慾，而是由天主所生。」（若望福音 第一章第十二節）耶穌自己說：「我來是爲給他們（信徒）生命，給他們豐富的生命。」（若望福音 第十章第十節）

在最後晚餐裡耶穌曾向宗徒們說：「我是道路、真理、生命。」（若望福音 第十四章第六節）

耶穌也曾向猶太人說：「這是我父的旨意，凡看見子，並信從子的，必獲得永久的生命。」（若望福音 第六章第四十節）

耶穌基督在最後晚餐向聖父說：「永久生命就是認識您，唯一的真天主，和您所派遣來的耶穌基督。」（若望福音 第十七章第三節）

人是心物合一體，祇能認識物質的實體，耶穌基督天主聖子，和天主聖父同性同體；祂以自己的生命賜給人，人才能夠相稱地認識天主、愛天主。

耶穌賜給人類新超性生命，用聖洗禮而賜給。基督藉這洗禮遣派聖神到人心靈內，寬赦人的罪，把基督的神性生命賜給人，使人和基督結成一體，成爲天父的義子。

聖洗禮稱爲重生禮，受洗禮的人，重生一次，獲得新的超性生命，耶穌在世時，一天晚晌，猶太人的一位經師來見祂，經師名叫尼各得睦，耶穌對他說：「我實實在在告訴你：人除非由上主而生，不能見到天主的國。」尼各得睦說：「人已老了，怎麼可以重生呢？難道他還能再入母胎而重生嗎？」耶穌回答他說：「我實實在在告訴你：人除非由水和聖神而生，不能進入天主的國。由肉生的屬於肉，由神生的屬於神。」（若望福音 第三章第三—六節）

基督不僅開始了這種生命，還繼續予以養育，祂用自己復活後的神性身體充當食糧。耶穌基督曾對猶太人說：「我實實在在告訴你們，你們若不吃人子（基督）的肉，不喝祂的血，在你們內便沒有生命。誰吃我的肉，並喝我的血，必得永久生命。」（若望福音 第六章第五十三—五十五節）猶太人聽了這話，大起反感。耶穌解釋說：「使生活的是神，肉一無所用。我給你們所講的話，就是神，就是生命。」（同上，第六十三節）

後來在最後晚餐裡，「耶穌基督拿起餅來，祝謝了，擘開，遞給他們說：『這是我的身體，爲你們而捨棄的。你們應行此禮，以紀念我。』晚餐以後，耶穌同樣拿起杯來，說：

『這杯是用我爲你們流出的血而立的新約。』」（路加福音　第二十二章第十九節）耶穌建立了聖體聖血。我們教會乃天天舉行彌撒聖祭「分送耶穌聖體聖血。」

三、

天主聖言創造了我的血肉生命，天主聖子，也就是聖言分給了我祂的心靈生命。我的雙重生命，本性和超性生命都來自耶穌基督。對於本性血肉生命，每秒鐘我也不能作主，對每樁事件，也不能完全按照自己的意思，我望著生命的主人，安心聽祂安排，常默唸耶穌基督所教，向天父的禱告：「祝願您的旨意，在地上如同在天上一樣實行！」對於超性的心靈生命，我更不能掌握，我祇謹慎小心，遠離罪惡，罪惡則殺害這種生命。

生命的主人，離我並不遠，並不高居天上，乃是在我們心內。耶穌基督在蒙難前夕向門徒臨別遺囑裡說：「你們知道我在我父內，你們在我內，我也在你們內。」（若望福音　第十四章第二十節）

德國哲學家黑格爾曾主張藝術和哲學使人精神回到絕對精神。中國詩人騷客即興寫詩，自己的心靈和宇宙萬物的生命相通，心靈生命超越物質，和萬物中的生命，互相融洽。這種融洽的生命，和王陽明在《大學問》中所說萬物一體之仁（生命）相同，儒家主張「天人合一」，人心之仁德和天地好生之德相合。每個人的心靈生命，和創造天地萬物的心相合。雖不能和降生的聖言—耶穌基督相合，然已經和祂相近。我們接受洗禮的基督信徒，則可以如同聖保祿宗徒所說：「我已同基督被釘在十字架上了，所以我生活已不是我生活，而是基督在內生活。」（迦拉達書 第二章第十九節）

前不久在報上讀到趙耀東先生向青年大學生講話說：「年青朋友們，我今天是老了，七十多歲了，我只有回憶，沒有未來，你們相反，你們沒有回憶，只有未來。」（中央日報民國七十八年二月廿日，第十六版）我自己也是八十三歲了，但我有回憶，也有未來。我的生命是精神的生命，我的精神生命是耶穌基督的天主性生命，天主性的生命永恆長存，我的未來乃是永恆的未來，較比八十三年的回憶長的多哩！

耶穌基督是我生命的根源，是我生命的主人，又是我的精神生命。每一刻我同祂一起生活，每一事我向祂問指示。我的身體覺得老，我的精神則日新又日新。昔日，在生命中常冥冥地牽著我的不見之手，現在顯明是耶穌基督時刻陪伴我。老而不懼，衰而不縮，我安靜祥和地向前，踏過塵世的環籬。陶淵明曾說：

「結廬在人境，而無車馬喧，問君何能爾，心遠地自偏。
採菊東籬下，悠然見南山，山氣日夕佳，飛鳥相與還。
此中有深意，欲辯已忘言。」（飲酒二十首）

在嘈雜的人世中，靜心同耶穌基督觀察自然美景，體驗造物主天父的美妙，心神喜悅；而在人世嘈雜的喧鬧中，也體會到天父的愛心，我的心境是：

「處理人世事不以人世事以天世事處理，
接觸塵世界不以塵世界以神世界接觸。」

但是，沒有天主教信仰的人，對生命卻感到多種痛苦，佛教以人生的「生老病死」爲痛苦，力求解脫。寒山詩僧說：

「一向寒山坐，淹留三十年。昨來訪親友，太半入黃泉；
漸減如殘燭，長流似逝川；今朝對孤影，不覺淚雙懸。」（見全唐詩選）

清朝沈德潛活到九十七歲，在九十三歲時，以「老境」爲題，寫了兩首七言律詩，其中一首：

「九十三年序屢更，倩人扶持似孩嬰。對貧能信能安素，多病天教學養生。身患對賓添啞笑，心結走筆類荒傖。故交漸以歸零落，嘆逝臨風涕泗流。」

唐朝戴叔倫以「除夜，宿石頭驛」爲題，寫了一首詩：

「旅館誰相向，寒燈獨可親。一年將盡夜，萬里未歸人。寥落悲前事，支離笑此身。愁顏衰鬢髮，明日又逢春。」

沒有永生的信仰，沒有天父的真愛，沒有聖言的救恩，人生苦多於樂。到了暮年，人間的生活已到終點，前面祇有空虛黑暗，心中也是一片虛無，無耐地等待死亡的來臨，悲痛的感受淹沒一切。

幾十歲人間的生活，滿足不了生命的希望，或是建立事業，或是著作等身，或是積金如山，或者終身忙碌，或者一生飄泊，到老時，一切都成過去。心中懷有永生的信仰，人間生活乃是永生生活的前奏，在前奏裡已經活在天父的慈愛裡，已經和基督結成一體，眼目永看在永恆，人世生活時時過去，心靈的精神卻日漸安定。不見痛苦，不見失敗，不見成功，不見貧富，心靈常定於天主的生活中，生命乃是永恆。

二、聖子

一、

「瑪利亞，不要怕，你得了天主的寵幸，你將因聖神的德能，懷孕生子，給祂起名叫耶穌，祂將是偉大的，稱爲至高者天主的兒子。（路加福音 第一章第三十節）

「這是我親愛的兒子，我喜愛他。」（瑪竇福音 第三章第十七節）當耶穌開始傳道時，受若翰洗禮，「耶穌受洗後，從水裡上來，有聲音從天上說「 這話」。

「這是我親愛的兒子，你們要順從他。」（瑪竇福音 第十七章第五節）一次深夜，當耶穌在山上祈禱，突然顯露神性的光耀，雲中有聲音說了這兩句話。

天上的聲音和雲中的聲音，都是天父的聲音，天父兩次聲明耶穌是他的愛子。

授洗者若翰作耶穌的前驅，他爲耶穌作證說：

「我看見聖神降在祂身上，我便作證，祂就是天主子。」（若望福音 第一章第三十四節）

惡魔也不干休，看見耶穌就喊：

「天主子，我們與你有什麼相干？時期還沒有到，你就來這裡苦害我們嗎？」（瑪竇福音 第八章第二十九節）

馬爾谷福音記載說：「那些被惡魔附身的人，一看見祂，就俯伏在地上朝拜祂，喊著說：「你是天主的兒子。」」（第七章第十一節）

耶穌的門徒，對著耶穌所行的靈蹟，體驗祂有天主的德能。一次深夜，門徒在湖裡划船，風浪洶湧，耶穌由岸上，下到湖裡，步行水面，門徒接祂上船，「風就停了。船上的門徒都向祂下拜，說：『您真是天主的兒子。』」（瑪竇福音 第十四章第三十三節）

又一次在凱撒利亞腓立比境內，耶穌問門徒：「你們說我是誰？」西滿伯鐸回答說：「你是基督，永生天主的兒子」耶穌說：「約納的兒子西滿，你有福了；因爲這真理不是人傳授給你的，而是天上的父親向你啓示的」。（瑪竇福音 第十六章第十五——十七節）

耶穌自己知道自己是天主子。十二歲時在耶路撒冷聖殿裡，答覆三天尋找祂的父母說：「你們爲什麼找我，難道不知道我必須在我父親的家裡嗎？」瑪利亞和若瑟都不明白祂這話的意思。（路加福音 第二章第四十九節）瑪利亞明明說：「你父親和我非常焦急，到處找你呢？」耶穌卻答說：應在父親家裡，祂承認聖殿是父親的家，聖殿主人的天主，是祂的父親。

耶穌在若望福音的記載中，處處表現對天父的意識。一次，他治好一個癱瘓三十八年的病人，命他拿起自己的擔架走回去。那天是安息日，猶太慣例不許工作，「猶太人開始迫害耶穌，因爲祂在安息日治病，耶穌對他們說：『我父親一直在工作，我也該照樣工作。』這話更使猶太人決意要殺害祂：因爲祂不但破壞了安息日的誡律，而且說天主是祂自己的父親，把自己當作跟天主平等。接著，耶穌對他們說：『我鄭重告訴你們，兒子憑著自己不能作什麼，他看見父親做什麼，才做什麼。父親所做的，兒子也做。父親愛兒子，把父親所做的指示給兒子，祂要把這更重大的事指示兒子，要使你們驚奇。父親怎樣使已死的人復活，同樣，兒子也要隨著自己的意思賜生命給人。父親自己不審判人，他把審判的權交給兒子，爲的使人都尊敬兒子，像尊敬父親一樣。那不尊敬兒子的，就是不尊敬差遣祂來的父親。』」（若望福音　第五章第十六——二十三節）

這一段話，耶穌說得很清楚了。

又一次，同猶太人辯論，耶穌說：「我們知道聖經的話是永不改變的；對那些接受天主信息的人，天主尚稱他們爲神。至於我，我是父親所揀選並差遣到世上來的，我說我是天主的兒子，你們爲什麼說我侮辱天主呢？如果我不是做我父親的事，你們就不必信我；如果是，你們縱使不信我，也應該相信我的工作，好使你們確實知道父親在我的生命裡，我也在

父親的生命裡。」(若望福音 第十章第三十五—三十八節)

在末一次晚餐裡，斐理伯要祂把父親顯示給他們，耶穌回答說：「斐里伯，我和你們在一起已經久了，你還不認識我嗎？誰看見了我，就是看見父親。我在父親的生命裡，父親在我的生命裡，你不信嗎？我對你們說的話不是出於我自己，而是在我生命的父親親自做祂的工作。你們要信我，我在父親的生命裡，父親在我的生命裡；如果不信這話，也要因我的工作而信。我鄭重告訴你們，信我的人也會做我所做的事，甚至要做更大的；因爲我到父那裡去，你們奉我的名，無論求什麼，我一定成全，爲要使父親的榮耀藉著兒子顯示出來。」(若望福音第十四章第九—十三節)

耶穌被猶太大司祭和長老們判了死罪，就是因爲祂聲明是天主的兒子。

「大司祭站起來，再一次對祂說：『我指著永生天主的名，命令你發誓告訴我們，你是不是基督，天主的兒子？』耶穌回答：『這是你說的，但是我告訴你們，此後，你們要看見人子坐在全能者的右邊，駕著天上的雲降臨』。大司祭一聽見這話，撕裂了自己的衣服，說：『他侮辱天主！我們再也不需要證人了。你們都聽見他侮辱了天主，你們認爲怎樣？』他們回答：『他該死！』」(瑪竇福音 第二十六章第六十三—六十六節)

二、

天主的兒子，聖子，是天子聖三的第二位聖言，聖言是天主的肖像，在祂內有整體的天主性。我們認識自己，對自己有一個觀念，由觀念有語言。

語言代表觀念，觀念代表認識的客體。我們首先所認識的是我們自己，這種認識是直接的體念，體念自己存在，不用思索，小孩也有，我們反省認識自己，有我們對自己的觀念，直接體念的觀念很模糊。理智漸漸思索，漸漸反省，我們對自己的觀念逐漸清晰。體念自己的存在就愛自己。我們人生來的第一個愛，是愛自己，然後才愛父母。我們愛自己，在心中有愛的對象，對象是我們自己；這個對象是在我們心中自我的印象。天主唯一，祇有自己，天主認識自己，天主的認識不是一種行動，而是祂自己，天主認識自己沒有觀念，而是祂自己本體。同樣，天主愛自己，也不是用行動愛自己心中的印象，而是自己愛自己本體。天主所認識自己的本體，是天主第二位，稱爲聖子，又稱爲聖言。相當於我們的所有自己的觀念，觀念對外成爲語言，聖子乃被稱爲聖言。天主所愛自己本體，是天主第三位，稱爲聖神（或聖靈）；聖神代表愛，代表力。舊約創世紀說天主造了天地，起初一切混沌空虛，一片黑暗，「天主的神在水面上運行。」（第一章第二節）天主三位一體，聖父聖子聖神，沒有先後，常是三位。

若聖福音在開端就說明「聖言和天主同在，聖言就是天主。萬物是由祂而造的，一切受造物，沒有不由他而造成的。在祂內有生命，生命是人的光。」（若聖福音 第一章第一——四節）

天主的聖子，是天主的聖者。聖言是天主，天主本體純潔，不能有絲毫罪污。耶穌是天主子，所以是聖者，不能有絲毫罪惡的陰影。祂在生活上，也是聖者，沒有錯誤或過失。當時的人都對耶穌稱讚說：「做一切的事都做得很好，很完美」（馬爾谷福音 第七章第三十七節）

天主的兒子，高居一切受造物以上。「天主使祂成爲新生命的源頭，立祂在萬有之上以獨佔首信。」（致希伯來人書 第一章）

「這兒子，天主曾藉著他創造宇宙，而且揀選他來承受萬有。他反照著天主的光輝，也完全反映天主的本體，他用他大能的話托住萬有。他清除了人的罪惡以後，就坐在天上至高權力者的右邊。

這兒子的地位遠比天使崇高，正如天主所賜給祂的名遠比天使的名高貴。天主從來沒有對任何一個天使說過：

「你是我的兒子；
今天我作你的父親。
祂也從來沒有指著任何一個天使說：
我要作他的父親；
他要作我的兒子。
天主要差遣祂的長子到世上的時候，又說：
天主所有的天使都必須拜他。
關於天使，祂說：
天主使祂的天使成為風，
使祂的僕役成為火燄。
關於兒子，祂卻說：
天主啊！你的寶座世世長存！
你以公平掌權。
你喜愛正義，憎恨不義；
因此天主——你的天主選立了你；
祂賜給你的喜樂

遠超過賜給你同伴的。
祂又說：
主啊，起初你創造了地；
你又親手創造了天。
天地都要消失，
而你卻要常存。
你要把天地捲起來；
它們要像衣服逐漸破舊，
你卻永不改變。
天主從來沒有對任何天使說過：
你來坐在我的右邊，
等我使你的仇敵屈服在你腳下。
那麼，天使是甚麼呢？他們都是事奉天主的神，天主派遣他們來幫助那些要承受拯救的人。」（致希伯來人書 第一章第二——十四節）

天主子按神性說，是天主，當然超越一切；按人性說，是人，人和天主結爲一位，必然也超越一切受造的天使和宇宙人物，而且因耶穌的自我犧牲，天父更予以犒賞，正式立祂於至高之位，受一切眾生的崇拜。

三、

「萬有是藉著祂而造成的」，天主子耶穌創造宇宙萬有。

走在陽明山公園的樹蔭下，我的眼睛充滿綠葉，抬頭望參天古樹上的松鼠，低首看草花上的小黑蝶，茶花枝上尙留著紅白的殘瓣，日本櫻樹正百花怒放。遠看淡水河一條白光，對岸山峰和雲相接。敞開胸懷，深深呼吸，綠葉紅花綴成造化的美。

我曾乘坐飛機，飛越義大利和瑞士的邊境，亞爾卑斯山連綿白雪，日光反照，一片光海。何處是天，何處是山，沒法分辨，天地上下一色。

第一次我往羅瑪，乘船渡印度洋，皓月當天，水波不升，船尾兩道波浪相合，映著月光，萬片金銀閃鑠。

中國古代詩人墨客，欣賞山水美景，歌詠清靈的心境：

王安石說：

「溪水清漣樹老蒼，行穿溪頭踏春陽，溪深樹密無人處，惟有幽花渡水香。」（王安石 天靈山溪上）

范仲淹〈岳陽樓記〉說：

「至若春和景明，波瀾不驚，上下天光，一碧萬傾，……而或長煙一空，皓月千里，浮光耀金，靜影沉璧，漁歌互答，此樂何極！」

歐陽修〈醉翁亭記〉說：

「野芳發而幽香，佳木秀而繁陰，風霜高潔，水落而石出者，山間之四時也。」

李白在廬山說：

「日照香爐生紫煙，遙看瀑布掛長川，飛流直下三千尺，疑是銀河落九天。」（望廬上瀑布）

白居易對月多感：

「客從江南來，來時月上弦，悠悠行旅中，三見清光圓。曉隨殘月行，夕與新月宿。誰説月無情，千里遠相逐。朝發渭水橋，暮入長安陌。不知今夜月，又作誰家客。」（客中月）

古人常以釣魚生活作超越棄世的生活，在釣魚生活中真能欣賞自然之美：

「搖首出紅塵，醒醉更無時節，活計綠蓑青笠，慣披霜衝雪。晚來風定釣絲閑，上下是新月。上下水天一色，看孤鴻明滅。」

（朱敦儒　漁父詞）

歌詠自然美景，心情向精神界飛升，宋朝理學家程明道有一首偶成詩：

「閒來無事不從容，睡覺東窗日已紅。萬物靜觀皆自得，四時佳思與人同。
道通天地有形外，思入風雲變態中。富貴不淫貧賤樂，男兒到此是豪傑」

我有聖言創造天地的信仰，從自然美景中，心神融會於造物主的美和愛，歌詠聖詠所作的歌：

「讚主於天中，讚主於蒼穹。讚主爾日月，讚主爾眾星，
讚主爾九天，讚主爾靈淵。讚主為何因，莫非主所成。
讚主為何故，恃主很安固。溟海與源泉，冰雹與氛氣，
雷霆與白雪，飄風布聖旨。小丘與高嶽，果樹與喬木，
爬出與飛禽，野獸與家畜。王侯與眾庶，權位與貴爵，
壯男與閨女，白髮與總角，皆應誦主名，主名獨卓卓。」
（吳經熊　聖詠講義　第一百四十八頁）

三、救主

一、

「基督，無形天主的肖像，宇宙萬有的乾元，萬有都本乎基督而受造。天上地面，有形、無形、靈界、肉界，沒有不是因著基督，爲著基督而受造。基督先萬有而生，萬有賴基督而在，天主使祂成爲新生命的源頭，命祂領先從死者中復活，立祂在萬有之上以獨佔首位，樂意在祂內蘊藏著一切善，圓滿無缺。藉著祂，宇宙萬有再與天主重歸和好；因著基督被釘在十字架的犧牲，天地萬有再歸於天主，從十字架所流的血立定了和平。」（致歌樂森人書第一章第十四—二十二節）

天主造人，按自己的肖像造了人，人有心靈可以欣享真美善。天主乃真美善的本體，絕對完全，人的生活目的，便在於欣享絕對完全的真美善。人既因違命的原罪而成了天主的對抗者，便失去了生活的目的，祇在現世裡尋找真美善，得不到心靈的滿足。

造物主天主因愛人而不忍人類永久喪亡，生活沒有目的。決定派遣三位一體的第二位聖子降生成人，贖人的背命罪，引人再跟天主和好，成爲天主的義子，取得和基督同等的生命，登堂入室，進入天主的生命內。耶穌說：「沒有人上過天，除了那自天降下而仍在天上的人子（天主聖子）。」（若望福音 第三章第十三節）人不能自力進入天主的生命裡，天主自己的聖子才可以提攜人升到天主的生命以內。若望宗徒便對上面耶穌所說的話發表感想說：「天主竟這樣愛了世界，甚至賜下了自己的獨生子，使凡信祂的人不致喪亡，反而獲得永生。」（若望福音 第三章第十五節）

以色列民族被天主揀選作爲人類的代表，稱爲天主的選民，天主親自引導、統治他們，顯行靈蹟，廣施慈恩有如父親照顧自己的子民。但是以色列民族屢次背棄天主，敬拜邪神偶像，天主大加撻伐，終至於亡國，被擄作奴。在痛苦中，他們向天主哀號，天主派遣先知預言將出生一位救主，拯救民族。依撒意亞先知曾呼求天主：「上主你是我們的父親，你的名號就是『我們自古以來的救主。』上主爲什麼讓我們離開你的道路，爲什麼讓惡人踐踏的聖所！望你衝破諸天降來！」（依撒意亞先知書 第六十章第十六節）

以色列民族歷代誦唸聖詠，向上主呼號：

「願主聽我禱，呼籲達尊前。小子患難日，莫掩爾慈顏。小子竭聲呼，營救莫遷延。惡仇謀我命，相將立誓言。

主自九天上，監臨人間世。垂聽幽囚泣，親釋羈魂縲。」（吳經熊 聖詠講義 第一百○二首 摘錄）

「興矣吾恩主，奚爲尙睡著，興矣毋永棄，我將淪死谷。祈按爾仁慈，奮起救吾族。」（同上，第四十四首 摘錄）

「主曾憑異像，示彼有道人，吾於爾族中，已得一英俊。英俊非有他，達味爲吾臣，吾心之所鐘，當澤被其身。親子加扶持，使其永固貞。」（同上，第八十九首 摘錄）

天主向以色列子民許下從達味王後裔，出生一位救主。救主不僅拯救以色列子民，且拯救全人類脫離罪惡。

「浩浩其天，淵淵其淵，心感我主，仁澤綿綿。自東自西，自南自北，祁祁眾聖，無恩不服，相聚而歌，抒其心曲。」（同上，第一百○七首 摘錄）

依撒意亞先知曾經預言將來臨的救世主說：

「吾主上主的神臨到我身上，上主給我傳了油，派遣我向貧苦人宣報福音，治療破碎的心靈，向俘擄宣告自由，釋放獄中的囚徒，宣佈上主恩慈的大救喜年。」（依撒意亞先知書第六十一章第一節）

耶穌開始傳道時，在納匝肋本鄉會堂，安息日唸了上面的一段依撒意亞先知的話，「他便開始對他們說，你們剛才聽到的這段聖經，今天應驗了。」（路加福音 第四章 第二十一節）耶穌自認是先知所預言的救主。

當受洗者若翰因指責黑落德王娶兄弟的妻子，被關在牢獄裡，聽見耶穌傳道顯靈，打發兩個門徒去向耶穌說：「你就是要來的那一位（救主），或者我們還要等候另一位？」耶穌便回答說：「你們去，把你們所見所聽的報告給若翰：瞎子看見，瘸子行走，癩病人潔淨，聾子聽見，死人復活，貧窮人聽到福音。凡不因我而生疑慮的，是有福的。」（路加福音第七章 第二十—二十三節）

耶穌這段話又引依撒意亞先知的預言：

「看，你們的天主，要親自來救你們。那時，瞎子的眼睛要明朗，聾子的耳朵要開啓，瘸子的腿必要跳躍如鹿，啞吧的舌頭必要歡呼。」（依撒意亞先知書 第三十五章 第五節）

當一次耶穌以五個大餅兩條乾魚，給五千男子還有其婦女和兒童吃飽了，還剩十二筐碎塊，大家都說：「這人確實是那要來到世界上的先知。」（若望福音 第六章 第十四節）

在耶路撒冷聖殿裡，一次猶太人圍著耶穌，向他說：

「你使我們懸疑到幾時呢？坦白地告訴我們吧，你是不是默西亞救主。」耶穌答覆說：「我已告訴了你們，你們卻不相信；我以我父的名所作的工作，爲我作證，你們都仍舊不信，因爲你們不是屬於我的羊。」（若望福音 第十章第二十四—二十六節）

二、

救主自作犧牲，在十字架舉行祭祀，自己充當司祭。

耶穌基督被釘在十字架，作了自我犧牲，自己把自己奉獻於聖父，自己成爲奉獻犧牲的司祭，猶太古教曾遵照梅瑟（摩西）所定的禮儀，奉獻牛羊，作爲贖罪的犧牲。又依照梅瑟所定，派亞郎的子孫肋未族人世世代代身爲司祭。「基督進入人世，向天父說：『您厭惡犧牲祭品和禮物，您卻爲我預備了一個身體。您不喜歡祭壇上的牛羊，也不接受贖罪的祭祀，我便向您說：天父，我來了爲承行您的旨音。』」——（致希伯來人書 第十章第五節）

基督被天父立定爲新約的司祭，祂來奉獻可蒙天父樂於接受的祭祀，「肋來族人的司祭，人數衆多，但因死亡不能常留。耶穌基督死而復活，永遠常存，擁有不可消逝的司祭品位，祂常能拯救因祂而親近天父的人，祂既然永遠活著，常替他們轉求。這樣的大司祭，正合於我們的需要，祂是聖潔的，無過失的，無玷污的，不和罪人同伍的，提升到諸天之上。祂跟其他司祭不同，不必先爲本身的罪獻祭，祂祇獻過一次祭祀，把自己獻於天父，一舉而竟全功。」——（致希伯來人書 第七章第二十三——二十七節）

以色列民族的祖先，亞巴郎，依撒各，雅各伯，每次得到天主的恩惠，都自己奉獻感恩祭。梅瑟（摩西）率領以色列民族到了曠野，流居四十年，天主才命梅瑟揀選亞郎和亞郎子孫的肋未族人，世代充作以色列民族的司祭。耶穌降生，遵照聖父旨意，犧牲自己的性命，作爲贖罪的犧牲。聖父也立定了祂爲司祭，廢除以色列民族舊約的祭祀。「基督沒有自己擅取司祭的尊位，而是蒙天主召選，天主向祂說：『你是我的兒子，我今日生了你。』又說：『你照默基瑟德的品位，永作司祭。』他雖是天主子，卻因所受苦難，學習了服從，且在達到完成以後，爲一切服從的人，成了永遠救恩的根源，遂蒙天主宣稱爲按照默基瑟德品位的大司祭。」（致希伯來人書 第五章第五—十節）默基瑟德曾爲以色列民族始祖亞巴郎獻祭，身份神秘，沒有履歷，「他是在至高者天主的司祭，祝福亞巴郎說：『願亞巴郎受天地的主宰，至高者天主的祝福！願將敵人交付你手中的至高者天主受讚揚！』（創世紀 第十四章第十九節）亞巴郎向他致敬，以所得的十分之一獻作敬禮。」

天主聖子奉聖父的命，降生人世，援救世人脫離罪惡，在耶穌基督的生命中，懷有整個新的人類，祂便替新的人類受死刑以贖對天父的罪，然後使新的人類成爲天父的子民，十字架乃被奉爲救贖的象徵，在世上現在所看見的耶穌基督是釘在十字架的耶穌基督。

新約的四部福音都詳細記載耶穌基督被釘慘死的情景，耶穌在斷氣以前曾說：「聖父，我將我的生命放在您的手裡」，然後說：「一切都完成了」，大呼一聲，垂下頭，斷了氣。

義大利的文豪巴比尼(Giovanni Papinc)在他的名著《基督史》中說：「基督死了，他被刺透的遺體懸在一支無形的十字架上，這十字架豎立在地球的中央，越來越龐大。一切心靈遭釘死的人們都到十字架下痛哭。負賣耶穌的茹達，千萬陰謀也不能把十字架拔掉。……每一次我們中間一個人，不答應祂的呼聲教訓，給他懸在這無形而不滅的十字架的鐵釘，再敲一鎚。」(G. Papini storia di Cristo. V. II. p.568,572)

法國傳記文學家莫里雅克(Fransois Mauriac)在所作的《耶穌傳》中，記述耶穌斷氣前大呼一聲，監刑的羅瑪軍隊百夫長搥胸嘆惜，深信受刑人為天主子，作簡短評語：「什麼話都不必要，祇要造物主高興，呼喊的一聲就能使受造物認識祂。」(Fransois Mauriac. Vie de Jesus, p.271)

世界各地懸掛的十字架，結成一無形的十字架，懸在世人的中間，人們看著，有的指為怪異，有的認為愚蠢，為我們取得救恩的人，「則是天主的德能和智慧。」（聖保祿致格林多人前書 第一章第二十四節）

三、

我寫這篇文章，正逢婦女節，報章推揚女強人。有女強人當然也有男強人；男女各以智力精力建立了事業，社會加給他們「男強人」「女強人」的尊號表現了自己的成就。我國古代沒有所謂強人，卻有聖賢和君子，孔子曾經說：「有能一日用其力於仁矣乎？我未見力不足者。」（里仁）聖賢和君子也由自己奮力去做。

做人做事，靠自己努力，孔子作證沒有看到力不足的。《中庸》又說：「人一能之，己百之；人十能之，己千之。果能此道矣，雖愚必明，雖柔必彊。」（第二十章）

我們從事教育的人，天天勉勵學生立志，努力前進；不前進就是後退，前進或後退，都由自己決定。

可是在另一方面，普通一般人都體驗到「力不從心」的苦痛，或「心有餘而力不足」的苦惱。「力不足」不僅在外面的事業方面，在內心的進德修身上更是每天的經驗。孔子稱讚顏回可以「三月不違仁」，成績非凡，「子曰：回也，其心三月不違仁，其餘則日月至焉而已矣。」（雍也）因為「子曰：語之而不惰者，其回也歟。」（子罕）回怎麼努力不惰，也祇可以「三月不違仁」；努力修身進德的困難可想而知。

這種困難，人生來就有，不是少數人，凡是人都有。這種缺欠乃是人自作孽造成的。人類的原祖，沒有勝過造物主所要的考驗，違背了訓令，成爲造物主的對抗者，常傾於惡。沒有天主教信仰的人，不承認人有原罪，但是中國儒家對人性善惡的問題，爭論了兩千年，不單是主張性惡的荀子，以人生來傾向於作惡，就連主張性善的孟子，也極力主張克慾，他說：「養心莫善於寡欲；其爲人也寡欲，雖有不存者寡矣；其爲人也多欲，雖有存焉者寡矣。」（盡心下）

我自小孩時，母親就教我用手指在額頭劃十字聖號，童年時在教堂內誦經向十字架耶穌說：「爾因此聖架，救贖普世。」

目前老年，當氣喘病發作，寸步難移，便想想耶穌背著十字架，上山受刑，蹣跚難走，我也就安然一步提一步。因精力衰弱，謝絕外面的開會和應酬，心中不免躊悵，便想想耶穌之足被釘十字架上，動彈不得，我也就怡然而樂。

十字架常伴著我，在床邊放著十字架，在書桌上置著十字架，在辦公桌上立著十字架，在客廳懸著十字架，在飯廳掛著十字架，往醫院時更留心把十字架放在病榻旁，十字架上的耶穌基督是我的教主。我常用耶穌復活當天兩個門徒向祂說的話：「請和我們一同住下罷，天已晚了，太陽已西沈了。」（路加福音　第二十四章第二十九節）垂暮的年頭，有耶穌同住，心神安泰。

我常為學校或教會的事，拜託在政府任官職的朋友，又常有教會人士或我的門生有事來拜託我。我在兩方面都深深體驗人的力量太有限，人的心很好。我祇有坐在牧廬聖堂裡，向耶穌訴苦。當我從羅瑪到台南任主教，為建設一個新的教區，兩袖清風，手下只有兩位中國神父，我的心緊抓住耶穌的手，每作一個計劃都求祂暗中動手。我的心很平靜，工作很順利，以致於教會人士呼為奇蹟。以前為輔仁大學的校務，雖有許多的助手我仍舊在心裡緊緊抓住耶穌基督的手，求祂在冥冥中動手腳。我有信心，祂在冥冥中動手腳，不會把計劃弄壞，祇會使計劃成功。

「謀事在人，成事在天」，中國素有這句成語，我則連謀事和成事，都看在耶穌基督，另外是成聖成賢，都靠著「救主」。

耶穌會的會祖聖依納爵曾有一句名言：「計劃時，一切靠天主，執行工作時一切靠自己。」心中安定，常有信心。悲觀不是我的情緒，失敗不是我的意念。現在年老退休，計劃在精神生活上進，心火很高，可作的雖然很少，但用十字架作手杖，事半功倍。

唐朝寒山子詩人，隱居天台山外寒岩中，曾作詩：

「人問寒山道，寒山道不通；
夏天冰未釋，日出霧濛濛。

似我何由屆，與君心不同；
君心若似我，還得到其中。」

仗恃基督爲救主，行事有成，心中有安，不信基督的人疑惑這種心境能成人生常境，我說：「君心若似我，還得到其中。」

四、人子

一、

耶穌基督在世講道時，給自己的名字是「人子」，祂或是自稱「我」，或是自稱「人子」。

「你們一向聽過古人說：不可殺人！誰若殺人，應受裁判。我卻對你們說：凡向自己弟兄發怒的，就要受裁判。」（馬竇福音 第五章第二十一節）

「耶穌來到斐里伯的凱撒勒雅境內，試問自己的門徒說：人們說人子是誰？」（馬竇福音 第十六章第十三節）

「但爲叫你們知道人子在地上有權赦罪；……便對癱子說：起來，拿著你的小床，回家去罷！那人立刻在他們面前站起來，背著他躺過的木床，讚美天主，回家去了。」（路加福音 第五章第二十三節）

聖言是天主聖子，聖言降生成人爲瑪利亞的兒子。天主爲人的救世主，在猶太人的傳統中是達味王的後裔，爲猶太人的王。耶穌基督細心地避免猶太人的誤會，從不公開稱自己是救主，是猶太王，是天主子，祇稱自己爲人子。

人子的稱呼，在舊約聖經裡，天主用來稱呼厄則克爾先知，天主呼喚別的先知，常叫他們的名字，對厄則克爾則常稱呼人子。厄則克爾在紀元前五九七年被擄往巴比倫亞年後，天主派他作先知，斥責以色列人的罪惡，預言天主的救恩。人子指明先知是人，從人中選拔出來。

耶穌基督真真地是人子，生於童貞女瑪利亞。路加福音詳細記載了耶穌基督的誕生。

「天使加俾額爾奉天主差遣，往加里肋亞一座名叫納匝肋的鎮去，到一位童貞女那裡，她已與達味族中的一個名叫若瑟的男子訂了婚，這童貞女的名字叫瑪利亞。……天使對她說：你將懷孕生子，給他起名叫耶穌。…… 瑪利亞向天使說：這事怎麼能成？因爲我不接男人。天使答應說：聖神要臨於你，至高者的能力要庇蔭你。因此那將要誕生的聖者，將稱爲天主的兒子。」（路加福音 第一章第二十六節）

中國人要笑這段福音爲神話。中國古代也有這類的神話呢！「堯母慶都，感於三河之赤龍，負圖而出，與之合昏而生堯。」（繹史 卷九）、「舜母握登，感大虹而生舜。」（宋書 符瑞志）「禹母修紀，感命星貫昂，夢接而生禹」（繹史 卷十一）神話雖不可信，但可見中國古人相信造福世人的偉人，出身必不平凡，相信他們由神靈而生。神靈不能生人，由天主創主造而生則是史實。

萬物由天主所造，人類男女的生育力由造物主而來，造物主通常要人由祂所給父母的生育力而生，但假使祂願意不經過男女的結合，用自己的創造力而生人，誰能說不合理，不可能？所以天使回瑪利亞說：「聖神要臨於你，至高者的能力要庇蔭你。」瑪利亞便以童貞之身產生了耶穌基督。

耶穌爲何要由童貞女而生？

耶穌基督是天主聖子，降生爲贖人類的罪，祂不能沾有罪和慾的陰影。生母瑪利亞受孕時不染人類的原罪，整體純潔，無罪無慾。男女的婚姻結合本是造物主所定，結合而生兒女，也是愛而創造，然而男女結合，滲有性慾和性感，深染肉質。天主子降生便免除肉慾，以造物主的創造力，使貞女懷孕。或者想爲何不就創造一個肉軀，使白雲成聖子之身，由天而降！或以青草成聖子之身，由地而出，或使晶露成聖子之身，由樹而落。這一切當然神妙可奇；然而聖子降生成人，所有人體和亞當、夏娃的子孫沒有血脈關係了，救贖的工程，和有罪的人類也沒有生命的連繫，救主也不能真正是人的長兄。

耶穌基督由貞女降生，才是真正的「人子」，亞當、夏娃的血，經由瑪利亞流在祂體內，祂是人類中的人。當祂傳道顯靈時，本鄉人很驚訝地說：「他這一切是從那裡來的呢？

所賜給他的是什麼樣的智慧？怎麼藉他的人行出這樣的奇蹟？這人不是那木匠（若瑟）和瑪利亞的兒子？」（馬爾谷福音 第六章第二節）

耶穌自小就有「天主聖子」的意識，路加福音記載祂十二歲時在耶路撒冷聖殿答覆母親瑪利亞的話，表示得很清楚。同時，祂又表現真真是人，不是祇披著人的外形。中國古代神話裡，多有天上神靈，下凡成人投胎，氣數滿了以後，再回返天廷。神話的神靈係虛構，沒有造物主的神能，神靈也不能下凡投胎。耶穌基督以天主聖言降生成人，乃造物主以自己的神能而成。祂具有神性又具有人性，神性和人性不相混，不相融，而合成一位格，自立於一個存在。祂在人世度人的生活，除去罪惡，和普通人一樣。

二、

耶穌基督是天主，四部福音書記載祂顯靈，醫病驅魔，起死回生，威靈顯赫；但是福音卻也充滿人情味，顯出祂圓滿的人性，祂確實也是「人子」。

在加里肋亞省的加納小鎮，住著耶穌的一家親戚，親戚辦結婚喜事，基督和徒弟參加婚宴。席中，母親瑪利亞招呼基督，悄悄告訴祂說：「酒沒有了。」基督答說：「現在還不到顯靈的時辰」，但是祂還是顯靈把六口石缸的水變成了美酒，使司席驚訝地對新郎說：「普通先上好酒，當客人喝夠了，再上次等酒，你卻把好酒留在最後！」（若望福音 第二章）

爲婚宴變水爲酒，友情濃於酒。

開始收徒，講道，爲避免猶太首長的迫害，基督離開猶太回加里肋亞，路過撒馬里亞省。耶穌因行路疲倦，順便坐在水井旁休息。那時已近中午，徒弟們往城裡購買食品。一個撒馬里亞婦人來汲水，耶穌對她說：「請給我一口水喝。」婦人答說：「你是猶太人，怎麼向撒馬里亞人要水喝？撒馬里亞人和猶太人是不通往來的。」耶穌卻對她講敬拜天主的道理，婦人很動心，基督向她說：「你去叫你丈夫來。」婦人說：「我沒有丈夫」，基督顯示天主性的神能，答說：「你說的對，你已經有過五個男人，現在所有的，也不是你的丈夫！」婦人驚訝說：「先生，我看你是一位先知。」放下了水桶，婦人進城向大眾說：「你們來看看，有一位素不相識的人說出我平生的事，莫非他就是要來的救主？」（若望福音第四章）

一天，路過加里肋亞的納因小城，在城門邊遇著一隊送葬的人，送葬人中一個婦人，兩手蒙眼痛哭。死的人就是她的獨子，她又是寡婦。「基督一看見她，就動了憐憫的心，走過去，對她說：『不要哭了』，轉身向被抬著葬入墓穴的遺體說：『青年人，起來罷！』死人就坐起來，開口說話，耶穌便把他交給他的母親。……眾人都光榮天主說，在我們中間

興起了一位大先知。」（路加福音 第七章）

有一位法利塞黨的首長西滿請耶穌到他家中吃飯，席間，進來一個婦人，跪在耶穌的腳邊，用香液摸耶穌的腳，用頭髮擦，用嘴吻。西滿心中想耶穌若是先知，應該知道女人是一個罪婦，耶穌忽開口對西滿說：「你看見這個婦人嗎？我進了你的家，你沒有按禮給我洗腳，她卻用眼淚濕了我的腳，用頭髮擦乾。你沒有給我行親面禮，她卻不斷親我的腳。你沒有用油摸我的頭，她卻用香液抹了我的腳，因此，我告訴你，她的那許多罪都得了赦免。」然後對那婦人說：「你的信德救了你，你平安地回去罷！」（路加福音 第七章）

一天，有人領來一些兒童，要求耶穌給他們覆手祝福，徒弟們不許。耶穌聽見了，對徒弟們說：「讓孩子們來，不要阻止他們。」祂覆手在每個兒童頭上，祝福了他們。（馬竇福音 第十九章）

若望和雅各伯的母親，一天，來到耶穌跟前，跪下磕頭。耶穌問她要什麼，她說：「求你叫我這兩個兒子，在你王國裡，一個坐在你右邊，一個坐在你左邊。」耶穌說：「你們不知道你們所求的是什麼。坐在我的左右，不是我可以給的，是我天父預備給誰，就給誰。」別的十位門徒，聽了就惱怒他們兩人，耶穌叫他們來，對他們說：「你們中間誰若願意成為最大的，就要做你們的僕役，為大家服務；就像我來，不是受人服侍，而是服侍人，並交出

自己的性命，爲大衆贖罪。」（瑪竇福音 第二十章）

一次，一位名叫馬爾大的小姐，趁耶穌路過時，請祂到家裡用飯。她的妹妹名叫瑪麗，坐在耶穌足前，聽祂講話，馬爾大從廚房出來，問耶穌說：「老師，你看我妹妹讓我一個人忙，你不管嗎？叫她來幫助我！」耶穌說：「馬爾大，馬爾大，祇有一件事是要緊的，瑪麗選擇對了，誰也不要從她手裡搶去。」（路加福音 第十章）

馬爾大和瑪麗的大哥病了，病得很重，兩姐妹趕緊派人去通知耶穌說：「你的好友拉匝祿病了。」耶穌等了兩天才動身去，又走了兩天的路，到時，拉匝祿已經葬在墓穴裡四天了。兩姐妹聽說耶穌來到，姐姐先到村外迎接，妹妹後到，兩人都哭成淚人，同她們來的人也哭，耶穌心神感傷，流下淚來。來到墓穴，耶穌命把墓門大石挪開，大聲喊說：「拉匝祿出來。」死者應聲走出，身上還纏著斂布，耶穌吩咐說「解開他，讓他行走罷！」（若望福音 第十一章）

馬爾大設宴款待耶穌，瑪麗拿了一件很貴重的香液，敷抹了耶穌的腳，用自己的頭髮擦乾，同席有將出賣耶穌的猶達斯，他說：「何必蹧蹋這種貴重香液！可以賣許多錢施給窮人！」耶穌就說：「讓她做罷！這是她爲預備斂葬我用的！你們常有窮人可以施濟，卻不能常有我在你們中間。」（若望福音 第十二章）

清晨，耶穌到耶路撒冷聖殿，經師和法利塞黨人抓來一個正在犯奸的婦人。他們叫婦人站在當中，便向耶穌說：「按梅瑟（摩西）的法律，這樣的婦人應該用石頭砸死，你說什麼呢？」耶穌不答話，彎身在地上用手畫字，他們催祂答覆，耶穌站起身說：「你們中間那個沒有罪的，就動手拿石頭砸她。」然後又彎身寫字。他們聽見這句話，瞧著耶穌畫的字，從年老的開始，一個一個的溜走了。最後耶穌站起來，對婦人說：「女人，那些控告你的人在那裡？他們沒有判你的罪？」婦人答說：「先生，沒有！」耶穌說：「我也不判你的罪，好好的去，以後再不要犯罪了！」（若望福音 第八章）

福音記載的這些事蹟，流露出耶穌滿腔的人情味和祂的情感。

三、

中國儒家很注重人的內在價值，人的善德不祇是行爲的良好習慣，乃是人性的發展。人修德行善，發揚人心的善端。身體的生命，由少到壯，時時成長，由壯到老，逐漸衰敗。心靈生命則由情感生活從出胎發起，年長乃有理智生活，成年便增長意志生活，心靈生命日漸淵博，「洋洋乎發育萬物，峻極于天。」（中庸 第二十七章）人性之善發揮盡致，「可以贊天地之化育，則可以與天地參矣。」（中庸 第二十二章）天人合一，人的善德和天地的大德相合。

耶穌基督為救人脫離罪惡，可以使用赦罪的權，隨時赦人的罪，再將赦罪權留給所創的教會，代代使用，然而這樣的救贖祇是外面的洗滌，從外洗滌人的罪，人心則並沒有改也不須要改。

基督卻取了整個的人性，把人性和天主性相結合，提攝人的心靈生命到天主的心靈生命，融為一體，創造了新的人，即是人而天主的人。基督自稱人子，顯示這種「新人」。他的救世工程，就在於建立這種新的人類，以天主聖神的神力，赦免罪惡，提攝赦免罪惡的人，和他的人性結為一體，由他的人性又結合他的天主性，從祂的天主性汲取超越本性的能力，開始人而天主的心靈生命。得救的新人，雖活在人世，心靈則與基督生活著天主的生命，雖然人性尚在，還能作惡跌倒，祇要肯誠心悔過，又重新歸向基督。救人的工程，乃是使內心向善，全人類得救。

耶穌基督自稱「人子」的意義，首先在瑪利亞生命中實現。她是第一人預先取得救世工程的成效，而在受孕母胎時，不染原罪。耶穌懸在十字架行贖罪之祭，瑪利亞一同奉獻了自己。她不僅由耶穌而獻自己的血肉，她是誠願替耶穌被釘而死。一位母親，站在自己的獨生子身旁，無力地看著獨生子被冤枉而殺死。人世歷史上祇有這一次的慘劇，瑪利亞所受的苦超過人世任何母親的苦，「人子」的意思，在慘劇中完全地實現了出來：人要用自己的血肉，合同耶穌基督的血內，一起奉獻天父作贖罪之祭，救世工程的實效，才會實現而見效。耶穌所以屢次說：「誰想跟隨我，該當每天背負自己的十字架跟著我走。」

人類卻不願承認「人子」的意義，不想背著十字架走。默示錄描寫人類的面孔，人類崇拜一隻怪獸，十角七首，它象徵權勢財富，又崇拜一個滿頭珠寶，身披紫袍的淫婦，她像徵性慾。天上後來降下天火，海水變碧血，土地涸乾，生物絕跡，人被毒物所殺，怪獸和淫婦同沉火坑，人類的歷史不幸地演映這種預言，人妄想成宇宙主人，否認造物主，違背性律。樹林被濫砍了，礦物被挖空了，地下油水被抽乾了，植物和動物絕種了，魚蝦被捕盡了，地球成了一個乾殼。

但是接受耶穌基督的「人子」意義的人，在默示錄裡「望見不可勝數之群眾，係自各種，各族，遐荒，重譯者，一律身著白袍，手持鳳枝棕枝，肅立寶座與羔羊前，眾口同聲而呼曰：我之得救，實賴位於寶座者及羔羊之洪恩。眾天使環繞寶座，頂禮天主曰：願我主受享一切頌讚。一切光榮，一切妙慧，一切稱讚，一切尊貴，一切權能，永世靡暨，心為祝之。時一老者詢予曰：彼身著白袍者為誰？何自而來也？予應之曰：公自知之。渠乃語予曰：若輩來自憂患中，備嘗艱辛，曾藉羔羊（基督）之血，自濯其袍，所服皜皜乎不可尙已，故得事奉天主於寶座之前，朝朝暮暮，不離聖殿。位於寶座者且將庇之於闥帷之下焉。

若輩不復饑渴，日不得而曝之，火不得而熱之：蓋座前羔羊將親爲之牧，導之引之，以至活水之源，而天主且將自拭其目中之淚也。」（默示錄 第七章第九節——第十七節 吳經熊譯新經全集）

白袍披身的人，以人之子成爲天主之子，他們因耶穌基督得有天主性生命，在痛苦中因基督之血濯除罪污。耶穌基督爲救人類，以天主子而成人子，但不染世慾。人類的得救，以人子而成天主子，克除肉慾，人子的生命限於現世，生命的活動圍於物慾；天主子的生命，延伸永世，生命的活動，擴到無形精神。不僅如同莊子所說：「若夫乘天地之正氣，而御元氣之辯，以遊於無窮者。」（逍遙遊）「古之真人，不知說生不知惡死，其出不訢，其入不距，翛然而往，翛然而來，不忘其所始，不求其所終，受而善之，忘而復之，是之謂不以心捐道，不以人助天，是之謂真人。」（大宗師）

基督人子所救的新人，懷有天主性的人子，在人世中，「就該追求天上的事，在那裡有基督坐在天父的右邊，該思念天上的喜樂，不思念塵世的享受；因爲新人已經死於世俗，新人的生命已和基督一同藏在天主以內了。」（致哥羅森人書 第三章第一——二節）

「那麼，誰能使我們脫離基督的愛呢？是困苦嗎？是窘難嗎？是迫害嗎？是饑餓嗎？是赤貧嗎？是危險嗎？是刀劍嗎？然而，靠著那愛我們的主，我們在這一切事上，已經大獲全勝。因爲我們深信：無論是死亡，是生活，是天使，是掌權的，是有權力的，是居高位的勢

力，或其他任何受造之物，都不能使我們與天主的愛基督之內的愛相隔絕。」（致羅瑪人書第八章第三十五——三十九節）

五、光明

一、

「悠悠無始，天主萬能，我常助主，開創工程。大地未成，我已站立。深淵未淵，水泉未湧，我已出生。山嶽未奠，丘陵未建，我已存在。原野大地，土壤石塊，都未受造。當上主建立高天，分開穹淵，穹蒼在上，深淵在下；當上主劃定滄海岸線，水不能越，大地建基；我已經伴祂，充當技師。當時，天主每天以我為樂，我每日在主前歡躍，歡躍於塵寰之間，樂與世人共處。」（箴言篇　第八章）箴言篇描述天主的智慧，和天主同在，創造天地。

「權能和威嚴為上主所有：祂的光明升起，誰不蒙受照耀？」（約伯傳　第廿五章）

天主聖言，為天主的智慧。天主以自己的智慧認識自己，創造宇宙；聖言乃是天主的光明。若望福音開端說：「聖言就是天主。在祂內有生命，生命是人世的光，光照黑暗，黑暗不能掩蔽。」

依撒意亞先知預言救主的降生，使以色列人重獲聖潔。「那麼，你的光明要在黑暗中升起，你的黑暗將如中午消失，主必要時常引領你，在乾枯之地，你也能心滿意足。」（依撒意亞 第五十八章第十節）又說：「在黑暗中行走的百姓，看見了一道皓光，光輝已經射到那寄居在漆黑地區的人們身上，加強了他們的快樂，擴大了他們的喜樂。」（依撒意亞 第九章第一節）

耶穌基督乃說：「我乃世界的光，跟隨我的，決不在黑暗中行走，他必有生命的光。」（若望福音 第八章第十二節）在最後一次向猶太人講道，重新又說：「我身爲光明，來到人世，使凡信我的人，不留在黑暗中。」（若望福音 第十二章第四十五節）

若望宗徒說：「天主是光，在祂內沒一點黑暗。如果我們說和祂相通，卻仍在黑暗中行走，我們就是說謊，不履行真理。如果我們在光中行走，如同上主在光中一樣，我們就彼此相通，聖子耶穌的血就會洗淨我們的罪污。」（若望第一書 第一章第五—七節）

當耶穌基督誕生後四十天，按照猶太禮規，由父母抱到耶路撒冷的聖殿，行奉獻於天主的典禮。有一位年已八十多歲的老翁西默盎，充滿神恩，從聖母瑪利亞手中，接過嬰孩，舉目向天，朗聲歌頌說：

「求我主宰，履爾所示，
放爾僕人，安然謝世！

既見救恩，我心則慰，
念斯救恩，實爾所備；
普世生靈，咸仰其惠；
萬國之光，義塞之輝。」（路加福音　第二章第二十九節　吳經熊譯）

聖詠第九十六章，歌讚救主的光明說：

「美德蘊心府，光輝發於前。
萬民膺感德，歸榮生命淵。」（吳經熊　聖詠譯義）

但是聖若望宗徒感嘆說：「光明來到人世，人卻不愛光明，反愛黑暗，因爲他們的生活邪惡不正。的確，凡作惡的人都憎惡光明，不來接近，怕自己的惡行被彰顯出來。但履行真理的人。必來接近光明，以顯示自己的言行是在天主內完成的。」（若望福音　第三章第十九—二十節）

二、

當天主從埃及救出了以色列族，走過曠野時，天主用一支雲柱作爲嚮導，雲柱走在以色列族前頭，白天織成陰涼，蔭蓋太陽的火熱，晚晌成爲光灶，光照以色列的帳幕，雲柱走，以色列族起程，雲柱停，以色列族搭棚，四十年在曠野裡不迷失路。

聖詠第三十六首（三十五首）歌詠在天主真光內，得蒙光照：「吾人沐浴靈光內，眼見光明心怡然。」（吳經熊　聖詠譯義）

基督曾對猶太人說：「光在你們中間還有片刻，你們趁著有光明的時候行走罷！免得黑暗籠罩你們。在黑暗裡行走，不知往那裡走。你們既然還有光，你們信從光罷！好成爲光明之子。」（若望福音　第十二章第三十五節）

基督的聖訓，是我們生命的光，照耀我們生命的目的在事奉天主。

「沒有人能事奉兩個主人，你們不能事奉天主而又事奉錢財。」（馬竇福音　第六章第二十四節）

「你們不要在地上爲自己積蓄財富，但要在天上爲自己積蓄財寶。」（同上，第十九節）

基督宣佈了祂的人生價值觀，以精神重於物質：

「安貧樂道乃眞福，巍巍天國若輩屬。
哀悼痛哭乃眞福，若輩終當承溫煥。
溫恭克己乃眞福，大地應由彼嗣續。
饑餓慕義乃眞福，心期靡有不飫足。
慈惠待人乃眞福，自身必見慈惠渥。
心地光明乃眞福，主必賜以承顏樂。
以和致和乃眞福，天主之子名稱卓。
為義受辱乃眞福，天國已在彼掌握。」（馬竇福音　第五章第八－十節　吳經熊譯　新經全集）

基督翻倒了一般的人生價值觀；中國傳統的價值觀根據《書經》的五福六極，福和苦都建立在身體的享受。孔子則標出顏回居陋巷而樂的樂道價值觀，孟子聲明君子三樂的樂道價值觀；基督宣講八端真福，以禍為福，以福為禍，禍福根據精神的享受。

生活的態度呢？基督標出生活的模範：

「我來，不是爲役使人，而是爲人服役，且要捨棄我的生命，替人贖罪。」（馬竇福音 第二十章第二十八節）

「誰想追隨我，必須犧牲自己，背著自己的十字架跟著我走。誰愛惜自己的生命，必喪失自已的生命，誰捨棄自己的生命，必保全自已的生命。人雖富有整個世界，若喪失了自己的靈魂（精神），將用什麼去贖回來呢？」（馬竇福音 第十六章第二十四節第二十五節）

「我給你們一條新誡命，你們該彼此相愛，如同我愛了你們，你們也該照樣彼此相愛，你們如果彼此相愛，世人因此就可認出你們是我的門徒。」（若望福音 第十三章第三十四節）

上面所列耶穌基督的聖訓，便是我們生命中引路的明燈，一本福音，放在人類社會裡，如同以色列族在曠野裡的雲柱，輝光四射，照耀塵寰。

人心深奧，看不見底，長久相處，仍不能窺見底蘊。接人待物，常不知道應對得當不得當。耶穌卻說：

「然吾語爾，毋抗惡人；人批爾右頰，並以左頰向之。人奪爾內衣，並以外衣與之。人強爾行一里，則與之同走兩里。」（馬竇福音 第五章第四九節）

具有這種心情，可以接納一切的人，心中常可安定，心目中所看的，不是人，而是看著耶穌基督。

沒有金錢的想望，沒有現世財富的貪慾，眼常向上看，心超越塵世以上，不僅在人世社會可以走，還可以飛。

耶穌又說：

「此次吾儕上耶路撒冷的將被交付給經師和司祭長，被判死，解送外邦官吏，受辱，受鞭，釘死於十字架上；但第三日將自死中復活。」（馬竇福音 第二十章第十八節）

死且不怕，還有什麼可怕！痛苦以後有安慰，勞苦以後有安息，羞辱以後有光榮，死後有復活，當痛苦掩蔽心靈時，耶穌的聲音在心靈上發射光輝，燃起勇氣。

三、

但丁著名的《神曲》(Divina Commedia)，描寫天堂時，寫天堂整體是光明，好似水晶體，天堂聖人們都純淨無染，透明潔白。但丁注視他們，在光明中幾乎分不出一個一個的聖人，只見道道白光在動。聖若望宗徒的默示錄第二十一章描寫天堂象徵爲一天上聖邑。聖邑來自天主，帶天主之光輝，自天而降，「光采煥發，一如稀世寶石，彷彿一透明之碧玉也。……斯邑亦無需日月之照臨，蓋以天主之榮耀爲光，而以羔羊（基督）爲燈也。天下萬國皆得行於斯光之中，而率土百王，咸將歸其榮華於斯光。晝不閉門，而斯邑固不夜城也。」（默示錄 第二十一章第十節——第二十三節 吳經熊譯 新經全集）

天主絕對純潔，沒有絲毫物質，純淨光明。天使本體精神性，接受天主的光，自身透明。整個天堂，明亮透徹。基督在世，身有肉軀，掩蔽天主性光輝。祇一次，耶穌夜間上山祈禱。「當他們祈禱時，耶穌的面容改變，衣服潔白發光。」（路加福音 第九章）

中國儒家注重「明」字，《大學》開章明義地說：「大學之道，在明明德。」傳文解釋說：「康誥曰：克明德；大甲曰：顧諟天之明命；帝典曰：克明峻德；皆自明也。」儒家以人心有天生的善性，人心自然光明；但常被私慾掩蔽，人須修身克慾，使明明德。

儒家從來沒有說聖人發光，祇說聖人的教訓能光照人心。佛家講佛，則以佛身發光。「爾時世尊，欲令諸菩薩安住如來師子頻申廣大三昧故，從眉間白毫相，放大光明，其光名普照三世法界門，以不可說佛刹微塵數光明而爲眷屬，普照十方一切世界海諸佛國土。」（華嚴經 入法界品第三十九）

基督復活升天，在彌撒聖祭中，再臨人世，復不可見；但是祂神性的光明，可以直接照耀人心。祈禱的人，誦聖經的人都可以領受祂的光照。

照耀人生的光，要能照到人生的根源，人生的經歷，人生的歸宿。人世的光無論大小，無論朦朧透明都照不到生和死。唯有創造生命的天主聖言，才真正是人類生命之光。

黑暗中沒有光，有路等於沒有路。人世社會裡各說各人的話，一切嘈雜，五光十色，亂指途徑。儒家曾說只有聖人，心無私慾才可看到天理，可以教人生活之道。孔子尊爲至聖先師，作爲中國人兩千年來的生命嚮導，我多讀孔子書，我也服膺孔子的教導。但是孔子還是如同他自己所說：「未知生，焉知死。」（先進）奉讀基督福音，我看到生命的來源和歸宿。

耶穌的聲音，時刻在我心靈的裡面。半夜醒來，四壁無聲，靜靜地可以聽見。獨坐小聖堂中，長明燈獨陪聖櫃，虔誠地可以聽見。人車嘈雜的街市上，辯論激烈的會議席上，來客接續不斷進出的辦公室內，斷續地也可以聽到。住家，若是家徒四壁，將要貧窮潦倒；但若是心徒四壁，屑塵不染，則可以「敬恭天命樂從心」在虛靈的心內，天光輝耀。

民國六十九年十一月六日晚，宜蘭五峰旗山上有林務局的五位職員，在登山休息站等著下山。休息站是宜蘭天主教一位神父所建，站中供有一尊聖母瑪利亞塑像。當時風雨交加，五個人只有一支蠟燭，下山路程有三個小時，山路崎嶇，路多沙石廢木。五個人不是天主教信徒，但也合掌向聖母求佑。一個人擎著蠟燭帶路，在風雨中三個多小時蠟燭不熄，光照山路，下到山腳平台，忽見樹梢站著聖母，和休息站的塑像一樣。他們大喊奇蹟，稱是聖母顯靈，保佑蠟光常明，一路平安，現在台灣天主教信徒成百成千，到五峰旗山上朝聖。

西默盎歌頌耶穌基督爲「萬國之光」，天主教每年二月二號紀念耶穌獻於聖殿，在典禮中祝聖蠟蠋，供聖堂用，成爲一個「聖光節」。每年復活節前夕，紀念基督復活，典禮開始時，聖堂中燈光熄滅，在堂外祝聖火，再祝聖一支巨蠟，由聖火取火，點燃巨蠟，一參禮員手捧巨蠟，開路進聖堂，一路三呼：「基督之光」陸續點燃信眾手中小蠟，最後開放全堂燈光。一時全堂明朗，燈光普照。基督從死亡的黑暗裡，進入了新生的光明。全堂信眾，高唱「亞肋路亞」，喜氣洋洋，心中閃耀「基督之光」。

去年，我從輔仁大學校長退休，交接典禮，選在二月二日聖光節舉行，進聖堂行彌撒聖祭，主禮，襄禮，共祭的主教，神父，各手持一燭，魚貫入堂，一路燭光熊熊，交映全堂。交接禮時，先交印信，後交蠟燭，監禮樞機，退休校長，新校長，三人手合捧一燭，象徵輔大教育，點燃精神光明，照耀學生心靈，培植天生善心，以「明明德」

六、仁愛

一、

聖經給了天主三個名字，天主向梅瑟（摩西）說：「我是在者」（出谷記 第三章第十四節）「天主是光」（若望一書 第一章第五節）「天主是愛」（若望一書 第四章第八節）「在者」或「有者」或「自有者」，意義相同，爲天主自己對自己所說出的名字，就是天主自己的名字。從哲學理論去看，天主的本性是絕對的「在」，是絕對的「有」。天主的「有」爲絕對的自有，具有一切，一切圓滿，一切完成。不像老子的「道」，渺溟恍惚，完全不定。天主的「在」，是絕對的成而定。

雖然，是絕對的成而定，天主卻不是死呆的「在」；天主的「在」，活潑靈妙，有如張載所說的太和，「不如野馬，絪縕，不足謂之太和。……至靜無感，……有識有知……有無，隱顯，神化，性命通一無二。」（張載 正蒙太和篇）

絕對的「在」活潑靈妙，不由「能」而到「成」，也沒有「新」，又沒有「增」。我們人的活動，常由能而成，成就新的品質，增加生命的發展，絕對的「在」，在自己以內生活，生命常是圓滿。絕對的「在」必定是純粹的精神，純淨透明，稱爲生命之光。

絕對精神的生命，沒有形質，不動而動，「至靜無感」，且「有知有識」。絕對精神—天主生活自己的生命，認識自己，不用觀念，直接透視自己。認識的對象是天主自己，徹底透視了自己，知道自己的完全真美善，當然欣賞愛慕，發生仁愛。仁愛的對象，仍舊是天主自己。

絕對精神—天主的生命，永恆存在，沒有時間的先後，永恆認識自己，愛慕自己。天主的生命乃是永恆之愛的生命，不止愛自己，絕不自私；天主愛慕本體的完全真美善，便把真美善外洩，使有無數的生命也能認識並愛慕真美善，天主乃創造了天使，創造了宇宙萬物和人，天使能認識並愛慕真美善，並且已和完全的真美善相結合，人也能在宇宙萬物中認識並欣賞真美善，身後有和完全的真美善相結合之永生。絕對精神體—天主的生命，在自己以內，在創造天使和人的生命內，都是仁愛。

朱熹曾說天地以生物爲心，《易經·繫辭》說天地的大德是生，都主張創造宇宙萬物爲仁愛。

但是人的原祖，違背天主的旨意，成了天主的對抗者，失去了生命的目的。

天主又憐愛人類，派遣聖言降世成人，贖免人類的罪，引人類同天主和好，成爲天主的義子。聖言降生成人稱耶穌基督。耶穌基督既是天主聖言，創造了宇宙萬物，又降生成人，作爲人類的救主，創造和救贖都是仁愛，耶穌基督便是仁愛。

耶穌基督誕生時，天使成隊在空中歌唱「天主在天受光榮，良人在地享平安。」（路加福音　第二章第十六節）耶穌蒙難的前夕，向門徒們告別的遺言說：「我將平安留給你們，我將我的平安賜給你們。」（若望福音　第十四章第二十七節）耶穌基督從死中復活後，顯現給信徒們，第一句話常是：「祝你們平安。」（馬竇福音　第二十八章第九節　顯現給婦女們　路加福音　第二十四章、第二十六節顯現給十一宗徒，若望福音　第二十章第十九節、第二十六節兩次顯現給十一宗徒）平安，如同孟子所說：「仰不愧於天，俯不怍於人。」（盡心上）不僅不愧於天，且能和天主和好，這是救贖的功效。但是在救贖工程以前，天主面對人類的罪，祇有憑正義而罰。

舊約聖經顯示天主爲一正義的天主，第一次洪水的大禍，因爲「上主見地上的人罪惡深重，人心天天想作惡。上主於是說：『我要將所造的人，連人帶獸，爬蟲和飛鳥，一併從地上消滅。』」（創世紀　第六章第五節）上主使「所有深淵的泉水冒出，天上的水閘開放，大雨下了四十晝夜，洪水淹沒了土地，消滅了地面一切生物。」（同上，第七章）

在亞巴郎時，索多瑪城的人淫亂作惡，城內連可以作避免滅城條件的十個節慾淨身的人

都找不到，「上主遂使硫磺和火，從天上降下，毀滅了索多瑪和哈摩辣幾座城市，和城郊平原的居民草木。」（創世紀 第十九章）

天主選了亞巴郎的子孫以色列民族作爲自己的選民，救世主的祖先，特別關心照顧，大顯神威，從埃及把他們救出，將巴肋斯坦賜給他們作國土。但是以色列民族歷史，卻交織著敬拜邪神和受嚴重懲罰的血淚史，先後被波斯人和羅瑪人滅國。經過幾乎兩千年，現在才再有以色列國。

然而天主本心常是仁愛，依撒意亞先知以天主的名安慰以色列民族說：「因爲上主這樣說：『看！我要在她身上廣賜和平，有如長江大洋。我要給她萬國的財寶，好似江河的氾濫。她的乳兒將被抱在懷中，放在膝上搖擺，就如人怎樣受母親的撫慰，我也要怎樣撫慰你們。』」（依撒意亞書 第六十六章第十二—十三節）。

耶穌基督降生人世，遵奉聖父的意旨，犧牲自己，贖人類的罪惡。聖若望宗徒說：「因爲天主是愛；天主的愛很顯明地表現出來，就是天主把獨生子派遣到人世來，好使我們藉著他而得到生命。愛就在這裡，不是我們愛了天主，而是天主愛了我們，派遣自己的獨子，爲我們做贖罪祭。」（若望一書 第四章第八—十節）

聖父愛惜人類，派遣聖子救人；聖子耶穌基督愛人，甘心爲人類贖罪自作犧牲。若望福音記述最後晚餐，開端說：「耶穌知道祂離開人世回歸聖父的時辰已經來到，他既然愛了世上屬於自己的人，就愛他們到底。」（若望福音 第十三章第一節）

耶穌在講論時，曾比譬自己是牧人，世上的人爲羊，祂說：「我是善牧，善牧爲羊捨掉自己的性命。……我是善牧，我認識我的羊，我的羊也認識我。」（若望福音 第十章第十一——十四節）

基督爲人類贖罪，被聖父立爲大司祭。「因基督永遠長存，具有不可消逝的司祭品位。因此，凡由祂而接近天主的人，他全能拯救，因爲祂常活著爲他們轉求。」（致希伯來人書第七章第二十四節）

基督代人類贖罪，一次犧牲自己，完成人類罪惡的代價。聖父從此以後，對於人類的罪惡，都看聖子的贖罪犧牲，平衡正義，不加懲罰。卻將審判人類，施行受罰的權交給了聖子耶穌。耶穌對猶太人說：「聖父不審判任何人，但祂把審判的全權交給了子。」（若望福音第五章第三十一節）耶穌在升天以前對門徒們說，天上地下的一切權柄都交給了我。」（瑪竇福音 第二十八章第十八節）

耶穌基督降生人世，不爲判世而爲救世；但是在世界末日，祂行審判全人類的權，按照每人的善惡，施行賞罰，連公共的罪惡也將加罰在作惡的人身上。耶穌自己曾經說：「苛辣匝城，你是有禍的！具特賽達，你是有禍的！因爲如果在你們中間所行的靈蹟，行在提洛和淶冬，他們的人民早已披上苦衣，坐在灰土中，悔罪改過了。但在審判時，提洛和漆冬所受的懲罪。比你們要容易忍受多了。」（路加福音 第十章第十三節）

二、

在現世是仁慈和愛心的時期，基督耐心等候人們知罪悔過，藉著教會的勸言，提醒人們行善避惡。實際的現象則是人們不接受祂的愛，躲避祂的光明。一六七三年十二月二十七日，耶穌顯現給法國Paray-le-Monial地方的一位修女，修女名叫瑪爾加利大，耶穌顯出自己的心，心上熊熊紅火，耶穌向修女說自己這樣愛人，人們卻拒絕祂的愛。一八九五年六月九日，法國里洗耶的一位年青修女嬰仿德蘭自獻於天主作愛的犧牲，她向天主說：「我主，我的天主，豈可您的公義獨享受犧牲！您的仁慈無窮，倒一無享受麼？無人認識，無人過問麼？您雖然以情引情，以火生火，無奈人心太壞，傾向世上受造物，乞哀乞憐，求得些假情、假誼、假恩愛。反怕投您懷中，逍遙於其樂融融無限恩情之熱愛，愛火灶中而存在。噫，天主，您的愛情，被人輕視，被人拒絕，就此留在心中麼？我以為倘有人願做您愛火的犧牲，您必肯，頓時焚化了他，斷不肯把藏在心頭無窮的愛火，封閉得密不通風，以為快

罷！」（靈心小史 第八章）

新約福音的時期，是愛的時期，福音記載耶穌的事蹟，都是愛的事蹟。當耶穌招召了稅務員瑪竇做門徒，瑪竇宴請耶穌和稅務員同席進餐，猶太法利塞黨人批評祂同罪人一起進食，耶穌答說：「不是健康的人需要醫生，而是有病的人。你們去研究一下，『我喜歡仁愛勝過祭獻』這句聖經的話是什麼意思！我來不是爲召義人，而是來召罪人。」（瑪竇福音 第九章第十二節）

猶太經師詢問耶穌，一切誡命中，那一條是第一條呢？耶穌答說：「第一條是應全心，全靈；全意，全力，愛上主，你的天主。第二條是你應該愛你近人如同你自己，再沒有別的誡命比這兩條更大的了。」（馬爾谷福音 第十二章第三十節）

耶穌教訓猶太人說：「應該愛你們的仇人，善待惱恨你們的人，應祝福詛咒你們的人，爲毀謗你們的人祈禱。有人打你的左頰，也把右頰轉給他。有人拿你的外衣，也不要阻擋他拿你的內衣。凡求你的，就給他。有人拿去你的東西，別再索回。你們願意別人怎樣待你們，也要怎樣待人。……因爲你們用什麼升斗量，也用什麼量給你們。」（路加福音 第六章第二十七節、第三十八節）

伯鐸問耶穌說：「主啊，若我的弟兄得罪了我，我該寬恕他多次，直到七次嗎？」耶穌對他說：「我不說七次，而是到七十個七次。」（瑪竇福音 第十八章第二十一節）。耶穌隨即講了一個比譬，一個欠主人一萬元寶的僕人，沒有錢還，懇求主人寬貸，主人寬免了全部的債，這個僕人卻硬逼一個欠他一百銀幣的同事還償，把同事關在牢裡；主人一聽，立即命他先坐牢，再償還一萬元寶。「如果你們不從心裡寬恕自己的弟兄，我的天父也要這樣對待你們。」（瑪竇福音 第十八章第二十一——三十五節）

「一個癲病人前來叩拜耶穌說：『主，你若願意，就能潔淨我。』耶穌就伸手撫摸他說：『我願意，你潔淨了罷！』他的癲病立刻就潔淨了。」（瑪竇福音 第八章第一節——四節）

「在葛法翁城的一位羅瑪軍隊的百人長，求耶穌說：『主，我的僕人患了癱瘓病，躺在家裡，疼痛的很。』耶穌說：『我去治好他。』百人長說：『主，我當不起你到我舍下來，你祇說一句話，我的僕人就痊癒了。』耶穌對百夫長說：『你回去，就照你所信的，給你成就。』僕人就在那時痊癒了。」（同上，第五——十五節）

「有一位猶太教首長前來跪拜耶穌說：『我的女兒剛才死了，可是請你來。把手放在她身上，她必會活。』耶穌起來跟他去。……耶穌就進房，拿起小女孩的手，小女孩就起來了。」（瑪竇福音 第九章第十九——二十五節）

「有兩個瞎子跟著他喊說：『達味之子，可憐我罷！』……於是耶穌摸他們的眼說：

『照你們的信德，給你們成就罷！』他們的眼就開了。」（同上，第二十七——三十節）

「他一下船，看見一大夥眾，便對他們動了憐憫的心，治好了他們的病人。到了傍晚，門徒來說：『這地方是荒野，時候已不早了，請你遣散群眾罷，叫他們各自到村莊去買食物。』耶穌卻叫門徒給他們食物，他們說：『我們什麼也沒有，只有五個餅和兩條魚。』耶穌說：『你們拿來。』遂又吩咐群眾坐在地上，然後拿起那五個餅和兩條魚，望天祝福了，把餅擘開，遞給門徒，門徒分給群眾，眾人吃了，也都吃飽了。」（瑪竇福音 第十四章第十三——二十節）

「一次在路上一個不是猶太人的婦女喊說：主，達味之子，可憐我罷！我的女兒被魔鬼糾纏的好苦啊！……耶穌回答說：『啊！婦人，你的信德真大，就如你所願望的，給你成就罷！』從那時起，她的女兒就好了。」（瑪竇福音 第十五章第二十一——二十八節）

「耶穌第二次贈餅，因爲他對門徒說：我很憐憫這群眾，他們跟我已經三天，沒有什麼可吃的，我不願意遣他們空著肚子回去，怕他們在路上暈倒。他就拿門徒從一小孩所找到的七個餅和九條小魚祝福了，分給群眾吃，也都吃飽了。吃的人不算婦女和小孩，男的約有四千人。」（瑪竇福音 第十五章第三十二——三十八節）

「一次走過耶里哥，有一個瞎眼的乞丐，坐在地旁，聽說耶穌來了，就大聲喊說：『耶穌，達味之子，可憐我罷！』大家叫他不要喊，他卻更大聲喊說：『耶穌，達味之子，可憐我罷！』耶穌站住，叫他過來，他扔下外衣，跳起來，走到耶穌跟前，耶穌向他說：『你要我作什麼？』瞎子答說：『主，使我看見。』耶穌對他說：『去罷，你的信德救了你。』瞎子立刻看見了。」（馬爾谷福音 第十章第四十六——五十二節）

在最後晚餐，耶穌留給宗徒們的遺囑說：「我給你們一條新的誡命，你們要彼此相愛，如同我愛了你們，你們也該照樣彼此相愛，如果你們彼此相愛，世人因此就可認識你們是我的門徒。」（若望福音 第十三章第三十四節）

聖嬰仿德蘭修女說：「我便去研究，吾主是怎樣愛宗徒們。祂愛，不是因宗徒們有天生的奇才異能，以我考查，一個個無知無識，滿心世俗觀念。然而吾主，乃稱之爲朋友，爲弟兄，要他們在聖父之國，左右屬從。且爲他們，開創此天國，情願死於十字架上。……真正的愛情愛德，在見他人有過，能涵容，能擔待，他人懦弱，能體諒，能包含。他人有小德小行，能欽佩，能感奮。」（靈心小史 第九章）

在最後晚餐，耶穌祈禱說：「聖父啊！求您因您的名，保全那些您所賜給我的人，使他們合而爲一，正如我們一樣。……父啊！願他們在我們內合而爲一，就如您在我內，我在您內，爲叫世界相信是您派遣了我。」（若望福音 第十七章）

耶穌被釘在十字架上，斷氣以前，向天父說：「父啊！寬赦他們罷！他們不知道他們做的是什麼事！」（路加福音 第二十三章第三十四節）祂寬恕了殺害自己的猶太人，還求天父寬赦他們的罪。三年傳道顯靈，顯示了愛；表現了自己的神能，升天後還在人間留下愛的聖事——聖體聖事。

三、

「天地之大德曰生，聖人之大寶曰位，何以守位，曰仁。」（易經 繫辭傳下第一章）中華民族爲一農業民族，農人所看的是五穀的生長；因此一年的年曆以農事爲根據，四季爲春生夏長秋收冬藏，二十四節氣和七十二候，都和農業有關係。由五穀而看到草木，由草木看到禽獸，整個宇宙充滿了生氣。孔子曾經說：「天何言哉，四時行焉，百物生焉，天何言哉。」（陽貨）朱熹也曾說：「天地以生物爲心，……亙古至今，生生不窮，人物得此生物之心以爲心。」（朱子語類 卷五十三）「天地之大德曰生，人受天地之氣以生，故此心必仁，仁則生矣。」（朱子語類 卷五）中國傳統思想以宇宙有大化流行，化生萬物，表顯上天愛物之心。孔子乃以「仁」爲一貫之道，儒家以仁爲德綱。

耶穌基督說：「你們不要以爲我來是廢除法律或先知，我來不是爲廢除，而是爲成全。」（瑪竇福音 第七章第十七節）孔子和儒家所講的仁愛，是人生來所有的人性律，耶穌不予廢除，還加以成全，要求信徒愛仇，要求信徒真心寬恕人，要求信徒肯爲別人作犧牲。「施予比領受更有福。」（宗徒大事錄 第二十章第三十五節）

快兩千年了，我們舉行彌撒聖祭，重覆加爾瓦略山上耶穌被釘十字架的自我犧牲。爲贖人類罪惡，又分享聖祭的祭品，領取耶穌的血肉，接耶穌到我們心中，充實我們的神性生命。

我行彌撒聖祭，已經五十七年，人越老越體會到行彌撒是進入天界神界，在天使和聖人跟前，我捧耶穌的肉和血獻於天父。我好像當年加爾瓦略山上的十字架，懸著耶穌的身體，作爲祭祀的祭壇，不像木石祭壇不知不懂；我則知道是捧著天主聖子的肉和血，祭獻天父；然後將祭獻了的耶穌基督之血和肉，領到我的身內，再和我的靈魂結合，加強我靈魂的神性生命。在天界神界的祭祀中，我就體會是活在「愛的境界」中。

我的日常生活，已經接近八十三歲了，回頭仔細看看，每段都是天父和基督的愛。許多人說我的一生是「一帆風順」，遇到好人，順著時勢，造成了今日的身份。不過，天下沒有不遇困難的人，天下更沒有不遭挫折的事業，我一生也遭遇了不少的盤根挫折，逆心的事還真多！今天細看這些逆心的事，卻都是「塞翁失馬，焉知非福」，當時的折磨卻變成我的福，這便是天父和基督的愛。

我誦聖詠第七十一首老年人的祈禱，常向天父禱告：「小子何所依，惟有主雅瑋，願主垂眷戀，莫令我抱愧，主乃我之望，自幼所依恃。落地即托主，須更不曾離。呱呱出母腹，非主孰能致。感主好生德，歌頌無時已。垂老莫見絕，衰邁莫見棄。自幼承主訓，一生宣靈異。白髮莫相違，俾竟平生志。吾生歷憂患，皆爲主所賜。絃歌爾聖德，歌詠爾真諦。」

（節錄吳經熊　聖詠譯義）

在聖堂內看望十字架上的耶穌基督，望著聖體櫃內的耶穌基督，口裡誦著聖詠，才體驗到心中流著天主性的仁愛，才安享生命的真生命。

七、老　師

一、

「在古代，天主以各種方式，派遣先知教訓我們的祖先。在近世末期，天主遣祂的聖子向我們講話教訓我們。聖父由聖子創造了宇宙，立祂爲自己的承繼者，聖子乃是天主光輝的反映，天主本體的肖象。以大能支持萬有；祂滌除人類罪過，便升在高天，坐在尊威天主右首，祂的名號超越眾天使的名號，祂的地位遠遠超過眾天使以上。」（致希伯來人書 第一章第一——四節）

以色列人在埃及長成了一個民族，受埃及人的壓迫，天主派遣第一位先知梅瑟（摩西）救出了他們。天主同梅瑟，面對面講話，告訴他向以色列人施教。「以色列子民離開埃及國後第三個月初一的那一天，到了西方曠野，就在曠野中安插營盤。梅瑟上到天主前，上主從山上喚他說：『你要這樣告訴雅各伯家，訓示以色列子民說：你們親自看見我怎樣對待了埃及人，怎樣好像鷹把你們放在翅膀上，把你們帶出來歸屬我。現在若真聽我的話，遵守我的盟約，你們在萬民中將成爲我的特殊產業。的確，普世全屬於我，但你們爲我應成爲司祭的國家，聖潔的國民，你應將這些話訓示以色列子民。』」（出谷紀　第十九章第一──六節）

以色列人聽了梅瑟的訓示，過後就違背了，天主吩咐梅瑟再教訓他們、懲罰他們。後代幾百年中，天主屢次派遣先知，以色列人也屢次殺害先知。

以色列的第二位大先知厄里亞先知逃到曠野，進了一個山洞，在那裡過夜，上主的話傳給他說：「厄里亞，你在這裡做什麼？」厄里亞答說：「我爲上主萬軍的天主，憂心如焚，因爲以色列子民背棄了祂的盟約，毀壞了祂的祭壇，刀斬了祂的先知，只剩下我一個，他們還要奪去我的性命。」（列王紀上　第十九章第九節）耶穌自己也曾指責猶太人說：「禍哉！你們經師和法利塞人─看，我打發先知，賢哲和經師到你們這裡來，但有的你們殺死，有的釘死，有的在你們會堂中鞭打，有的你們逼迫由一城逃到另一城；你們這樣做，好叫在地面所流義人的血，從亞伯爾的血，一直到你們在聖所與全燔祭壇間，所殺貝勒基雅的兒子則黎雅的血，都歸到你們身上，我實在告訴你們，這一切都要歸到這一代人身上。」（瑪竇福音第二十三章第二九──三六節）

天父派遣聖子降生人世，爲贖人類的罪，以天父的大道教訓人類一條新生的路，成爲人類的教師。耶穌因此向門徒說：「我是道路、真理、生命，除非經過我，誰也到不了天父那

裡。」（若望福音 第十四章第六節）

耶穌在世，盡了教師的職務，祂招收門徒：「來，追隨我，我要使你們成爲漁人的漁夫。」（瑪竇福音 第四章第十九節）

在最後晚餐耶穌囑咐宗徒們說：「我給你們一條新的誡命，你們該彼此相愛，如同我愛了你們；如果你們彼此相愛，世人因此就可認出你們是我的門徒。」（若望福音 第十三章第三十四節）

耶穌講道時，多次對門徒聲明作祂的門徒的條件：「誰若願意跟隨我，該棄絕自己，背著自己的十字架（艱難困苦）來跟隨我。」（瑪竇福音 第十六章第二十四節）「誰愛父親或母親超過我的，不配是我的門徒；誰愛兒子或女兒超過我的，不配是我的門徒；誰不背起自己的十字架跟隨我，不配是我的門徒。」（瑪竇福音 第十章第三十七節）

耶穌看自己的門徒，就是自己的家人。耶穌說：「誰是我的母親？誰是我的兄弟？」遂伸出祂的手，指著自己的門徒說：「看，我的母親，我的兄弟！凡遵行我在天之父的旨意的，他就是我的母親，我的兄弟。」（瑪竇福音 第十二章第四十八——四十九節）

二、

耶穌基督三十歲時開始在猶太各處講道，也在自己家鄉納匝肋講道，納匝肋人驚訝說：「他這一切是從那裡來的呢？他所有的是什麼智慧？怎麼藉他的手行出這樣奇能？這人不是那個木匠嗎？他不是瑪利亞的兒子嗎？他的親戚不都是在我們這裡嗎？」（馬爾谷福音 第六章第二節）

耶穌自己聲明，我所講的所做的，都是天父教祂講，教祂做。「我實實在在告訴你們，子不能由自己作什麼，他看見父作什麼，才能做什麼。凡父所作的，子也照樣作。」（若望福音 第五章第十九節）

「我沒有憑我自己說話，而是派遣我來的父，祂給我出了命，叫我該說什麼，該講什麼。我知道祂的命令就是永生；所以我所講道的，全是依照父對我所說的而講論的。」（若望福音 第十二章第四十九節）

耶穌基督以天父的話教訓我們永生，永生是生命的歸宿和生活的目標：

「你們不能事奉兩個主人，……你們不能事奉天主而又事奉金錢。」（瑪竇福音 第六章第二十四節）

教訓我們人生的價值觀：

「你們不要在地上爲自己積蓄財寶，因爲在地上有蟲蛀，有鏽蝕，有賊挖洞偷竊。你們應該在天上爲自己積蓄財寶，因爲在那裡沒有蟲蛀，沒有鏽蝕，也沒有賊偷。你們的財寶在那裡，你們的心也在那裡。」（瑪竇福音　第六章第十九節）

「人縱然賺得了全世界，卻賠上了自己的靈魂，爲他有什麼益處？或者，人還能拿什麼作爲自己靈魂的代價？」（瑪竇福音　第十六章第二十五節）

「你們不要害怕那殺害肉身，而不能殺害靈魂的；但要害怕那使靈魂和肉身陷於地獄中的。」（瑪竇福音　第十三章第二十八節）

預先告訴我們生命的終結：

「因爲人子（基督）要在他父的光榮中同祂的天使降來，那時他要按照每人的行爲予以報告。」（瑪竇福音　第十六章第二十七節）

基督教訓我們敬奉天主的敬禮：

「真正朝拜的人，將以心神以真理朝拜父；因爲父就是尋找這樣朝拜祂的人。天主是神，朝拜祂的人，應當以心神以真理去朝拜祂。」（若望福音　第四章第二十三——二十四節）

「耶穌便叫過群眾來，對他們說：你們聽，且要明白，不是入於口的，使人污穢，而是出於口的，才使人污穢。」（瑪竇福音　第十五章第十節）

耶穌基督的教訓，最徹底最嚴格，「人若批爾右頰，你以左頰向他。人若搶你的內衣，你把外衣也給他。人若逼你走一里路，你就同他走兩里。」（瑪竇福音 第五章第四十九節）

「若你右目使你陷於惡，剜出來，從你身上扔掉，因爲你喪失一個肢體，比你全身被投入火獄更好。若你的右手使你陷於惡，砍下來，從你身上扔掉，因爲你喪失一個肢體，比你全身被投入火獄更好。」（同上，第二十九節）

「一個富家青年問耶穌說：老師，我該做什麼『善』爲得永生？耶穌答說『你爲什麼問我關於善？善，祇有一個（天主）如果你想進入永生，就該遵守誡命。』」（瑪竇福音 第十九章第十六節）——「你若願意是成全的，去，變賣你所有的施捨給窮人，然後來跟隨我。」（同上，第二十一節）

「一個法學者向耶穌說：老師，誡律中，那一條最大？耶穌答說：全心，全靈，全意，愛上你的天主，這是最大也是第一條誡命，第二條和第一條相彷彿，就是愛人如己。全部誡律和先知訓言都歸於這兩條誡命。」（瑪竇福音 第二十二音第三十五節）

在最後晚餐中，耶穌自己給宗徒洗了腳，對他們說：「你們明白我給你們所做的嗎？你們稱我『師傅』『主子』，說得正對，我原來是。若我是主子，是師傅，給你們洗腳，你們也該彼此洗腳。我給你們立了榜樣，叫你們也照我給你們做的去做，（若望福音 第十三章

第十二—十五節）

耶穌基督的教訓，當時使猶太人驚訝，認爲是新的，是有權威的。今天我們聽了，仍然驚訝是新的，是有權威的，因爲是天主的聖言。

耶穌基督降生，作人教師，特別宣示聖父的愛：

「田間的野草，今天活，明天就枯乾，被採去燒，天父尚且美麗地裝飾它們，何況你們爲天父的子女，天父怎能不照顧？天空的飛鳥，不播種，不收穫，也沒有糧倉，天父還是養活它們，何況你們爲天父的子女，不比它們更貴重嗎？」（瑪竇福音 第六章第二十九節）

耶穌講明了人生的幸福，講了真福八端，又指出：

「哀哉爾富人，享盡爾溫煙。
哀哉爾歡笑，先笑後悲哭。
若被人頌讚，讚中禍機伏。
應念彼先人，亦媚假先假覺。」（路加福音 第六章第二十四節 吳經熊譯）

巴彼尼(Giovanni Papini)很感嘆地說：一位最大的翻案者是耶穌：祂是最高的矛盾，最徹底顛倒是非，無所畏懼。祂的偉大就在這裡：永恆的革新，永恆的新春。這是一個重心的神秘，使胸懷開拓的心靈早晚要轉向祂的福音」。(Guovanni Papini Storia diCristo. V.I. p.119)

三、

「老師好！」這是我給輔仁大學學生學習禮貌的課題，遇到自己的老師，說聲「老師好」，遇到校長更要說聲「校長好！」

在多元化的社會裡，大學的大學生也多元化了，不但思想多元化，生活也多元化了，大學生除課堂的生活外，已經開始過多元的賺錢職業生活了。他們對於校長和老師，祇是看成自己多元化生活中的一位嚮導之一而已，並沒有另外的尊敬。傳統的「尊師重道」對他們來說，沒有什麼意義，老師也沒有意識到自己本身有教導學生做人的責任，講書爲傳授智識；兼作導師，才知道對門生的生活稍加留意。韓愈的〈師說〉曾說明師爲傳道解惑，引導學生走上做人的道路。

每年九月廿八日孔子誕辰，全國舉行教師節，奉孔子爲至聖先師，作教師的模範。孔子教門生，教門生做人之道，「志於道，據於德，依於仁，游於藝。」(述而)朱熹註說：

「此章言人之爲學當如是也，蓋學莫先於立志，志道則心存於正而不他。據德，則道德於心而不失。依仁，則德性常用，而物欲不行。游藝，則小物不遺，而動息有養。」這就是孔子教門生的教育簡章也就是「子以四教：文、行、忠、信」（述而）顏回乃說：「夫子循循然善誘人，博我以文，約我以禮。」（子罕）

這等的老師從那裡去找呢？

耶穌基督教訓門徒說：「你們不要被稱爲老師，你們的老師祇有一位，你們都是兄弟，也不要在地上稱人爲父，你們的父祇有一位，就是在天的聖父，你們不要被稱爲老師，你們的老師祇有一位，就是救主。」（馬竇福音 第二十三章第八節）

我們生命的老師，祇有一位，生命的老師，要知道生命的根源，要知道生命的歸宿。孔子自己曾說：「未知生，焉知死？」（先進）生死都不知，不能指出生命的目的。唯有在天地萬物以先就已經存在的聖言，萬物藉著聖言而受造，生命由聖言而來，又藉聖言而歸於天父，聖言才是人們的老師。伯鐸乃向基督說：「主，惟你有生命之道，我們捨你去投誰？我們相信，而且已經知道你是天主的聖者（言）。」（若望福音 第六章第六十九節）

我每天晚間臨睡以前，讀一段四書，讀了孔子或孟子的話，我同顏回和仲弓一樣：「回，（雍）雖不敏，請事斯語矣。」（顏淵），我要勉力去做。然後，讀一段聖經，恭聽耶穌基督向我施教。耶穌基督乃生活的天主。復活的救主，祂在我心中講話。我眼看聖經的字，心聽救主的無聲的話。祂的話和我的心跳同一律韻，融入我的生命裡。耶穌的教訓，成了我的生命。

孔子曾說他自己「述而不作，信而好古。」（述而）孔子述古來聖賢之道以教弟子，古來聖賢祇有人生之道或君子之道。耶穌基督講述天父的話，天父的話則是生命，有創造力。耶穌基督在宣傳天國時，瞎子，跛子，聾子，癩病人，還有死人，因祂的一句話就立時好了。

耶穌基督所再造的生命，爲天主性的生命，爲精神的，純潔的，永恆的生命；身體的生命，也隨著而平衡。

接受耶穌基督的教訓，在於堅定相信，如同耶穌在復活辣匝祿以前，對他的妹妹馬爾大說：「你只要相信，必可以見到天主的光榮。」（若望福音 第十一章第四十節）又如伯鐸聽見耶穌允許他在水面行走，下船，漫步水面，忽見波浪凶猛，心中害怕，立刻下沉，高呼老師救命，耶穌伸手拉住他，責備他說：「信仰這麼小！你爲什麼害怕！」（馬竇福音 第十四章第三十一節）

我祇要誠心相信，耶穌基督教訓我的話，必定在我生命要實現。

我一生很少相知的朋友，更沒有殷勤關心的老師，又沒有和朋友拜訪閒談的習慣，每天不是辦公，就是看書寫書。遇到生活上，修身上，工作上的難題時，祇有到聖堂去問基督，再靜靜聽心底處耶穌的回答。

耶穌基督的回答很簡單，很明確：「是就是，非就是非，可就可以，不可以就不可以。」

但這不是陸象山和王陽明所說反觀自心的理或良知，而是天主聖言耶穌基督，我的老師親自的訓言。聽了基督老師的話，心就安定了，充滿信心向前走，向永恆生命裡走。

八、長兄

一、

「你弟弟的血從地上，向我喊冤，你現在是地上所咒罵的人。」（創世紀 第四章第十節）

亞當的兒子加因殺了弟弟亞伯爾，天主懲罰加因。

亞巴郎的孫子兩兄弟，弟弟雅各伯逼迫哥哥厄撒烏，出賣長子的名分給他，兄弟成仇，雅各伯逃生外鄉。雅各伯的十個兒子忌妒小弟弟若瑟受父親寵愛，竟把他賣給了過路的商人，商人再賣給了埃及人。以色列民族酋長時期，基德紅酋長死後，阿彼默肋客要作酋長，「他回到敖弗辣他父親家裡，在一塊石頭上把自己弟兄，即那魯巴耳的兒子七十人都殺死，只剩下那魯巴耳的幼子約堂。幸虧他自己藏了起來。」（民長紀 第九章第五節）以色列民族最強盛的君主達味，他的太子阿默農強暴同父異母的妹妹塔瑪爾，塔瑪爾的同父同母的哥哥阿貝沙隆乘慶剪羊毛的節設宴，宴請達味的王子們，席間殺了阿默農。

舊約聖經所記載的兄弟事蹟，多是違反倫常的惡事，新約聖經記述了幾樁兄弟的事跡，則充滿天倫的愛心，「西滿伯鐸的哥哥安德肋，就是聽了若翰的話，而跟隨耶穌兩人中的一個，先去找了自己的弟弟西滿，並向他說：我們找到了默西亞，意即基督，遂領他到耶穌前。」（若望福音 第一章第四十節）耶穌沿著加里肋亞海行走時，看見伯鐸和安德肋，就對他們說：「來，跟隨我，我要使你們成爲漁人的漁夫」。他們立刻放下網，跟隨了他。他從那裡再往前行，看見另外兩個兄弟，載伯德的兒子雅各伯和若望，在船上同父親在修理漁網，就招了他們，他們立刻捨下魚船和父親，跟隨了他。（瑪竇福音 第四章第十八—二十二節）後來「載伯德兒子的母親，同自己的兒子前來，叩拜了耶穌，請求祂一件事，耶穌對她說：「你要什麼？」她回答說：「你叫我這兩個兒子，在你王國裡，一個坐在你右邊，一個坐在你左邊。」耶穌回答說：「你們不知道你們所求的是什麼。」（瑪竇福音 第二十章第二十—二十二節）所求的事充滿了權利的慾望，但也充滿家庭的人情味；耶穌並不責備他們。

耶穌在世，三年傳道，招收門徒，以天父聖道教訓他們；向群眾宣講，啓發他們。祂的目的，是引導大家歸於天父，最後一次向群眾講道，「耶穌呼喊說：信我的，不是信我，而是信派遣我來的；看見我的，也就是看見那派遣我來的。」（若望福音 第十二章第四十四節）耶穌傳道是教師，看門徒是弟子，看信眾是信徒。祂以天主聖子的身份教訓人，祂和門徒以及信眾的關係，是天主和人的關係，是主人和屬下的關係。

在祂蒙難的前夕，用最後晚餐時，祂向同席的十一位宗徒說：「我不再稱你們爲僕人，因爲僕人不知道他主人所作的事，我稱你們爲朋友，因爲凡從天父所聽來的一切，我都顯示給你們了。不是你們揀選了我，是我揀選了你們。」（若望福音　第十五章第十五—十六節）

耶穌復活後當天，顯現給往墓園的婦女們說：「你們去報告我的弟兄們，要他們往加里肋亞，在那邊要見到我。」（瑪竇福音　第二十八章第十節）又顯現給瑪麗瑪達蘭，也同樣說：「你到我的弟兄那裡去，告訴他們，我要升到我的父和你們的父那裡去，升到我的天主，你們的天主那裡去。」（若望福音　第二十章第十七節）

耶穌基督和門徒信眾的關係，經過三度改變的歷程，首先是僕人門徒的關係，再進爲朋友的關係，最後進爲兄弟的關係。

在最後晚餐，耶穌向十一位宗徒，懇切訓話，形同遺囑。在先講道時，耶穌多次以奴隸和主人作比喻，解說信徒和祂的關係。他是天主造物主，信徒是受造物，兩者當然是主僕的關係。在最後晚餐，耶穌和宗徒作生死訣別，敞開胸懷，流露了心中的一切，離情依依，若望宗徒後來在福音上記載說：「祂（耶穌）愛他們，一直愛到底」（第十三章第一節）當時祂的心情，真是朋友相愛之情，所以祂說稱他們爲朋友。

復活以後，耶穌已完成了救世的工程。救世工程再造人類，予人一種新的天主性生命。天主性生命由耶穌基督給予信從祂而受洗禮的人，使人和祂結成一體。祂是天主聖子，和祂結成一體的人，就成爲天主的義子。若望福音第一章說：「凡接受祂（聖言）的，祂給他們，即給那些信從他名號的人一種權利，好成爲天主的子女。他們不是由血氣，不是由肉慾，也不是由男慾，而是由天主所生。」第一批信從耶穌名號的人，當然是祂的宗徒，因此祂便稱他們爲兄弟了。聖保祿在致希伯來人書上說：「他稱他們爲弟兄，並不以爲恥。……他沒有援助天使，而援助了亞巴郎的後裔；因此，在各方面要相似弟兄們。」（第二章第十一節、第十八節）

舊約古經的天主：選擇了以色列民族，保全對唯一天主的信仰，預備救世主的誕生。舊約古經的天主顯示正義的權威。以色列民族對於天主，畏懼萬分。他們對梅瑟（摩西）說：「你同我們說話罷！我們定要聽從。不要天主同我們說話，免得我們死亡。」（出谷紀第二十章第十九節）

聖子降生，引人歸向天主，是子女回歸父親。耶穌基督乃宣講天父，以天父顯示給人類。新約福音的天主，是人類的天父。天父也親自表示同意。

基督升天時，立定了聖洗聖事，吩咐宗徒們「你們要使萬民成爲門徒，因父及子及聖神

之名給他們授洗，教訓他們遵守我所吩咐你們的一切！」（瑪竇福音 第二十八章第十九—二十節）

聖洗聖事滌除受洗者的罪，以耶穌的神性生命給予他和基督結成一體，成為天父的子女，便成為基督的兄弟。

二、

耶穌基督如同一個同父親早年離家的長子，後來回家，向家裡的年青弟妹，述說父親的事情，講講父親的為人。耶穌基督是唯一從天父來的，是唯一認識天父的，祂可以講述天父。祂降生的使命，為教人認識天父，引人歸向聖父。

耶穌多次聲明自己所講的，完全是聖父要祂講的，祂所做的，完全依照聖父的旨意而做的。因此，誰看見祂，就看見聖父；誰聽他，就聽聖父。在最後晚餐裡，斐里伯說：「主，把父顯示給我們。」耶穌答說：「斐里伯，這麼長久的時間，和你們在一起，你還不認識我嗎？誰看見了我，就看見了父。」

耶穌所顯示的聖父，充滿慈愛，好似一個老年的父親，倚門眺望。離家出走的小兒。小兒子浪費了家產。狼狽回來，當他離家還遠的時候，父親就看見了他，動了憐憫的心，跑去，抱住他脖子，熱情地吻他。

一個人有兩個兒子，那小的對父親說：「請把我分內應得的產業分給我罷！」父親就把他的產業分給兩個兒子。過了幾天，小兒子賣掉了他所分得的產業，帶著錢，離家走了。他到了遙遠的地方，揮霍無度，花盡了他所有的一切。……他只好去投靠當地的一個居民，被派去農場看豬。因那地方饑荒，他恨不得拿餵豬的豆莢充饑，都拿不到……於是他便起身回到他父親那裡去。他離家不遠，父親就望見了他，連忙跑去，擁抱了他。小兒子說：「爸爸，我得罪天，也得罪了你，不配做你的兒子。」父親連忙吩咐僕人說：「趕快拿最好的衣服給他穿上，拿戒指給他戴上，拿鞋上給他穿上，再去把那頭肥牛犢牽來宰！讓我們大家慶賀。因爲我這個兒子死了又活了，失掉了又找到了。」（路加福音 第十五章浪子比喻）

「你們看，天父多麼愛我們！……天父爲救我們派遣了祂的獨生子到世上來，使我們藉著祂而得到生命，這樣天主顯示了對我們的愛。」（若望福音 第四章第九節）

耶穌基督給人們顯示了天父，帶來了天父的愛，祂給天主另一個名字，就是「天父」。祂復活以後，向瑪達蘭的瑪麗說：「你不要拉住我，因爲我還沒有上去拜見我的父親，你往我的弟兄那裡去，告訴他們，我要上去拜見我的父親，也就是你們的父親；我的天主，也就是你們的天主。」（若望福音 第二十章第十七節）

「為此，我告訴你們，不要為你們的生命憂慮吃什麼或喝什麼；也不要為你們的身體憂慮穿什麼，……你們仰觀天空的飛鳥，祂們不播種，不收穫，也不在糧倉裡屯糧，你們的天父還是養活祂們，你們不是比祂們更貴重嗎？……關於衣服，你們又憂慮什麼？你們觀察一下，田間的百合花怎樣生長，它們既不勞作，也不紡織，可是我告訴你們，連撒羅滿在最極盛的榮華時代所披戴的也不如這花中的一朵。田裡的野草，今天還在，明天就投在爐裡燒了，天主尚這樣裝飾，信徒薄弱的人哪，何況你們呢？

「你們不要憂慮；我們吃什麼，喝什麼，穿什麼；這一切都是無信仰的人所追求的。你們的天父原已知道你們需要這一切，你們先該追求天主的國和義德，這一切自會加給你們。你們不必為明天憂慮，明天有明天的苦，今天一天的苦已夠你們受了。」（瑪竇福音 第六章第二十五—三十四節）

「你們祈禱時，不要嘮嘮叨叨。你們的天父，在你們求祂以前，早已知道你們需要什麼。你們祈禱要這樣說：

『我們的天父，願聖名受顯揚，願天國來臨，

願父的旨意，在人間奉行，如同在天庭。

求父恩賜我們日糧，求父寬恕我們如同我們寬恕別人。求父莫讓我們陷於誘惑，求父保我們不遭凶惡。」（瑪竇福音 第六章第七節）

「你們當中有誰，他們的兒子要麵餅，卻拿石頭給他？要魚，卻拿蛇給他呢？你們雖然壞，尚且知道拿好的東西給兒子，你們在天上的父親豈不更要把好的東西給你們求祂的人嗎？」（瑪竇福音 第七章第九節）

「時候來到，我不再用比喻向你們講說，我要明白地向你們傳述父的一切。在那一天，你們要因我的名祈求，我不向你們說，我要代你們求父，因爲父自己愛你們。」（若望福音 第十六章第二十四節）

「我已將（天父）的名宣示給他們了，我還要宣示，使你愛我的愛，留在他們內，我也留在他們內。」（若望福音 第十七章第二十六節）

「你們是世上的光，人點燈，不會放在斗底下，而是放在燈臺上，照耀屋中所有的人。照樣，你們的光也當在人前照耀，好使他們看見你們的善行，光榮你們在天之父。」（瑪竇福音 第五章第十四節）

「你們該愛你們的仇人，該爲迫害你們的人祈禱，好使你們成爲在天之父的子女；因爲他使太陽上升，光照惡人也光照義人，降雨給義人，也給不義的人。……你們這樣作成

全的人，如同你們在天之父是成全的一樣。」（瑪竇福音 第五章第四十四節）

三、

歐洲傳統的天主教靈修思想，常以夫婦相愛的情懷，象徵信徒和耶穌基督的親熱；尤其以修女的獻身守貞，作爲和基督的神婚。信徒愛基督，有如新娘愛新郎，用古經的「雅歌」，卿卿我我作爲表情。我們中國人對基督救主而稱新郎，另外我們男人，覺得很違古訓，非常不恭敬。我常主張對於天主，我們以孝愛心情，孝敬天父，以弟子的尊敬心情，尊敬基督教師。但是基督教師不像一般的老師，祂把自己的天主性生命，給了我們，祂引導我們歸向天父，祂和我們生命相通，共有一位天父，祂是我們的長兄。中國傳統的倫理孝弟，孝父母，敬兄長。我孝愛天父，我敬愛基督長兄。

在中國的古詩裡，流露深切的兄弟相思之情和思家的苦心。

劉長卿的新年作：

「鄉心新歲切，天畔獨潸然。」

孟浩然的早寒有懷：

「鄉淚客中盡，孤帆天際看。」

崔塗的除夜有作：

「亂山殘雪夜，孤燈異鄉人。
漸與骨肉遠，轉與僮僕親，
那堪正漂泊，明日歲華新。」

杜甫的野望：

「海內風塵諸弟隔，天涯涕泣一身遙。」

白居易的寄七弟妹：

「時難年荒世業空，弟兄羈旅各西東。
田園寥落干戈後，骨肉流離道路中。
弔影分為千里雁，辭根散作九秋蓬。
共看明月應垂淚，一夜鄉心五處同。」

王維的九月九日懷山東兄弟：

「獨在異鄉為異客，每逢佳節倍思親。
遙知兄弟登高處，遍插茱萸少一人。」

抄了許多詩句，可見鄉愁是詩人的切己心情，詩中常用孤、獨、悲、淚字眼，更可見詩人悲鄉的心切，悲鄉的情感中，又多懷念兄弟的苦心。

我幼年生長的家庭，是長兄治家的家庭，祖父早逝，祖母主內，伯父主外，家父和三叔四叔都聽伯父吩咐，家中大小，尊敬伯父是家主。我學習用這種心情，接近耶穌基督。我和祂親近；但我尊敬祂，祂是我的主人，是我的老師；然而是兄長當主人，當老師，可以全心信任祂。我十九歲離家，從來沒有回去。到現在已經六十多年，獨身生活裡沒有感覺孤苦零丁，因爲有天父和基督與我同在，還有聖母作我母親。

以孝愛的真誠，孝敬天父，情出天然，一點不勉強。天父造我養我，這是每天的深深體驗；而且每天所有恩惠多於痛苦。聖經雅各伯說：「一切美好的恩惠，一切完善的恩賜，都是從上，從光明之父降下來的。在祂內沒有變化和轉動的陰影，自願以真理生了我們，使我們成爲祂所造之物中的初果。」（雅各伯書 第一章第十七——十八節）聖嬰仿德蘭乃願以小孩赤子之心，孝愛天父，一切信賴，如同嬰孩坐在父母懷抱中。

以弟弟的心情，敬愛基督，則應不是出於天然。因爲我們所面對的是天主，是救主，是生命的主人。聖父把宇宙的一切權力都交給了祂，祂是宇宙的統治者。是人類的審判者；面對著祂，不寒而慄。就因著這種情景，耶穌基督自己改換了面貌，把上面的一切名銜和威嚴，用祂的人性包裹起來，對人世所顯露的，是以麵餅和葡萄酒，顯示自己的臨在，絕對不顯威嚴。升天以前，親口呼喚門徒爲兄弟，使我們安心接近祂，聖多瑪斯的聖體讚頌詩說：「十字架上隱神性，聖體連帶掩身體。」我們領聖體時，乃能從容地走向祭壇；否則，如同聖若望雖是耶穌的愛徒，但是在默示錄記述他見了復活的基督：「我一看見祂，就跌倒在祂

跟前，有如死人，祂遂把右手按在我身上說：不要害怕。」（默示錄 第一章第十七節）

救主，老師，兩種名號，兩種稱呼，都正確地歸於基督；但來自身外的工作。兄弟，這個名詞和稱呼，是基督自己教給我們的，而且是來自基督本體的神性，因爲祂把自己的神性生命分給了我們，使我們成爲天父的子女，成爲祂的手足。我們稱呼祂爲長兄，體驗到非常的親切，感到聖詠中所吟詠的兄弟之樂：

「弟兄同居樂無涯，渾似靈膏沭首時，
又如黑門山上露，降於西溫芳以飴。
君不見西溫山，主所喜，永生泉，福履綏。」
（吳經熊 聖詠譯義 第一百三十三首）

九、善牧

一、

當以色列民族始祖亞巴郎的孫子雅各伯攜帶全家到埃及時，他對埃及王說：「你的僕人們自幼就是牧養牲畜的人，我們的祖先也都是這樣。」（創世紀 第四六章第三十四節）

游牧人的關係，是牧人和羊群的關係；牧人結成一個國家，國家官吏和人民的關係，就如牧人和羊群的關係。中華民族以耕農集家而居，人民關係是家族關係，集家成國，國家官吏和人民的關係，就如家長和家人的關係。

以色列民族成了王國，一度強盛，一度衰微，先知米加雅對約沙法特王說：「我看見全以色列散在地上，好像沒有牧人的羊群。」（編年紀下 第十八章第十六節）

依撒意亞先知曾斥責以色列的官吏說：「田間的一切走獸，林中的一切野獸，你們都來吞噬罷！我民族的守望者是瞎子，什麼也看不清，都是啞巴狗，不能叫喚，他們都是什麼也不明瞭的牧人，只顧自己的道路，各求各自的利益。」（依撒意亞 第五十六章第十一節）

紀元前六四五年出生的耶肋米亞先知指責猶太王的執政者叛離天主說：「那些管理法律的不認識我了，那些爲牧人的叛離了我。」（耶肋米亞 第二章第八節）「爲民牧者既然愚蠢，不尋求上主，爲此他們一事無成，羊群都已四散，聽、有音訊傳來，從此方將有大騷動，要使猶太的地區荒涼，成爲豺狼的巢穴。」（同上，第十章第二十一節）「以色列子民要與猶太子民一同歸來，且走且哭，尋覓上主他們的天主。我的人民是一群迷路的羊群，他們的牧人使他們流浪，在群山間徘徊，翻山越嶺地漫遊，忘掉了自己的羊群。凡遇見他們的，就將他們吞噬。」（同上，第五十章第四——七節）「爲人牧者，你們應該哭泣哀號！爲羊群領導者，你們應該在塵土裡輾轉！因爲你們的日期已滿，你們要被宰殺。爲人牧者，無路可逃；爲羊群領導者，無法脫身。聽啊！爲人牧者在哀號，爲羊群領導者在哭泣；因爲上主摧毀了他們的牧場。寧靜的草場，因上主的怒燄，已成一片荒涼。」（同上，第二十五章第三十四——三十八節）上主乃說：「我要給你們一些隨我心意的牧者，以智慧和明智牧養你們。」（同上，第三章第十五節）

在紀元前五九七年被擄往巴比倫的厄則克耳先知用上主的訓詞，指責猶太的君主和官吏，如同一些凶惡的牧人：

「吾主上主這樣說：以色列的牧者！你們只知牧養自己！牧人豈不該牧養羊群！你們喝

羊奶，穿羊皮，宰肥羊，卻不牧養羊群。瘦弱的，你們不培養；害病的，你們不醫治；受傷的，你們不包紮；迷路的，你們不領回；遺失的，你們不尋找。……吾主上主這樣說：我要攻擊那些牧者，從他們手中追找我的羊，我不再讓他們牧放我的羊群；這樣，牧者再不能牧養他們自己；我要從他們口中救出我的羊；不再作他們食物。」

「因爲吾主上主這樣說：看，我要親自去找我的羊，我要親自照顧我的羊，猶如牧人在羊群失散的那一天，怎樣尋找自己的羊。……領他們回到自己的地方。我要在以色列的群山上，溪水畔，以及本國的一切牧場上牧放他們……；肥胖的和強壯的，我要看守；我要按正義牧放他們。」（厄利克耳 第三十四章第二節——第十節）

以色列民族爲天主的選民，處於神權時期，但常背叛天主，屢次遭受懲罰。以色列犯背逆罪，也因爲代天行道的君王和官吏，自私自利剝削百姓的財物，供自家賞受。天主乃藉先知的口，嚴利地加以指責，聲明自己將直接管理百姓。

紀元前五二〇年出現履行先知任務的匝加利亞先知說：「刀劍，起來攻擊我的牧人，萬軍上主的斷語：打擊牧人，羊群就要四散。然而我要向那弱小的羊群伸出我的手，將來在全國三分之二必被剷除而死去，只留下三分之一。我要使這三分之一經過火煉，他們必要呼號我的名字，我必要俯聽他們。我要說：這是我的百姓。他們每人也要說：上主是我的天主。」（匝加利亞 第十三章第七——九節）

舊約古經聖詠集有一首歌頌善牧的歌：

「主乃我之牧，所需百無憂。
令我草上憩，引我澤畔游。
吾魂得復蘇，仁育一何周。
更為聖名故，率我正道由。
雖經幽谷裡，主在我何愁。
爾策與爾杖，實令我心休。
讌我群敵前，感爾恩施優。
靈膏沐我首，玉爵盈欲流。
慈恩共聖澤，長與我為儔。
行藏勿離主，此外更何求。」
（吳經熊 聖詠譯義 第二十三首）

二、

耶穌基督曾自稱善牧：「我是善牧，我認識我的羊，我的羊也認識我。」（若望福音第十章第十四節）

善牧代表耶穌基督，乃是天主教會的傳統，從教會初期一直到今天，在天主教的藝術，禮儀，教義書中，充滿了善牧的名稱和影像。

善牧的名稱也不是耶穌基督自己造的，而是在古經裡，天主給自己所造的名稱。

耶穌基督採納了舊約古經的思想，比喻自己是一個牧人，從天上下來，尋找奔散的人類，再結成一羊棧，自己親自照顧撫養。

「我是善牧，善牧爲羊捨掉自己的性命。傭工因不是牧人，羊也不是他自己的，一看見狼來，拋掉羊就跑。狼就抓住羊，把羊趕散了；因爲他是傭工，對羊漠不關心。我是善牧，我認識我的羊，我的羊也認識我。正如父認識我，我也認識父一樣；我並爲我的羊捨棄我的性命。我還有別的羊，還不屬於這一棧，我也該把他們引來，他們要聽見我的聲音。這樣，將只有一個羊棧，一個牧人。父愛我，因爲我捨掉性命，爲再取回我的性命。誰也不能拿去我的性命，而是我甘願捨掉，我又有權收回來。這是我由父所接受的使命。」（若望福音

第十章第十四節—第十八節）

耶穌基督描寫善牧的愛心，還講了一個感人的比喻。他說：

「你們中間那個人有一百隻羊，不幸失落了一隻，他不把九十九隻羊安放在郊原裡，自己去尋找那失落的一隻羊呢？找到了以後，就高興地把祂放在肩膀上，背著回家去，邀集自己的鄰居和親友來，向他們說：請你們同我一起喜樂罷！我失掉的那隻羊，已經找到了。」（路加福音 第十五章第三節）

基督又說：

「我實實在在告訴你們，我是羊棧的門，凡在我以先來的，都是賊和強盜，羊沒有聽從他們。我就是門，誰若經過我進來，必得安全；可以進，可以出，可以找著草場。賊來，無非是為偷竊、殺害、毀滅。我來，卻是為他們獲得生命，且獲得更豐富的生命。（若望福音第十章第七—十節）

耶穌基督看見當時猶太人「就對他們動了憐憫的心，因為他們好像沒有牧人的羊，就開口教訓他們許多事。」（馬爾谷福音 第六章第三十四節）

基督復活以後，將要升天以前，將自己的教會，就是祂的羊群，托給了伯鐸管理。

「耶穌對西滿伯鐸說：『若望的兒子西滿，你比他們更愛我嗎？』伯鐸答說：『主，是的，你知道我愛你。』耶穌就對他說：『你餵養我的羔羊。』耶穌第二次又問他說：『若望的兒子西滿，你愛我嗎？』伯鐸回答說：『主，是的，你知道我愛你。』耶穌就對他說：『你牧放我的羊群。』耶穌第三次問他說：『若望的兒子西滿，你愛我嗎？』伯鐸因耶穌第三次問他說：『你愛我嗎？』便憂愁起來，遂向祂說：『主啊，一切你都知道，你曉得我愛你。』耶穌對他說：『你餵養我的羊群。我實實在在告訴你，你年少時，自己束上腰，任意往來，但到了老年，你要伸出手來，別人要給你束上腰，帶你到你不願意去的地方去。』耶穌說這話，是指他將以怎樣的死，去光榮天主。」（若望福音 第二十一章第十五——十八節）

基督要求伯鐸要愛祂而愛祂的羊群，甘願爲羊群捨生致命。

三、

牧人和羊流著親熱的感情，有時似乎父子的感情。我小時，曾經牧放我家的水牛。我家的那條水牛，體格雄壯，爲全村水牛之冠，家中人很愛它，不願意由村中牧放全村水牛的孩子放牧，而由家中人自己管，我從小學放學回家，或是在放假的日子，就牽著它去草地吃草，因爲單單一條牛，便容易牽到溪畔和水塘邊青草茂盛的地方，別人不敢靠近我家的牛，我倒騎在它的背上，摸它的頭，打它的腿。它張著兩個紅邊的大眼睛，瞧著我，表情很親熱，很滿意，有時它臥在小溪裡，或單獨吃草走遠了，我一聲叫它，它就走回我身旁，真是好朋友。

耶穌基督照顧我們，就有牧人的感情。天主聖父把我們交給了祂，祂養育我們的身體，照顧我們的心靈。我們從祂所取得的天主性生命，由祂用自己的體血來養育。凡是領受洗禮而分有祂的天主性生命的人，結成一個羊棧，祂是羊棧的牧人。當祂在世時，三年的工夫祂講道，預備建立這個羊棧，揀了十二個宗徒，爲將來繼承祂的工作。當祂死而復活後，將要升天時，便向伯鐸三次付託自己的羊棧，吩咐他牧養祂的羊群。第一次說「你餵養我的羔羊。」第二次說：「你牧放我的羊群。」第三次說：「你餵養我的羊群。」（若望福音第二十一章第十五—十七節）。

天主教最老的畫像，是羅瑪教會初期地窟墟墓的一張壁畫，畫著一個牧童，肩上背著一隻小羊。這張畫後來在教會裡成了基督的象徵。善牧，這個名詞也成了基督的名號；而且一切在教會負責治理教會的人，都成爲牧人；教宗是牧人，主教是牧人，堂區主任神父也是牧人。信眾是羊，由牧人照顧。

在基督的羊棧裡，我是一隻羊，我的一生常有祂的照顧，不僅叫我衣食無缺，還從各種無形和有形的困難中，牽著我安然渡過，回頭細看八十多年的經歷，多少次有驚無險，多少次「塞翁失馬」反更多福，多少次身在危險中而不自知如何脫了險；這些情況都流露了基督善牧的愛心，是祂在暗中照顧助祐。

在基督的羊棧裡，我又是一個牧人。主教的職位就是牧人的職位，治理一個教區。我被任爲台南教區的第一位主教，負責建立這個新成立的教區，我原在羅瑪定居三十一年，從來沒有到過台南。當我接到任命時，默禱良久，求耶穌基督用我作祂的僕人，替祂作有形的牧人工作，祂在暗中指揮。我在台南住了五年，離開時，印了一冊「台南五年」小書，在短短序言裡說：「五年住在台南，起造了公署，堂宇，邀來了神父，修女，大家一起工作，同心傳教，光榮天主。」

但是，最使我高興滿意的，是到教友家中訪問，由本堂主任司鐸和數位教友陪同，分別到各本堂的教友家中，談話，祈禱。十幾年以後，在台北有時遇到台南的教友，還聽見他們說：「主教，你到我家裡來過！」心中另外有一種親切感。

到了台北，治理台北總教區，立時建築台北總主教公署，「這座公署是方形，聖堂位居全樓最高層的中央，祭壇又位居聖堂的中央，聖體櫃又位居祭壇的中央；全樓的中央，便是耶穌聖體。這是代表以耶穌爲一切事的中心。」（辭別台北教區、教友，生活週刊 六十七年二月二十一日）當我接任台北總主教職，第一次晉見教宗保祿六世，報告教區的情形，教宗勉勵我說：「總主教就像一個管弦樂團的指揮者，按照樂譜，指揮各種不同聲音的樂器，會成一曲和諧動聽的音樂。」調任輔仁大學校長，在交接典禮中，我曾經說：「今天我懷著安定的心來接受職務，我穿的禮服是主教禮服，這是表示我以主教的身份來接任校長。主教按照基督的訓示乃是牧人。牧人要用愛心照顧自己的羊群，使羊有水喝，有草吃；而且基督說牧人要能爲羊捨命。我任校長不是同普通校長一樣，我是用牧人的愛心來辦教育。」在校長任內每天我所擔心的，是學生的安全，學校三面有馬路，一路走在校園中間，常怕學生被車禍傷害；學校宿舍住有三千多女生，常怕不良少年夜間來騷擾。汽車和不良少年有如豺狼，侵犯羊群。

年歲老了，氣力衰了，病也多了；但是和青年學生一起生活，精神則仍健旺，緊緊記著我是基督的羊，基督要照顧我！我又代基督作牧人，精力和智慧由祂供給。祇要我不自求顯露，不自求多福，而專求以基督之愛心以利他人，基督會帶著我和托給我的羊群，到豐茂的水草之場，我常能歌唱「爾策與爾杖，實令我心休。」

聖伯鐸曾勉勵主教們說：「你們務必要牧放天主已付給你們的羊群，盡監督之職，不是出於不得已，而是甘心誠願。遵行天主的聖意。也不是出於貪卑鄙的利益，而是出於愛心。不是做托付給你們照管者的主宰，而是做群羊的模範。當總司牧基督出現時，你們必領受那

不朽的榮冠。」（伯鐸前書 第五章第二——四節）

聖保祿則勸信友尊敬司牧說：「你們應信服你們的司牧，因爲他們爲了你們的靈魂，常醒寤不寐，好像要代你們交賬的人。你們要使他們喜歡盡此職務，而不哀怨；因爲他們若有哀怨，爲你們決無好處。」（致希伯來人書 第十三章第十七節）

十、羔羊

一、

天主試探亞巴郎，命他祭獻他的獨子依撒格。父子兩人往行祭的山上走，依撒格問說：「看，這裡有火有柴，但是那裡有作全燔祭的羔羊？」他不知道羔羊就是他自己。等到他被捆好，放在祭壇上的木柴上，亞巴郎要動刀時，天主的聲音來了，叫他不要傷害兒子。亞巴郎反身一看，看見一隻公綿羊，兩角被蔓藤纏住，亞巴郎便去牽來那隻羊，代替自己的兒子，獻爲全燔祭。（創世紀 第二十二章）

梅瑟（摩西）以天主的名字，要求埃及王法朗釋放以色列子民，法朗不允，天主最後殺了埃及全國動物的首胎，埃及王的太子也被天使所殺，法朗乃釋放了以色列子民。梅瑟率領他們到曠野暫住，預備進駐巴肋斯坦，建立國家。在曠裡天主吩咐梅瑟制訂了以色列子民的法律和宗教禮規。「上主訓示梅瑟說：『以色列子民中，無論是人是畜牲，凡是開胎首生的，都應該祝聖而歸於我，……凡是長子，你該贖回。』」（出谷紀 第十三章第一節、

第十三節）

「上主訓示梅瑟說：『你告訴亞巴郎和他的兒子（司祭），以及全體以色列子民，凡以色列子民或留住的外方人，如奉獻祭品，不論是還願或是自由奉獻，所奉獻作全燔祭的，公牛，公綿羊，公山羊，都要是無瑕疵的，方蒙上主悅納。凡有殘疾的，你們不應奉獻。』」（肋未紀 第二十二章第十七節）

祭獻牛羊的全燔祭，祇有象徵性的宗教意義，不能洗滌罪惡，僅僅表示人民悔過的心。舊約聖經的先知們以天主的名字，預言將有一位救世主降生，祂將以自己的生命作爲犧牲，代人贖罪，使人類獲得罪赦。先知們稱贖罪的救主爲羔羊，降生前七百五十多年出生的依撒意亞先知，在先知書中第五十三章第七節說：「他受虐待，仍然謙遜忍受，總不開口，如同被牽去待宰的羔羊；又如像母羊在剪毛的人前不出聲，他也同樣不開口。他受了不義的審判而被除掉，有誰懷念他的命運！」

降生前七世紀末葉的耶肋朱亞先知，在先知書中第十一章第十九節說：「我好像一隻馴服被牽去宰殺的羔羊，竟不知道他們對我蓄意謀殺。」

依撒意亞先知並且在先知書中，預先描述救世主受苦情形他說：

「吾主上主開啓了我的耳朵，我沒有違抗，也沒有退避，我將我的背轉給打擊我的人，

把我的臉轉給扯我鬍鬚的人，對於侮辱和唾污，我沒有遮掩我的面。」（依撒意亞 第五十章第五節）

「他在上主前生長如嫩芽，又似生自乾地中的根苗；他沒有俊美，可使我們瞻仰；他沒有儀容，可使我們戀慕。他受盡了侮辱，被人遺棄；他真是個苦人，熟悉苦痛。他好像一個掩面不顧的人，他受盡了侮辱，因而我們都以他不算什麼。然而他所背負的，是我們的疾苦，擔負的，是我們的疼痛。我們好像一群羊都迷失路，奔散四方；但是上主把我們的罪，都加在他身上。（依撒意亞 第五十三章第二——六節）

舊約聖經的聖詠第二十二首，整篇描述救主蒙難之心情。

「主兮主兮，胡爲棄我如遺？發呻吟於危急兮，何惠音之遲遲。朝籲主而不應兮，暮悃悵而無依。……

竇余乃蚓蚯而非人兮，爲萬民所棄而受天下之垢。睹余者皆大施其嘲嗤兮，相與反其唇而搖其首。曰彼既托命於天主兮，應蒙天主之援手。苟爲天主之所寵兮，當見天主之營救。……

健牡紛紛兮，圍我周匝，來自巴珊兮，洶洶相逼。猛如餓獅兮，張口欲食。體渙解兮骨脫。心消融兮如蠟，喉焦如礫兮舌貼齶。身被委棄兮轉溝壑。惡犬環縈兮，群小蜂聚。洞鑿吾之手足兮，骨森森其可數。眾人旁觀兮，咸慶禍之及余。分我外衣兮，鬮我內服。求主勿

我遐棄兮。祈恩佑之神速。……」(吳經熊 聖詠錄義 第二十二首)

救主贖罪,以自身作犧牲,如同祭祀中的羔羊,任人宰殺。

二、

耶穌基督開始傳時,洗者若翰乃天主派遣的前驅,準備以色列人的人心,接納基督的教訓,若翰爲基督作證說:「看,天主的羔羊。」(若望福音 第一音第二十九節)

耶穌基督在遭難以前,自己曾經多次向宗徒們說明祂將被處死。第一次是在斐里伯的凱撒勒境內,當伯鐸表示相信基督爲天主子,耶穌接著說:「祂將必須上耶路撒冷去,要由長老,司祭長和經師們受到許多痛苦,並將被殺,但第三天要復活。」(馬竇福音 第十六章第二十一節)過了不久,在加里肋亞,耶穌又向門徒說:「人子(耶穌自稱)將被交給外邦人手中,他們要殺害他,第三天他必要復活。」(瑪竇福音 第十七章第二十一節)最後一次祂上耶路撒冷,在路上叫十二宗徒到一邊,對他們說:「看,我們上耶路撒冷去,人子要被交給司祭和經師,他們要定他的死罪,且要把他交給外邦人戲弄,鞭打釘死,但第三天他要復活。」(馬竇福音 第二十章第十八節)

耶穌基督在蒙難前一晚，和十二宗徒吃猶太教的途越節晚餐，向十二門徒說：「我實實在在告訴你們，你們中間有一個人要出賣我！」他們非常憂悶，開始各自向祂說：「主，難道是我嗎？」耶穌回答說：「那同我一起把手蘸在盤子中的人要出賣我。人子固然要按照經書對他所預言的去受死；但是那出賣人子的人有禍的！他若是沒有出生，爲他更好。」（馬竇福音 第二十六章第二十一節）

當耶穌被捕時，一個門徒拔劍，砍了大司祭僕人一劍，耶穌對他說：「把你的劍收起來。難道你不知道我可以向天父求援，而祂會立刻調來十二營多的天使嗎？如果我這樣做，聖經上所說，事情必須這樣發生的那些話怎麼能實現呢？」（瑪竇福音 第二十六章第五十二節）

基督知道祂受難，是天父所規定，早已由先知們預言了，祂必須遵行天父的旨意。先被帶到大司祭府，在那裡受審。對所有控告，耶穌默不作聲，大司祭因爲祂聲明是天主子，判了祂該死。

「差役們用布綁住了耶穌的眼，吐口水在他臉上，又用拳頭打他，那些打他耳光的人說：『基督啊！你是個先知，說說看，是誰打你。』」（同上，第五十七節）

次日，清早，被解到羅瑪總督府。總督比拉多審問耶穌，耶穌默不作聲，總督向耶穌說：「你看，他們控告你這許多罪狀，你不答辯嗎？」耶穌仍然一言不發；比拉多非常詫

異。（馬爾谷福音 第十五章第四節）

比拉多聽說耶穌是加里肋亞人，把他送到加里肋亞王希律處，希律很想看耶穌顯個靈跡，因此問了許多問題，可是耶穌一句話都不回答，希律和他的兵士便戲弄他，侮辱他，替他披上一件華麗長袍，送他回到比拉多那裡。（路加福音 第二十三章第九—十一節）

比拉多乃對猶太人說：我在你們面前審問他，都查不出他犯過你們所控告的任何罪狀，連希律也查不出他有罪，把他送回這裡來，可見他沒有甚麼該死的行動。我要叫人鞭打他，然後把他釋放了。（同上，第二十三章第十四—十六節）

「兵士把耶穌帶進總督府的院子裡，集合了全隊。他們給耶穌穿上一件紫色的袍子。又用荊棘編了一頂王冠，給他戴上，然後向他致敬說：『猶太人的王萬歲！』他們又用藤條打他的頭，向他吐口水，跪下來拜他。」（馬爾谷福音 第十五章第十六—十九節）

鞭打了耶穌，戲弄了耶穌，比拉多又對群眾說：「好，我帶他出來，要讓你們知道，我查不出他有甚麼罪名。」於是耶穌出來，戴著荊棘的王冠，披著紫色的長袍，比拉多對他們說：「瞧！這個人」（若望福音 第十九章第四節）

猶太人逼迫比拉多定耶穌死罪：「你釋放他，你就不是凱撒的朋友，誰自命爲王，就是凱撒的敵人，這個人自稱猶太王。」（若望福音 第十九章第十二節）

比拉多定了耶穌死罪，釘在十字架。

耶穌被釘在十字架上，約有三個時辰，臨終托母給門徒若望，向天父哀禱說：「你為何捨棄我！」然後喊說：口渴，最後抬頭說：「一切都完成了」，垂下頭，斷了氣。（若望福音 第十九章第二十五——三十節）

祂向天父交代，所受的救世使命，已完成了；在十字架上祂作了贖罪的羔羊。

三、

聖保祿宗徒說：「你們該懷有基督所懷有的心情。他雖具有天主的性體，並沒有自居和天主同等，卻空虛了自己，取了奴隸的形體，同普通人一樣，降生成人。再又貶損自己，謙卑聽命，以至於被釘死在十字架上。因此，天主便高舉祂在萬有之上，錫賜一名號，超越一切名號，舉凡天上人間以及地下所有生靈，莫不聽名屈膝朝拜，眾口同聲，稱揚耶穌基督為主，而歸光榮於天父。」（斐里伯書 第二章第五節）

新約末篇默示錄，作者若望宗徒描述人類的未來。種種象徵的影像，接二連三地在他眼前顯靈。他描述天上的形像：「我看見天門洞開。……　我看見天上有一個寶座，有一位坐在寶座上……寶座周圍有二十四個座位，上面坐著二十四個長老，……寶座的四邊，有四個活物，身上前後都長滿了眼睛。……他們日夜不停地歌唱：

「聖哉，聖哉，聖哉！
天地萬有之主宰！
無古今無未來，
全能天主永恆在！」

當靈物頌讚致謝坐於寶座之永生者時，二十四老俯伏寶座主前，肅然朝拜永生者，投冠於地上高呼說：

「我主我天主，尊榮權威應歸主，
爾乃造化宰，萬眾之生憑而旨。」

永生者握有宇宙未來的書，沒有天使能開，惟有被殺的羔羊，接過了書，揭開書卷。二十四長老，俯伏羔羊前，奏琴歌唱說：

「誰堪受其書而啓其緘兮，惟爾具斯大德，
爾曾自獻為犧牲兮，流爾寶血；
贖元元於各種各族兮，萬邦重譯；
俾翕然歸返乎天主兮，以成神國；
為王為鐸兮，統御寰域。」（默示錄 第四章、第五章）

被殺之羔羊，由永生者天父接受宇宙未來之書，宇宙的未來在祂的掌握中。在天上祂坐在永生者的旁邊，僅次於永生者天父。天上天使齊聲歡呼：

「普天之下，率土之濱，
咸歸天主，基督是君，
千秋萬歲，統於一尊。」（默示錄 第十一章）

「主天主兮全能，大且奇兮經綸。
爾為君兮萬世，惟爾道兮仁且眞。
孰不寅畏兮大主，孰不頌美兮芳名。

至善兮惟爾，普世兮共欽。」（默示錄 第十五章）

耶穌基督在世時，已經說過，天父把天上地上的一切權柄都交給了祂，世界由祂依照天父的旨意而統治。祂救援了人類，重造了人類，宇宙恢復了原始的意義。祂爲救世，受辱受難，祂由苦痛而到安樂，由羞辱而到光榮。天父願意聖子受苦受辱，基督甘願受苦受辱，都爲了愛惜人類；痛苦羞辱，乃是「愛」的表現，「愛」的象徵，羔羊的稱呼，象徵耶穌基督是我們的救主，又象徵愛的價值。我們遇到痛苦羞辱，可以安心忍受，而且還樂於接受，以表示我們愛基督，同祂一起受苦受辱。又同祂以苦痛而救世，參加祂的救世工程，耶穌基督多次很堅決地說：「誰若願意追隨祂，就要每天背著自己的十字架跟我走。」

「天天的生活，成就我們的願望，如同基督所說背著十字架，跟著祂走。工作的勞累，人際關係的摩擦，環境的變化，壞心人的陷阱，處處都是十字架。同事者的不瞭解，主管者的誤會，好事者的惡言傳述，嫉妒者惡意的毀謗，處處也插上十字架。精神的疲倦、心情的低潮、病痛的打擊，更是加重十字架的重擔。我們想起早上的彌撒，憶到自己同基督作犧牲，我們呼求聖神助一臂之力，使我們的十字架，也成為聖潔的犧牲。」（羅光

生活的修養與境界 第一六二頁）

道家和佛教，以痛苦爲苦，設法逃避。儒家以痛苦爲修養的工具，「孟子曰：故天之將降大任於斯人也，必先苦其心志，勞其筋骨，餓其體膚，空乏其身，行拂亂其所爲，所以動心忍性，增益其所不能。」（告子下）可以幫助人修煉品格。耶穌基督作羔羊代人贖罪，痛苦便成爲愛，成爲救贖。我每天平靜地接受各種不順心的事，安祥地接納病痛和羞辱。抬頭望著釘在十字架的耶穌，靜默地對著祭壇聖體櫃裡的基督，心底處聽到無聲的聲音：「爲愛你死在十字架，爲愛你留在聖體櫃，使你純潔地歸向天父，你有什麼表白你的愛？」我也無聲地在心底處答覆：「望聖神使我成爲你永恆的祭品。」（彌撒經 第三式感恩經）

基督贖罪的成效，是給我們新的神性生命；生命是內在的，是活的，活著同基督一體的生活，同基督一樣受苦，自作犧牲，同基督一起贖罪。

復活了以後，當天在厄瑪烏斯小鎮，顯現給兩個門徒，門徒沒有認出來，祇當祂爲同路旅客，互相談論耶穌被殺的事。耶穌給他們兩個說：「愚昧的人哪！對於先知所說的一切話，你們竟是這樣遲鈍不相信！救主不是必須受這些苦難，然後才進入他的光榮嗎？」他於是從梅瑟和先知們開始，把全部經書所談到他的話，都給他們解釋。（路加福音 第二十四章第二十五節）

一一、君王

「主曰吾已立君於西溫聖山之上兮，君曰吾將宣聖旨於萬方。主曰爾乃吾子兮，誕於今日。」（吳經熊 聖詠譯義 第二首）

天主宣佈立聖子爲王，統治宇宙。

「吾必應爾所求兮，以萬民作爾之基業，普天率土兮，莫非吾兒之宇域。」（同上）

聖詠第二十四首又說：

「嗟爾諸城，矗爾重闉。嗟爾古城，高爾閈閎，殷勤迎納，光榮之君。

榮君伊誰，實維雅偉（天主），萬有之主，煥焉其輝。」

天主在舊約聖經，屢次預言將爲以色列人派來救主，救主爲王，統治寰宇。耶肋來亞先知說：「看時日將到—上主的斷語—我必給達味興起一支正義的苗芽，叫他執政爲王，斷事明智，在地上執行公道正義。在他的日子裡，猶太必獲救，以色列必居享安寧；人將稱他爲

『上主是我們的正義。』」（耶肋米亞先知書 第二十三章第五節）

依撒意亞預言天主派遣救主，作以色列的聖者，牧放以色列子民，上主這樣說：「在愉快的時候，我俯允了你，在救恩的日期，我幫助你。我必保護你，使你作爲人民的盟約，復興國家，分得荒蕪的產業，妳向俘虜說：你們回來罷！向在黑暗裡的人說：你們出來罷。他們將在各路上被牧放，他們的牧場是在一場荒嶺上。他們不餓也不渴。熱風和烈日也不傷害他們，因爲那憐憫他們的率領著他們，引領他們到水泉邊。」（依撒意亞先知書 第四十九章第八—十節）

天主所立的君王，是他的兒子，是以色列的牧人；耶穌基督乃是天主所立的君王。聖詠預先歌頌君王的威儀：

「主建西溫後，風光應無涯，萬民必賓服，百王來覲儀。書此傳後裔，俾加頌雅偉（天主）」（吳經熊 聖詠譯義 第一〇二首）

「吾心之所鐘，膏澤被其身。親手加扶佑，使其永固貞。敵人不得擾，凶逆莫之凌。與彼爲敵者，紛紛必見傾。吾仁與吾義，長與彼爲鄰，使彼賴聖號，頭角得崢嶸。威權及大海，流浴達河濱。向我披心腹，呼我爲慈親。爾乃我金湯，爾爲我恩神。彼乃我冢恩，德威超群君。大維之苗裔，綿綿萬世存。大維之宗室，天地共長春。」（同上，第八十九首）

救世主自達味王族出生，為達味王後裔，瑪竇福音和路加福音記載耶穌族譜，都上索到達味王。達味王宗室萬世常存，王權不衰，乃是象徵的預言，預言耶穌基督的精神統治力，「天地共長春」。

「主必自西溫，授爾以天權，統治爾敵人，子民咸將心境獻其身。佩德以為飾，共熙天與化日。爾稟平旦氣，芳露所滋潤。佑爾之主震霞霹，世之君王被痛擊。」（同上，第一百十首）

先知米該亞還預言了救世主君王將來誕生的地方：「厄弗辣大白冷，你在猶太郡邑中雖是最小的，但是，將由你為我出生一位統治以色列的人，他的來歷源於亙古，遠自永遠的時代。他必卓然屹立，以上主的能力及上主他的天主之名的權威，牧放自己的羊群，他的收穫得安居，因為他必大有權勢，直達地極。他本人將是和平。」（米該亞先知書 第五章第一—四節）

當耶穌誕生，三位賢士從東方來到耶路撒冷尋找這位新生的猶太王，他們往見黑落德王，黑落德詢問司祭長和經師，他們答說猶太王應生在白冷，米該亞先知曾經作了這種預言。（瑪竇福音 第二章第二—四節）

二、

當耶穌基督降生以前，天使來報告瑪利亞說：「看，你將懷孕生子，並要給他起名叫耶穌，他將是偉大的，被稱爲至高者的兒子。上主天主要把他祖先達味王的御座賜給他，他將爲王統治雅各伯族，直到永遠，他的王權沒有終結。」（路加福音　第一章第三十一節）

耶穌受審時，羅瑪總督比拉多向耶穌說：「你是猶太人的君王嗎？」耶穌答覆說：「你問這話是出於你自己，或是聽別人談論到我呢？」比拉多說：「你以爲我是猶太人嗎？是你本國人和司祭長們把你交給我的，你做了什麼事呢？」耶穌說：「我的國不屬於這世界；如果我的國屬於這世界，我的臣民一定爲我戰鬥，使我不致於落在猶太人手裡。不，我的國不屬於這世界。」比拉多說：「那麼，你是王了。」耶穌回答：「我是王，這是你說的。我的使命是爲真理作證，我爲此而生，我爲此來到世上，凡是屬於真理的人一定聽我的話。」（若望福音　第十八章第三十三—三十七節）

耶穌基督被釘在十字架，頭上懸著祂的罪狀：「納匝勒耶穌，猶太人王」。

猶太的長老和司祭長，判耶穌基督死罪，因爲祂自稱天主的兒子。「眾人都說：那末你就是天主子了？耶穌對他們說：『你們說的是，我就是。』他們說：『我們還需要什麼罪證

呢？我們親自從他的口中聽見了。」（路加福音 第二十二章第七十節）

然而這種罪狀，羅瑪總督不會懂得。猶太的長老和司祭長在羅瑪總督前控告耶穌：「你如果釋放這個人，你就不是凱撒的朋友，因爲凡自充爲王的，就是背叛凱撒。」羅瑪總督對他們說：「要我把你們的君王釘死？」司祭長答說：「除了凱撒，我們沒有別的君王。」（若望福音 第十八章第十九節）

猶太人當時有種信念，相信天主所預許的救主，必定是猶太王，他將把猶太民族從亡國的慘劇中拯救出來，恢復達味王的王國。耶穌基督在講道時，絕對避免稱叫自己是救主，一次在耶穌顯靈，以五餅二魚供五千多人吃飽一頓，「衆人見了耶穌所行的靈蹟，就說：這人確實是那要來到世界的先知。耶穌看出了他們要來強迫他，立他爲王，就獨自退避到山裡去了。」（若望福音 第六章第十四節）

默示錄象徵式預言世界終窮以後，重新創造新天地，彰顯正義和平，在世界終窮時，人類有一總結局，耶穌基督將審判整個人類。「那時人子（基督）的標幟將出現天上，地上所有的種族，都要哀號，看見人子身帶威能和光輝乘天上的雲彩降來，他要派遣他的天使，用洪聲的號角，從天的一邊到天的另一邊，由四方召集他的選民。」（瑪竇福音 第二十四章第三十節）

「那時我見新天新地，舊天舊地全過去了，海也不見了。……我聽見巨聲發自寶座說：你看，你看，天主的帷幔降來人世，主將長留人世，世人得爲天主的子民，天主自願作他們的天主。天主必親自拭去人類眼淚。以後不再有死亡，哀悼，悲泣，憂愁，這一些都成了過去。坐在寶座者又說：你看，我已再造了萬物，萬物渙然一新。又說：一切都圓滿了。我是眾妙之妙，眾徼之徼，無始之始，無終之終者。」（默示錄 第二十一章）

三、

在人世間，從原始民族一直到最開化的民族，正義從來沒有完全顯明。雖然有判官有法官，執行正義；但是心懷惡意，蔑視倫理道德的人，多在社會上得勢，欺凌善人。古經舊約的聖詠說：

「我昔未悟道，顚冥將失足，艷彼驕慢徒，
作惡轉膺福，臨終無痛苦，垂老猶矍鑠。
災難不及身，何曾嬰挫辱，佩驕以為飾，
擁暴以為服，麻木焉能仁，腸肥思自濁。

顏厚口如簧，旁人不在目，誇誕凌雲霄，
人寰供浪謔，聖民亦眩惑，薰染於習俗。
意謂主無知，高高何所矚？……
為善而遭殃，何苦自縛束。……
欲探箇中理，枯腸費搜索。嗣蒙主啓牖，
恍然有所覺。欲論世間人，應觀其終局。
小人處順境，所以成其戮。一旦暴風起，
驚呼歸寂寞。……在天惟有主，
在地無他樂。身心雖枯竭，靈魂永有託。
背主必淪亡，哀哉詣不淑。……」（吳經熊 聖詠譯義 第七十三首）

中華民族自古相信「善有善報，惡有惡報」，善惡之報，來自上天，在見惡人得勢，善人受害時，頓憤怒地說：「上天沒有眼睛」！人的真正幸福，不是在外面的享受，是在內心的安寧。孔子說過：「飯疏食；飲水，曲肱而枕之，樂在其中矣。不義而富且貴，於我如浮雲。」（述而）「孟子曰：君子有三樂……仰不愧於天，俯不怍於人，二樂也……」（盡心上）內心的安寧或憂苦，來自生活的善惡，冥冥中主宰內心的善惡報應者，乃是上天，乃是耶穌基督。人類的精神，便是耶穌基督的國度。

人類的歷史，常是善惡相混的歷史。聖奧斯定寫了他的著名歷史哲學書《天主的城》，以人類的歷史，爲善惡的對立，天主雖掌管人類的生活，卻不剝奪人的自由。黑格爾的歷史哲學，也主張歷史是在上帝掌握之中。中國《書經》的歷史哲學，爲「天命歷史觀」，人類的歷史順從上天之命。湯王伐桀，誓師說：「予畏上帝，不敢不正。」（湯誓）武王伐紂，誓師說：「今予發，惟恭行天之罰。」（牧誓）孔子作《春秋》，寫了中國第一本歷史哲學書。《春秋》的歷史哲學爲「倫理史觀」，依倫理的禮規，判定歷史事蹟的意義。倫理的賞罰，則是上天。

我談歷史哲學，望著浩浩的史事，怎樣理出線索？歷史事件雜亂無章，變化詭譎。祇看中國的廿四史，再加上清史稿和民國史資料，是否一切都是偶發事件？作事的人雖先有計劃，史事的計劃是否相連貫？史事的背後，冥冥中有指揮和統制者？

我更相信歷史有天主的亭毒。人是自由的，歷史史事由人自由做作；但是人脫不了天主造物主的掌握。整部的人類歷史，是人類按照本性爭求享受的歷程。人常能把不是享受而看成享受，造成罪惡。每人的善惡，身後自有賞罰。社會的善惡，善事可以存留，惡事必被毀滅。壞制度，惡事業，不能久存。好制度，善事業，後人必加發展。每個人追求享受，有自己的命運；每個國家也有國運。命運和國運，不掌握在人的手中。中國成語說：「謀事在人，成事在天。」

我常獨坐在「牧廬」的小聖堂中，靜對祭壇上的聖體櫃，櫃中供奉耶穌聖體。聖體看來是一麵餅，實則是耶穌。我想耶穌基督掌管我的生命，又掌管全球人的生命，並且掌管整個宇宙；可是一點聲息都聽不見，一絲動作也看不到，一片茫然，一片神祕。但是越神祕的工作，越是無形無聲。我相信聖體內的耶穌基督是宇宙的主宰，是生命的根源，是人類的救主，是信徒的教師，是我們的長兄，祂自作犧牲的羔羊，救贖了我們，祂還繼續牧放我們，然而祂是人類精神的國王。祂不爲統治而爲王，而爲服務而爲王，爲愛而統治。我有信心，我有樂觀；因爲耶穌基督給人類自由的屈折歷史路途，劃了一條走向人類終結的路。在終結時，基督公開人類善惡的報應，作惡者都被擲入火池，行善者則進入新天地。

當耶穌基督被釘在十字架上，臨終斷氣以前說：「一切都完成了。」祂的救世使命完成了。在宇宙終窮，人類受判以後，耶穌基督將說：「一切都圓滿了。」救世的效果已完成了。祂將永遠統治祂的神國，永世無疆。

我坐在牧廬小聖堂中，對著祭壇聖體櫃，手捧聖詠詩章，我吟詠第九十六章：

「我願普天下。向主奏新曲。同聲誦聖名。朝朝詠拯贖。播榮於兆民。宣德於萬族。大主宜大讚。稜威超百神。列邦所供像。無生焉得靈。惟主是真宰。親手設諸天。美德蘊心府。光輝發於前，萬民應感德。歸榮生命淵，頌美且獻珍。咸集主宮庭，聖潔以爲佩。朝拜爾尊君。凡屬血氣倫。孰敢不肅穆。雅瑋御寰宇。舉世蒙仁育。安撫我百姓。乘公行訊鞫。諸天應怡悅。大地當歡騰。滄海洋洋舞。田疇吐芬芳。萬木吟春風，欣欣咸向榮。大主已臨格。將審率土民。真宰樂平章。睿斷公且明。」（吳經熊 聖詠譯義）

翻開新經默示錄書，神飛天上聖城，默示錄說：

「號角七鳴，天上眾音齊作，相和而言曰：
普天之下，率土之濱，
咸歸天主，基督是君，
千秋萬歲，統於一尊。」（默示錄 第十一章第十五節）

默示錄顯出一片玻璃海，那些戰勝了邪惡的人，站在玻璃海濱，拿著天主給他們的豎琴，唱說：

「主，天主兮全能，大且奇兮經綸，
爾為君兮萬世，惟爾道兮仁且眞。

孰不寅畏大主，孰不頌美兮芳名。
至美兮惟爾，普世共欽。
共欽兮何故，睿斷兮彰明。」（默示錄 第十五章第三節）

羅光全書

冊廿四之三

我們的聖母

臺灣學生書局印行

序

在一九五四年我出版一冊《聖母傳》，由香港真理學會出版，後來在台灣由保祿孝女會上智書局再版。

為寫這冊書資料很少，我雖然在羅瑪參考了多種關於聖母行實的書籍，歸根都祇有福音上的片段紀錄。

我寫這冊書，是為供一般信友閱讀，同我寫基督傳一樣，不是作學術著作，但所說都有聖經根據。

近年來，司鐸每日誦禱中文本已經問世，誦禱本中有好幾篇教父們對聖母瑪利亞的證道詞，內容有豐富的神學理論和優美的讚頌。梵蒂岡第二次大公會議的決議文告都譯成了中文，決議文告中的論教會憲章，講論了聖母瑪利亞在教會的地位，從教義上解說清楚明瞭。

我去年底已把增訂的《耶穌基督是誰》出版問世，今年便把《聖母傳》重新改寫，把原有的《聖詠》詩章取消，加入教父們和大公會議的文獻，使讀者從教義上可以認識聖母瑪利亞是誰。她是天主之母，教主之母，教會之母，人類之母。她的地位是我們的中保，是教會的典範，是我們的表率。

這本書文字不多，雖然教父們和大公會議的文獻不容易讀，但全書的文字，則通順暢達，讀後可以增加對聖母的認識和孝心。

羅光序於天母牧盧

一九九四年四月廿五日

我們的聖母

目錄

第一章　天主之母

一、人類原罪

「罪從一個人進入世界，置人於死地；死亡乃臨到了全人類，人人因此都犯了罪。……那麼，因一個人犯罪，衆人都被定罪；同樣的，因一個人的義行，衆人都從罪得到釋放而獲得生命。……正如罪藉著死亡來管轄人類，天主的恩典也藉著公義來統治人類，使我們藉著主耶穌基督而得到永恆的生命」。（羅瑪人書　第三章第二十節—二十一節）

天主創造了宇宙，創造了人，天主自己說：「一切都是好的」。（創世紀　第一章第三十一節）不幸所造的人「亞當」，禁不起考驗，違背了天主的命令，犯了罪。他爲人類原祖，他一個人犯了罪，成了天主的敵對，整個由他出生的人類，都成爲天主的敵對，受罪的管轄，有痛苦，有勞累，有疾病，有死亡。

舊約聖經創世紀記載亞當的罪惡：

伊甸樂園，天暖氣清，百花怒放，群鳥在美葉的茂樹上，悠悠地唱歌。各種的珍禽奇獸，在地面遊戲追逐，河傍的「生命樹」和「知善惡樹」，鮮果滿枝，紅艷奪目。午後，起了一陣涼風，天主下凡，在園中行走，很奇異自己所造的亞當和厄娃，不似往日前來請安。便呼喚說：

「亞當，你在那裡？」

「我聽見你在園中的聲音，我害了怕，因爲我赤身露體，所以我躲在樹叢裡。」——亞當戰慄地答著。

「誰告訴你赤身露體？這一定是你偷吃了不許吃的「知善惡樹」的果子！」

「你給我作伴的女人，摘了果子給我，我不幸吃了。」

天主問厄娃道：

「你爲甚麼摘了果子？」

「是那條蛇騙了我，我才吃了果子！」厄娃低頭對答。

魔鬼曾借了蛇身，纏在「知善惡的」樹上，跟厄娃攀談，說吃了那樹上的果子，不但不會像天主所威嚇的馬上死去，而且會開了眼睛，同天主一般地知道善惡。

天主乃罵蛇道：

「你作了這等惡事，你便在所有的畜牲百獸裡，是最可咒罵的，你將用肚子爬著走，終生吃著土，在你和女人的中間，我要使永有仇隙，你的後類和她的子孫世代為仇，將來一個女人她的後裔要用腳踏碎你的頭顱，你空想咬傷她的腳跟！」

天主又罰厄娃要有懷妊的痛苦，受丈夫的管束，天主也罰亞當，終生要勞力耕作，手足胼胝，汗流滿面，尋食糊口，而且罰他們夫婦既出於土，將來仍舊死化為泥。

伊甸樂園從此關閉了，一位天使，仗著火劍把亞當、厄娃逐出園門。（創世紀 第三章）

人類出現在地球上大約已經有五十萬年，從初民的赤子心腸，漸漸發展私慾，爭奪分裂，族與族鬥，國與國鬥。人類生活的文化愈進步，罪惡的形式愈複雜。「人們充滿各樣的不義、邪惡、貪婪、毒行；也充滿著嫉妒、兇殺、爭鬥、詭詐和陰謀。人們又造謠，彼此毀謗。人們憎恨天主，互相侮辱、傲慢、自誇，多方面惹是生非，不孝敬父母，喪盡良心，言而無信，對別人完全沒有愛心，也沒有同情心。他們知道按照天主的命令，凡做這種事的人是該死的。然而，他們不但自己喜歡這樣做，也喜歡別人這樣做。」（羅瑪人書 第一章第二十九—三十二節）

二、天使報喜

在預定的時候到了，天主派遣自己的聖子，降生人世，代人贖罪，實現所定一個女人的後裔用腳踏破魔鬼的頭。這位女人名叫瑪利亞，是以色列納匝肋人。

納匝肋距耶路撒冷一百四十公里，地屬加里肋亞省，城房簡陋，新經若望福音述說當時人的俗話說：

「從納匝肋能出甚麼好事！」（第一章第四十六節）

瑪利亞就住在這座被人認為不能產出任何好事的小鎮裡。若是意大利洛肋多城(Loreto)今日所有的「聖屋」，真係瑪利亞的舊居，則她的住屋，只是一間黑暗土牆的陋室，方不過三丈。在這間黑暗土牆的陋室裡，一天，上主的天使加俾額爾忽然顯形，很恭敬的問候已經許配若瑟的童貞瑪利亞：

「敬祝萬福！您滿被天主的聖寵，上主常與您同在，在女子中您是幸福可讚美的！」

貞女驟然見到天使，心中已很驚異。聽到他問候的言語，更叫她不安。她一言不發，自己想著這其中必有原委。

天使看出貞女的躊躇，便直呼她的名說：

「瑪利亞，請勿驚疑，您已見寵於上主。因此你將懷孕產生一子，他名叫耶穌，他乃宇宙間最偉大的，將稱爲最尊者的兒子。天主要把達味的王位賜他，他在雅各伯的後裔裡，永享王位，國祚無疆。」

立時明白了，瑪利亞知道這是說的救世主。她許了守貞誓願，不貪想作救世主的母親；如今天主卻正選著她呢？她便問說：

「我（守貞）不接觸男人，這事怎樣能成？」

天主豈能不知道她立有守貞誓願？如今要她作救世主的母親，是否能解除誓願，還是另有途徑？她不敢自己作主，要問傳達天主命令的天使。天使答說：

「聖神將降臨您身，至尊者的德能將庇蔭您。因此您所生的，稱爲天主子，您的表姐依撒伯爾年老荒胎，如今卻已懷孕六個月了，在天主方面，沒有甚麼事件不能成就。」

天主並不解除守貞誓願，瑪利亞立刻想到依撒意亞先知所預言的童女生子，她心中安定了，便俯首承命說：

「我是上主的婢女，那麼就照你所說的話去做罷！」（路加福音 第一章）

天使隱身不見了，瑪利亞卻似見到整個天堂下降。天主聖父的德能，覆蔭了她；天主聖神的神光，透射她身，天主聖子已住在她的胎中，她已成了天主的母親。

聖伯爾納德院長曾熱忱向瑪利亞說：

「貞女，你曾聽說：你將懷孕生子；你也聽說：這件事不是藉著男人，而是藉著天主聖神而完成。天使正等候你的回音：時候已到，他必須回到派遣他的天主那裡去。主母啊！我們也在等候一句同情的話，因爲因罪受刑的宣判重重地壓在我們身上。

現在我們得救的代價已向你提出：你只要同意，我們立刻就會得救。我們是因天主的永遠聖言受造的，現在，我們卻要死：你的短短回音足以使我們獲得再造之恩，而重獲生命。

慈愛的貞女啊！亞當眼裡含著淚，率領他那從樂園被逐出的可憐子孫，一起哀求你的回音；此外，亞巴郎和達味，其他的古聖祖，也就是你的祖先們，也都在同樣的哀求，因爲他們也都住在死亡的陰影裡。其實，整個人類俯伏在你的膝下，都在等候你的答覆。

他們這樣並非沒有理由：因爲苦命者的安慰，俘虜的救贖，受刑者的自由，以及亞當全體子孫，也就是你全體子民的救援，莫不全賴你口中的回音。

貞女啊！求你快快答應；快快答覆天使，最好說，通過天使，快快答覆上主！你答覆一言，你就接納那聖言；因爲你發出你的言，你就懷孕天主之言；你發出短暫之言，你就懷抱永恆之言。

你還拖延什麼？你還懼怕什麼？相信吧！說話吧！接受吧。讓你的謙遜變爲勇敢，願你的羞怯變爲信德，這不是爲了你貞女的純樸而忘掉明智的時刻。明智的貞女！只有在這件事上，你不要怕冒昧從事。因爲靜默中的謹慎固屬可嘉，但是現在你開口講話，表示出你內心的同意，卻更爲重要。萬福貞女啊！請你打開你的心門，接受信德；張開你的嘴唇，讚謝天主；敞開你的胸懷，接受造物主。現在萬國萬民所仰望的那一位，已在外面敲你的門。如果祂因你的遲遲不答而過門不入，你會痛心地再開始尋找祂，因爲祂就是你的靈魂所喜愛的那一位。起來！快去開門吧！你要藉信德起來！你要以熱誠快快前去！你要以你的同意給祂開門。瑪利亞便說：請看，上主的婢女，願照你的話成就在我身上吧！」(一)

三、往訪表姐

受造者成爲創造者的母親，瑪利亞胎中，孕育著宇宙的造物者天主聖言，在全人類的男女人中，那一個可以同她相比。母子同等，天主成了瑪利亞的兒子，瑪利亞成了天主的母親。沒有一個人知道這件奧秘，瑪利亞心中的喜悅，想同一個知心人宣露。她聽了天使的報喜以後，就往「愛因加林」山村去看表姐依撒伯爾。依撒伯爾素不生育，蒙受天主特恩，老年懷了男胎。天使也曾顯現給他的丈夫匝加里亞司祭，報告他們倆老生育男孩的喜事。匝加里亞懷疑不信，被罰暫成啞吧。依撒伯爾已經懷孕男胎，心中喜不自勝，一見瑪利亞來訪，天主聖神光照了她，知道瑪利亞也有了男孕，而且爲至高者之子，她胎中的嬰兒，將爲耶穌的前驅，這時嬰兒在胎中歡迎踴躍，依撒伯爾驚嘆說：

「女子中你是幸福可讚美的。你胎中的美果也是幸福可讚美！我怎麼有這大的幸運，承蒙我上主的母親來訪問呢！剛纔你的聲音一進我耳，我的胎兒歡樂欣舞。你能夠篤信，所以你真有福！上主所許的，終必成功。」

瑪利亞心中充滿喜樂，高聲歡唱，讚美上主天主說：

「吾魂讚上主，中心不勝喜，
感荷救主恩，眷顧及賤婢，
行見後代人，稱我多福祉。
祇緣大能者，向我施靈異，
主名何聖潔，天慈無窮已，
但能懷敬畏，承澤千萬世。
運臂耀神德，傲慢遭摧潰，
王侯被傾覆，卑賤升高位，
飢者飽珍饈，富人赤手退。

扶植以色列，舊恩依然在，
每許我列祖，恩諾終不改，
矜憐亞巴郎，苗裔永見愛。」（路加福音 第一章）

「行見後代人，稱我多福祉」，兩千年後，我們每天誦唸「聖母經」，稱頌瑪利亞，『女中爾爲讚美，爾胎子耶穌並爲讚美』。這種讚美詞乃是無話可說時可說的一句話，對著「天主之母」，我們可以說什麼？我們所說的話，都是人世的話，都是對人世所有事物的話，天主超越人世，爲讚美天主的奧秘，我們沒有相當的話。對瑪利亞，天使和表姐也就祇好說：「在女人中您是可讚美的」，我們也就祇有重覆他們的話！

一個女人，稱爲「天主之母」，真是駭人聽聞！當初期教會在近東因希臘和波斯人的學術流傳開始思考時，出現了多種論調，論說人而天主的救世主基督。其中兩種最偏激，一種說在瑪利亞胎中的耶穌不是真的人，懷孕祇是一種假相，耶穌祇是天主。㈡另一種說瑪利亞所懷孕的是真的人，但不是天主，祇是天主和他同在。㈢兩種偏激論調都不承認耶穌基督是人又是天主，也不承認瑪利亞是天主之母；但是天主教會在厄弗所大公會議決定耶穌基督是真天主又是真人，天主性和人性結成一個「位稱」(Person)，肯定瑪利亞是「天主之母」，會議公佈決定後，信友們結隊舉著火柱遊行，熱烈慶祝。㈣

同時，教宗良第一世，發表證道詞說：

「達味王族中的一位童貞女被選了。她要生一位神聖的兒子，這兒子同時是天主又是人。在她的肉身懷孕之前，她的心靈必須先懷孕祂。由於她還不明瞭天主的計劃，在看到不尋常的現象時可能會吃驚，因此，天使告訴她，在她身上要完成的事是天主聖神的化工。她相信不久將成爲天主之母，但對她的貞潔並無損害。既然天使預許這事由至高者的德能所玉成，她爲何還對貞女懷孕的新奇事而失望呢？她的信德因麗莎日前意外受孕的奇蹟而堅定：因爲天主既然使荒胎的婦女受孕，人就不該懷疑天主也能使一位貞女懷孕生子。

所以，天主聖言、天主、天主子，祂在「太初就與天主同在，萬物是藉祂而造成的；凡受造的，沒有一樣不是藉祂而造成的」，祂爲了從永死中解救人類而降生成人。祂紆尊降貴，取了我們人性的卑賤，但未減少祂的尊威；祂仍然保持祂原有的，同時取了祂以前所沒有的，祂使奴僕的真正性體，跟那與父平等的性體互相結合：祂使這兩種本性如此地密切連結在一起，以致祂的光榮並不破壞低級的人性，所結合的人性也不貶抑高級的天主性。

所以，每種性體所固有的，都保持完整無缺，並在同一位格下彼此結合：尊威取了卑賤，能力取了軟弱，不死不滅取了有死有壞；祂那神聖不可侵犯的天主性結合了可受苦的人性，以清償我們的罪債；真天主與真人在唯一主耶穌身上互相結合。這樣做，是爲了提供治癒我們的一種合適方式：「天主與人之間的唯一而同一的中保」能藉人性而死，也能藉天主性而復活。所以，救主的誕生理當毫無損於童貞女的完整：因爲眞理的降生也是貞潔的保障。

最親愛的弟兄們！這種誕生才適宜於那身爲天主的德能和智慧、耶穌基督：祂藉這種誕生與我們的人性結合。卻仍保留著祂天主性的超越性。假如祂不是眞天主，就不能帶給我們救藥。假如祂不是眞人，就不能爲人表率。

因此，主誕生時，天使們歡唱：『天主在天受光榮』，並報導說：『主愛的人在世享平安。』因爲他們看見天上的耶路撒冷將由普世萬邦所築成。可憐的人類面對天主仁慈的這種不可言喻的工程，應該多麼高興！因爲那具有高貴本性的天使們尚且如此歡欣鼓舞。」(五)

四、地位崇高

我們人更當歡欣鼓舞！捆綁我們的罪惡，因基督給我們的力量可以掙脫。原祖厄娃傳給後代的死亡，因基督的復活開啓我們的永生，基督從貞女瑪利亞而生，瑪利亞乃帶給我們的得救，我們體驗「天主之母」使我們有福，「天主之母」地位崇高。聖安生主教證道說：

「主母、高天、星晨、大地、江河、白天、黑夜、以及屬於人、和對人有益的萬物，都額手稱慶，因爲它們恢復了曾失去的光彩，因了你而獲得重生，並蒙受新穎而無可言喻的恩寵。因爲如果萬物喪失了本性的崇高目的——它們是爲光榮天主並爲服務人群而受造——就好像死了一樣。它們曾受人壓迫，又由於人與受造目的背道而馳的偶像崇拜而貶低身份。現在萬物好像復活了，因而歡欣踴躍。從今以後它們被明認天主的人所掌管，並因對人有用而被美化了。

萬物因蒙受新穎而不可估計的恩惠而高興：它們不僅感到他們的造物主天主，從上面無形地在管理它們，而且更看到天主在它們內以有形的方式，利用它們從事聖化的工作。如此偉大的恩賜都是從可讚頌的瑪利亞的親子而來的。

聖母，因你滿被聖寵，而陰府的人，因得到自由而欣喜；在地上的受造物也因生活的革新而歡樂。在耶穌那使人生活的死亡前，所有去世的義人都歡欣鼓舞，因爲他們賴你榮耀的童貞所生的榮福之子，結束了他們的囚禁，天使們也因他們半毀的城池重告修復而雀躍。

充滿而又超滿聖寵的女子，一切受造物都因接受了你圓滿而洋溢的恩澤，恢復了青春。可讚美的而又超乎可讚美的貞女，一切受造物都因你的祝福而蒙祝福：不僅受造物從它的造物主蒙受降福，而且造物主從祂的受造物也受到讚頌。

天主把生自祂心中的惟一子，就是與祂平等的，且愛之如己的聖子賜給了瑪利亞。祂又藉瑪利亞使祂成爲自己的兒子，不是另一個，而是同一的聖子；這樣，祂按本性說來，同時是天主的兒子，也是瑪利亞的兒子。萬物是天主所創造的，而天主卻從瑪利亞而誕生。天主創造了萬有，而瑪利亞竟生產了天主。天主形成了萬物，竟藉瑪利亞而形成了自己。這樣一來，祂便再造了祂所造生的一切。祂雖然能從虛無中造成萬物，卻不願意不藉瑪利亞而再造被毀的受造物。

所以，天主是一切受造物之父，而瑪利亞卻是一切再造的受造物之母。天主是祂創始的萬物之父，而瑪利亞卻是被救贖的萬物之母。因爲天主生了子，萬物藉祂得以被拯救。天主生了子，沒有祂即一無所有；而瑪利亞卻生了一位，沒有祂絕無好事。

上主的確與你同在：上主賜給你一項恩惠，使整個自然界對你知恩戴德，如同對天主一樣。」㈥

天主聖子降生乃爲救人，使我們得救。沒有「天主之母」，天主聖子不降生，我們豈能得救？「天主之母」爲我們得救的根源，爲我們幸福的水源。

五、恩寵之源

「天主之母」，爲瑪利亞一切特恩的根基，她充滿聖寵，稱爲「義德之鏡」、「上智之座」。既不染原罪，又絕不染本罪。她常有天主同在，教會聖師們常以瑪利亞和厄娃相比較，厄娃聽魔鬼的話牽引男人亞當犯了罪，作了有罪的人類始祖；瑪利亞答覆天使的報喜而懷孕了耶穌，成爲重生的人類之始祖。厄娃受了天主的咒罵，瑪利亞受了天主的祝福，集全人類之寵愛於一身，天主愛她超出整體人類；往古、現今和將來的信徒，愛瑪利亞遠過任何的人。

聖依肋納主教曾作厄娃和瑪利亞的比較：

「主以可見的方式來到自己的領域。那被祂支持的、自己的受造物卻支持了祂。祂在十字聖樹上所表現的服從，除去了另一個人因樂園的樹所犯的背命的罪過。天使給那訂婚的貞女瑪利亞所傳報的真理，抵銷了那用以引誘有夫之婦厄娃的謊言。

原來一如厄娃是受使者的謊言所引誘，而背叛天主，違犯祂的命令；同樣，瑪利亞是由天使傳話聽到喜訊，使她聽話並懷孕了天主。就如厄娃受誘惑而不聽天主的命，瑪利亞是受勸告而服從天主的命。這樣，貞女瑪利亞竟成爲貞女厄娃的辯護人。

基督在自己身上將一切總結在一起，也包括向我們的仇敵宣戰。祂把那當初使我們因亞當而淪爲俘虜者打倒，並以腳跟踏碎他的頭顱，就如在創世紀中天主對蛇所說的：『我要把仇恨放在你和女人，你的後裔和她的後裔之間；她的後裔要踏碎你的頭顱，你要防備他的腳跟。』

從那時起，就有預言說那按亞當的模樣，生於貞女者，要防備蛇的頭顱。祂是女人的後裔。保祿致迦拉達人書中曾提到他，說：『法律及其事功曾訂立，直到所恩許的後裔來到。』

保祿在同一書信裡更清楚地說：『時期一滿，天主就派遣了祂的兒子來，生於女人。』因爲除非那征服敵人的是由女人所生，那種征服就不算公平。因爲敵人當初是藉著一個女人而得到了控制人的權柄，而使自己與人作對。

因此，主承認自己是人子。祂在自己身上恢復了人類的始祖，即所有生自女人之人類的始祖。正如我們人類因一人之失敗而淪於死亡，同樣，我們也因一人之勝利而重獲生命。」

(七)

耶穌基督承認自己是「人子」，即是承認是瑪利亞的兒子，祂祇有瑪利亞的血肉，由聖神的神力使成爲祂的血肉。在星期日主日彌撒聖祭中，我們誦信經，聲明我們的信仰，信經中說：「祂爲我們的得救，從天降下，因聖神受孕，從童貞瑪利亞取得肉軀，而成爲人。」

聖言降生成人，攝取整個的人——靈魂和肉軀同天主性相結合而成耶穌基督，耶穌基督有天主性，有人性，祂是天主又是人。耶穌基督祇是一位。位格因「成全的存在」而成，天主三位的存在，是「互相關係的存在」，聖子生於聖父，聖神發於聖父聖子，「生於」和「發於」，乃是相互的關係。天主三位天主性則是一個，三位乃是三位一體。耶穌基督爲一位，耶穌基督的性則有兩性，天主性是人性，兩位合成一個基督耶穌，是在合一的「存在」，不像附和體附在本體上，即是不像顏色附在物上，而是人性的存在，和天主性的存在，合成一個存在，耶穌基督乃是天主而人，人而天主。

瑪利亞爲耶穌基督的母親，生了人性的耶穌基督，人性的耶穌基督和天主性的耶穌基督，乃是一位。瑪利亞實是耶穌基督之母，便該稱爲「天主之母」，並不是她生了天主，而是她生了耶穌基督，耶穌基督是人而天主。

「天主之母」既然有了實際的關係，她的地位便超出一切受造物以上，她受天主的恩寵，也就超出一切天使和人以上。「天主之母」成了瑪利亞生存的基礎。

我們用司鐸每日頌禱在九月八日聖母誕辰晨禱的讚美詩，讚美聖母：

「光榮的童貞聖母，
你是世海的曉星，

而對你的光輝，
群星甘拜下風。

身為受造物，
卻撫育了造物主，
偉大的奧秘，
震撼人的心靈。
厄娃失落的幸福，
藉你獨子的犧牲，
重新降到人間，
充實信眾的生活。

天國的大道開放，
領人直奔天廷，
普世萬民，
振奮歡騰。

你是上天的大門，
你是和平的途徑，
藉你聖子的救贖，
萬民喜獲永生。」

整個人類因著耶穌基督，被提昇到天主性的地位，超越宇宙萬有。人類受造時，造物主天主立人爲宇宙萬物的主管者，動物植物都受人的管轄。耶穌基督取了人性，成爲人而天主，人的地位高出一切受造物以上，也超越了天使。耶穌基督是男人，說來似乎人類地位是因男人而提升，女人則是附帶而被昇高。然而，有了「天主之母」，耶穌基督由女人而生，生祂的女人瑪利亞乃是「天主之母」，女人的地位便實際而昇高，並不是附帶。在超性的境界，女人的地位不下於男人，男人耶穌基督由女人瑪利亞而生。瑪利亞的地位，崇高無比。

註：

㈠ 聖伯納德院長講道，見司鐸每日頌禱十二月二十日誦讀二。

㈡ 亞里烏Arius曾主張「聖言」不是和聖父同體同性，是聖父所造。教會於三百二五年在尼西亞(Nicea)召集第一次大公會議，決議禁絕。歐提格(Outiche)在先，德阿多洛(Theodonus de Mapruestia)在後，主張耶穌基督祇是天主(Monofiriti)，不是真人。教會於四五一年在加里多尼亞(Calsedo nia)召集大公會議，予以禁絕。

㈢ 聶斯托里(Nestorius)主張耶穌基督祇是人，不是天主。

㈣ 教會於四三一年在厄弗所召集大公會議，予以禁絕。

㈤ 教宗良第一世證道．見司鐸每日頌禱七月十六日頌讀二。

㈥ 聖安生主教講道．見司鐸每日頌禱十二月八日誦讀二。

㈦ 聖依肋納主教講道．見司鐸每日頌禱降臨期第二週星期五誦讀二。

第二章 滿被聖寵

一、無染原罪

這位天主之母女子，出生在巴肋斯坦。她是一個寒門貧女，經傳不載她的家世，不記她出生的年代，另有第二世紀的僞經，雅各伯福音(Proto Evangelium S. J acobi)述說她的身世。僞經上說：

達味王族的後裔若亞敬，娶妻安娜，夫妻兩口到老沒有子女，若亞敬家中富裕，在耶路撒冷聖殿奉獻禮物，多人一倍，司祭長竟拒絕不收，罵他不生後嗣，不配獻禮，若亞敬悲憤填胸，退居曠野四十日，長齋求主，許願若生子女，小時即獻於聖殿。安娜在家，聽到丈夫的遭遇，也守齋祈禱。天主俯允了老夫婦的祈求，賞賜他們一個後嗣。

安娜遂有了妊，若亞敬在聖殿獻羔羊十頭，牛十尾，山羊一百，作爲謝恩祭。懷孕期滿，安娜生了一女孩，取名瑪利亞。週歲時，若亞敬大宴群客，司祭祈禱說：「我們先祖的天主，求祝福這個女孩，錫賜她一個嘉名，傳揚後世」。群客同呼「瑪利亞」。

聖教會不信僞經，但所有的古傳，都載瑪利亞的父母，名叫若亞敬、安娜。新經路加福音述說耶穌的譜系，大約即係瑪利亞的譜系。路加由赫里上溯到達味，再上溯到亞巴郎，再上溯到諾厄，最上溯到亞當。

但是若亞敬和安娜的名字，考據家有人說是兩個假名：「若亞敬」解爲「天主的預備」，安娜解爲「美麗」，這兩個名字用爲象徵救世主的母親的父母。瑪利亞出生的地點，考據家學有四處：納匝肋(Nazareth)，瑟火里(Seforis)，白冷郡(Bethlehem)和耶路撒冷。在一八八三年許多人主張在後兩年，（一八八五年九月八日）舉行瑪利亞誕辰一千九百週年，但因證據不足，教宗沒有接受。

瑪利亞的父母，瑪利亞的生時籍貫，如今都不能確實考證。惟一可信不疑的，是瑪利亞受孕時，不染原罪。

天主向亞當、厄娃，許下有一個女子，她的後裔要踐踏蛇魔的頭。這位踐踏蛇魔頭顱的女子，便不能遭蛇魔的踐踏！古經明明說蛇魔空想咬傷她的腳跟。她因此不染原罪。

這位女子同蛇魔結有世仇，是因她生打敗蛇魔的救世主。打敗蛇魔的救世主是天主；天主的母親豈可遭蛇魔的蹂躪染有罪污？人世的大惡，即是罪污；救世主可免人於罪，必須預先免了自己的母親，成全自己的孝思。

在天主的眼中，沒有時間，未來的一切，全在眼前，救世主殉難救人的大功，預先就能使瑪利亞享受美果，不受亞當、厄娃原罪的沾污。

因此一八五四年十二月八日，教宗庇護第九世正式宣佈瑪利亞在始胎受孕時，不染原罪，定爲教會的教義信條。

過了四年，法國南部偏僻的露德山中，一個女孩子看見一位天女在山洞裡顯形，女孩見了天女多次，乃請問天女的名字。天女舉眼望天，合掌對胸，答說：「我是始孕無罪」。這個始孕無罪的女孩；生下來時，一點不異於凡女，她的父母或許更喜歡生一男孩呢！天主聖三的神眼，卻以這個女嬰孩，勝過千萬的宇宙，美過萬代的人們。她雖然還不知道開口言笑，她心靈的美善，已超過天使和人間的聖人。她是：

「全身美麗，不沾原罪。

以色列之榮，我民之輝。」

亞當、厄娃曾害羞自己是裸身露體。他們的子孫，代代都也羞看自己的身體，如今生了一個不染原罪的女孩，人世纔有一個不以自己爲羞愧的人。瑪利亞的靈魂，一出天主全能的手，滿被聖寵；她的肉體，不帶慾情濁質，靈肉相合，受孕母胎；像是一團明月、不蒙絲雲，像是一明鏡台，不染纖塵。

這個曠古絕今的女子，誕生人世，人類的語言，沒有一句，可以述說這種奇蹟。後代人所知道她取名瑪利亞。「瑪利亞」的意義，解爲「美麗」，解爲「痛苦」，解爲「光明」，解爲「太太」，解爲「天主所寵」，解爲「海上北斗」。

美麗，光明，痛苦，太太，天主所寵，海上北斗，都是「瑪利亞」的含義。

天主造了亞當、厄娃，一男一女，心靈純潔，不染情慾，赤身裸體，樸素無邪。違了天主的命以後，卻視裸體羞恥，邪念蔽心。千萬年的後代，都有罪惡的感觸。瑪利亞受孕母胎，她具有亞當、厄娃受造時的純潔，是人類的唯一明星，光燦不掩，天主救世的計劃，預定聖子降生的母親，懷孕聖子的天主性，必應清明純潔，不染亞當厄娃的罪污。她的兒子耶穌基督爲人而天主，基督的人性因天主性而聖化，祂的腳壓碎魔鬼的頭，魔鬼空想咬瑪利亞的腳根。

二、童年奉獻聖殿

在猶太民族中，有一種傳統：把小孩奉獻於天主，幼童小孩離開家庭，住在聖殿的庭院裡，學習聖經，誦讀聖詠，日常專做聖殿的工作，按時參加司祭的祈禱。舊約古經「撒慕爾紀」記載撒慕爾孩提時被父母奉獻於天主。「撒慕爾的母親亞納素不生育，乃苦求天主。上主也紀念了她；亞納就懷了孕，生了一個兒子，給他起名叫撒慕厄爾。……斷乳後，她便帶著小孩來到史羅上主的聖殿，把他獻於上主，他一生是屬於上主的，亞納便把他留在上主那裡。」（撒慕爾紀 第一章—第二章）

新經路加福音記載：「又有一位女先知亞納，是阿協爾支派法奴耳的女兒，已長了年紀。她出閣後，與丈夫同居了七年，以後就守寡，直到八十四歲。她齋戒祈禱，晝夜事奉天主，總不離開聖殿。」（路加福音 第二章第三十六節）

僞經雅各伯福音第七章敘述說：

「至聖童女滿了兩歲，父親若亞敬向母親安娜（亞納）說：我們帶我們的女兒到聖殿去，還我們先前所許的願罷！安娜答說：這太快了，等她滿三歲，免得她在那邊哭找她的父母。若亞敬說：很好，等她三週歲纔去。三歲滿後，父母帶她往聖殿把她托給司祭長，請他看管，托他教養。」

僞經不可信，僞經所述的這樁事實，乃是可信的。若亞敬和安娜是老年得一女兒，倆人都自知在世的年數不會多久，女兒的照顧，當托給可靠的人，猶太既有托子女給司祭長的傳統，他們當然想到把女孩瑪利亞奉獻於聖殿。教會從古代已經有了瑪利亞獻於聖殿的紀念節，是在十一月廿一日。在教會的禮儀書上解釋說：「在公元五四三年的今天，耶路撒冷聖殿附近的一座聖母堂，舉行奉獻禮；同時在這一天，我們偕同東方禮儀的教友一起慶祝；另一奉獻，即瑪利亞在聖神的舉動下，自童年時期就獻身於天主，她在始孕無玷時就充滿了聖神的聖寵。」（見每日彌撒經本和每日頌禱本）

天主揀選了瑪利亞作天主聖子降生的母親，她的心從小孩就該歸向天主，天主又使她不染原罪，心中沒有偏情，不貪戀人世的享受。聖殿實在是瑪利亞的適當安身處。在聖殿她幼稚的身體，日漸成長，她聰明的智慧日常習於聖經，司祭和經師每天教她背誦聖經的故事，熟讀聖經的歌詠。聖殿是天主的聖地，每天宰殺牛羊，祭祀上主；每天七次，按時頌唱聖詠詩章。瑪利亞從小生活在天主的敬禮中，心靈在幼年已經常在天上。她是活在地上，但一出生就一直心向天上。教會有不少神學家主張瑪利亞有「天賜的智慧」。㈠天賜的智慧，不一定必要；但是原罪的三大流毒：慾情的混亂，理智的昏迷，身體的疾病，瑪利亞一定免除而不有。她心靈清淨，理智明朗，身體康健；她的年歲繼續成長，她的一生，如同中國四書的《中庸》所說：「唯天下至聖爲能聰明睿智，足以有臨也；寬裕溫柔，足以有容也；發強剛毅，足以有執也；齊莊中正，足以有敬也；文理密察，足以有別也。溥博淵泉，而時出之；溥博如天，淵泉如淵。」（第三十一章）瑪利亞不是爲人世事物而活，而是爲天主而活，她一生是爲天主聖子耶穌基督而活。

《聖詠》一書，常在她的手裡。遠祖達味和後代詩人所寫的聖歌，成了她每天歌讚天主的言語，尤其是歌詠救世主的詩章，感動她的心情。瑪利亞的宗教心，不能下於忠良的猶太人。。忠良的猶太人，當日都切望著救世主。

古經的依撒意亞先知書，篇章裡多預言救世主將來的行動，先知預先見到了救世主的神威，也預先見到救世主的痛苦。瑪利亞深深體會這些預言的意義。在天主的聖意裡，她已是選定的救世主的母親，天主便早日光照她，使她透澈古經講述救主的預言。

三、率世童貞

可是瑪利亞從沒有想自己將作救世主的生母！猶太族的女子，個個都希望救世主是自己的子孫，猶太族的女子，誰也不願守貞不嫁。其他各族的猶太女子，也都以嫁夫爲榮。沒有丈夫，沒有子嗣；猶太的女子引爲大恥，終生痛哭。依弗大的獨女，因著父親所許的得勝誓願，守貞不嫁，她要求了父親許她兩個月，偕著同伴，上山哀哭自己的童貞，後代的猶太女子，每年也有四天，哭弔這個女子的不幸。

瑪利亞無染原罪，心內沒有絲毫慾情的衝動。她的肉體，如同亞當、厄娃在原罪以前沒有肉感。瑪利亞的感情，完全服從理智的指導。

聖保祿宗徒曾指示信友看重守貞的高貴：

「每一個人的生活應該按照主的恩賜，並且符合天主呼召他的目的。這是我教導各教會的原則。那受割禮後接受呼召的人不必除掉割禮的印記；那接受呼召時未受割禮的人也用不著受割禮。因爲受不受割禮都算不了甚麼；重要的是服從天主的命令。每一個人應該保持蒙召時的身份。弟兄們，你們每一個人，在天主面前，都要保持蒙召時的身份。

關於獨身的問題，我沒有從主那裡得到甚麼指示。但是我蒙天主憐憫，成爲可信託的人。我就以這樣的身份向各位提供我的意見……

我希望你們無所掛慮。沒有結婚的人是專心以主的事爲念，因爲他想討主的喜悅。結了婚的人所關心的是世上的事；因爲他要取悅自己的妻子，難免分心。沒有丈夫和守獨身的女人所關心的是主的工作，因爲她願意奉獻自己的身體和心靈。結了婚的女人所關心的是世上的事，因爲她要取悅自己的丈夫。

我這樣說是要幫助你們，不是要限制你們。我要你們做得對，做得合適，並且爲主的工作完全奉獻自己，毫無保留。」—（格林多前書 第七章第十九節—三十五節）

天主既這樣使聖保祿宗徒明白守貞的高貴，難道祂不可以啓示瑪利亞守貞嗎？「天賜的智識」雖不必有，但在重要的事上，天主一定賜予瑪利亞應有的智識。

「奧斯定根據路加福音第一章三十四節：「我不認識（不接納）男子」以為瑪利亞在領報以前已經發了永遠守貞的願。有些神學家認為瑪利亞也許祇決定永遠守貞，並沒有發願。但從古以來大多數神學家都與奧斯定採取同樣的看法。可是現在天主教的神學家漸漸放棄了以上的看法。因為『我不認識男子』不必解釋為瑪利亞已經發了永遠守貞願。瑪利亞已經許配給若瑟的事實與守貞不能合理並存，而且守貞並不是猶太人的理想，猶太人很重視婚姻，瑪利亞也是一個猶太女子，所以說她在領報以前已經發守貞願，與猶太人的精神與習慣不合。」(二)

奧斯定的主張是正確的，天使來報時，沒有指定天主聖子降生的時間，瑪利亞既已許配，若沒有終身守貞的許諾或誓願，她便可以同若瑟度婚姻的生活，何必又向天使說：「我不認識男人」？這表示現在和將來不接納男人；天使又何必保證她將因聖神的大能而懷孕呢？不必說瑪利亞發了願，但必有終身守貞的許諾。若說守貞許諾和同若瑟訂婚不能合理並存，則教會自古到今深信瑪利亞事實上終身守貞，豈不是也不能合理並存嗎？教會稱呼瑪利亞「卒世童貞瑪利亞」，更聲明瑪利亞產前，產時，產後，都是童貞；若是在領報以前，沒有終身守貞的許諾，這種事實就沒有合理的解釋。至於說瑪利亞也是一個猶太女子，許諾守貞不合猶太女子的精神和習慣，這些神學者忘記了，或者是有心不想，瑪利亞是天主聖父選爲天主聖言之母，特賜她始胎不染原罪，守貞按聖保祿所說爲高尙的美德，高於婚姻生活，難道不能啓示瑪利亞童年就許諾守貞嗎？若說這不合普通情理，把神祕攙入通常生活內，瑪利亞和耶穌基督就是不完全和普通人一樣，耶穌是人又是天主，瑪利亞是女子又是天主之母。聖若望宗徒說在耶穌身上，一切圓滿的天主性，聖路加聖史記載天使說瑪利亞充滿天主的聖寵；這一切都是神祕，都是超性。現在天主教的神學者不要忘記天主聖言降生救世，爲神祕及超性的奧妙，不可用理性知識去解釋一切。

聖誕節的第八日，元月一日，天主之母節，每日頌禱經本的「誦讀」一，對答詠說：

「童貞瑪利亞，你真有福氣，因爲你所懷抱的，是世界的創造者；你生了那創造你的天主，卻永遠保持了你的童貞。」

一個女子是天主所造，她卻生了那創造她的天主，成爲天主之母；這不是神妙事中最奇妙的事嗎？成功這最神妙的事，天主當然用最神妙的方法，每日頌禱經本元月一日的第一晚禱之對經三說：

「梅瑟看見的焚而不毀的荊棘叢，是你保全童貞的標記，令人讚頌不止，天主聖母，求你爲我們轉求。」

荊棘著火燃燒發光，卻不焚燬，梅瑟看得很奇怪，想去察看。天主從荊棘中說：「你莫不要來，我在這裡，這是聖地，你脫下鞋子。」梅瑟脫去腳上的鞋子，俯首至地。聖教會告訴我們這焚而不燬的荊棘，像徵瑪利亞生育耶穌而不損童身，因爲所生的是天主聖子。教會稱呼瑪利亞爲『無損之母』。

瑪利亞無沒原罪，又不染本罪，她是「至潔之母」，好比一尊水晶座像，全像透明，通體光亮，沒有一絲黑紋，沒有一點雜斑；她的靈魂，純潔明淨。

瑪利亞終身童貞，身體無玷，稱爲『無玷之母』，至潔至貞，稱爲『至貞之母』。

每日頌禱的元月一日晨禱對經三說：

「孕婦生了名叫『永恆』的君王，她兼有童貞女的榮譽，又獲得做母親的喜樂；前不見古人，後不見來者。阿肋路亞」。

我們同教會異口同聲，唱元月一日晨禱讚美詩：

「至聖瑪利亞，
天主忠婢，
充滿主的恩寵，

將救主帶給人類，
永遠為童貞聖母。

母親的榮耀，
母親的喜樂，
信眾的希望永不滅，
恩寵滿天下
人間有救主。」

瑪利亞的童貞，在分娩時爲童貞，「我們應該承認天主之母瑪利亞所領受的聖寵，使得她整個的存在，都起了超自然的變化。因此，就連在肉體上也使她的生產有了一種超性的特徵。」㈢瑪利亞卒世童貞，不僅指身體守貞，又指示瑪利亞的心和愛，完全歸於天主，沒有分於任何人。瑪利亞愛天主和一般人不同，她愛天主還有母親對兒子的愛。她在天使來報以前，她全心愛天主，像天使愛天主一樣，領報以後，天主聖子在她胎中，她愛天主，就有母親愛胎中兒子的愛了。她愛天主的愛是唯一的，她的心更不分於任何世人世物了。她的愛情對於天主乃是純潔的，全部的，永久的。因此，乃稱爲「卒世童貞」。

註：

(一) 關於聖母有「天賜智識」(神學家分成兩派：一派主張聖母受孕母胎，即得「天賜智識」天賜智識的範圍，限於聖母應該知道的各種超性和本性的事理，這派學著有S. Albertus M., S. Antonius, S. Franciscus Salesius, Suarez Vega, S. Alphonsus, Terrien, Gariguet, Hogon, Derk, Parente, Roschini……。第二派主張聖母，自受孕母親，間而得有「天賜智識」，然因聖母理智器官完全，理智力也就高於一切的人，這派學者有S. Thomas, Lepicien, Campana, Dourehe, Van No ort, Melkelbach參考Gabriele Roschini, Mariologia, V. 3(1942)P. 240-250;E milio Campana, Marianel Dogma, (1932)P. 652-660。

(二) 溫保祿編輯　教主之母瑪利亞　頁四十一　光啓出版社。

(三) 同上，頁六十四。

第三章　救主之母

一、許配若瑟

瑪利亞幼時，不知在那一年，父母雙亡，她成了遺產的繼承人，僞經雖誇張她父母的富豪，然而聖經則述耶穌生時的貧寒。瑪利亞所得的遺產，必不富裕。

獨女繼承父產，按猶太法律應擇嫁本族男子，瑪利亞應該出嫁！她乃許配若瑟。

僞經乃大事渲染，幼想許配時的奇景。瑪利亞年滿十二，司祭長召集司祭們商議她的許配，議定由司祭長進入至聖聖所，請求天主啓示。司祭長入至聖聖所，天使顯現，命他召集猶太的鰥夫，每人攜帶木棍一根，木棍能顯奇蹟者，選作瑪利亞的配夫，司祭長遣派使者，走遍全國，以天使的話，傳告眾人，猶太的鰥夫們都攜棍進京，有一人名若瑟，年已八十，曾娶妻生子，妻已亡故，他也遵命進耶路撒冷。司祭長收集鰥夫們的木棍置在聖殿祭壇前，祈禱畢，檢看木棍，根根枯乾，沒有靈異，檢到最後一棍時，棍中飛出白鴿一隻，落在若瑟頭頂。棍端又忽開鮮花。司祭長乃命若瑟娶瑪利亞爲配。若瑟堅辭，說自己年歲已高，膝下

又有子孫，不能娶瑪利亞，一個十二歲的小女，司祭長告以天主所命。若瑟無法可辭，應許成婚。(一)

若是訂婚，有這樣的神奇；那還不能不訂婚嗎？天主對於十二齡少女，顯這等的奇蹟；瑪利亞還不可說明已許誓天主，守貞不嫁嗎？

瑪利亞的訂婚，必不異乎通常的猶太女子。她按照當地習俗，許配了男人。

猶太女子許配男人，約在十二歲到十五歲的年齡。先由男家和女家的父母，互相同意，然後講定女子的陪嫁金，擇期訂婚，訂婚時，訂婚男女，男家女家的父母，再加證人數人，聚會於女家。訂婚男子交給訂婚女子金戒一只，或他種首飾，向她說：

「按照梅瑟的法律，你因此成我的訂婚妻」。

若是訂婚人沒有父母，近親長者，代爲主持。(二)

瑪利亞的訂婚，由近親的長者主持。長者物色了同族人若瑟，瑪利亞同意，便擇期訂立了婚約，若瑟交給她一項訂婚首飾。

猶太人訂了婚，男女雙方，尚有一年不同居，等著結婚，但互相過從，有如夫婦。女子懷妊，家人以爲善事，若有外遇，罪同姦婦，應受亂石擊斃。

同族人若瑟，聖經上載明他的譜系，稱他是個義人。若瑟的生父名雅各伯，承繼父爲赫里。聖經又載他是個木匠。一個巴肋斯坦的木匠，作工謀生，家中不能有多的積產。耶穌生後，靠著若瑟作工鞠養，若瑟應是年壯力強。不能是八十餘歲的老翁！而且後來深夜擕家逃奔埃及，更不是八十多歲的老父，可以幹的差使，初世紀的若瑟像，多是壯年無鬚。第五世紀以後，若瑟纔成了蒼顏白髮的老者。㈢

編寫僞經的人，幻想著一位蒼顏白髮的老人，作爲瑪利亞的未婚夫，可以保證她的守貞誓願。可是當瑪利亞生耶穌時，他的丈夫，若是一個八十餘歲的老翁，人家不是要疑她私生子嗎？聖經卻明明說：人家都呼耶穌爲若瑟的兒子，則在外人看來，成婚時，若瑟是可以生子的年齡。

守貞誓願的保全，不在年齡，在於聖德。若瑟稱爲「義人」，義人是一位諸德全備的人。「諸德全備」比較「耄耋」更可保證瑪利亞的貞操。

既守童貞，瑪利亞何必又訂婚呢？

誓願守貞，是她一己的私意，擇配訂婚，是法律的條文；私人的誓願，不能廢除國家的法律。

在天主的計劃裡，瑪利亞是救世主選定的母親，不嫁生子，雖是由於天主聖神的德能，在猶太人眼中，逃不了犯姦生子的罪名，要遭刑法的處治。天主當然能夠顯靈顯異，證明瑪利亞的清白，然而怎麼相合天主聖子「隱跡匿形，情同凡人」的原則呢？㈣

天主聖意不願顯靈，叫瑪利亞可以不守梅瑟法律。瑪利亞「滿被聖寵」，不以私意而違天主所定的法令，她心中不焦急失望，她深信天主若要她守貞，嫁後也能保全她童貞無玷。

(五)

二、出嫁若瑟

她懷孕已到第四月，身外已略顯形跡，在納匝肋人的眼中，事情平常不足為怪，但在若瑟的眼中，事情就很奇異了。他沒有聽說加俾額爾所報的秘密，又沒有陪瑪利亞到愛因加林去，瑪利亞在表姐家住了三個月，回來，身上竟懷了孕！

瑪利亞從表姐家動身時，早已想到若瑟的疑慮，或者也同依撒伯爾談起。可是怎能把天使所報的話告訴人呢？自己說童身受孕，不由於人，但是若沒有天使作證，不是等於空話麼？她一路輾轉思索，到家時果不出所料，立刻見到若瑟的疑心，她願意解疑，又沒法解疑。她心中自己憂愁，又替若瑟憂愁，真是愁腸九屈，愈解愈緊，但是她一心信賴天主。

若瑟居心正直，為一仁者君子，他知道瑪利亞德品幽嫻，必不能有所失德，但或者能夠是在旅途失身於強暴。他雖是正人君子，不敢懷疑未婚妻的貞操，可是也不敢違背法律。

梅瑟的法律說：

「在許配的女子身上，若沒有找到貞潔的證據，人們就應該將少女拉到她父家門口，本城的人應用石頭將她打死；因爲她在以色列民中做了醜事，竟在她父家行淫。……但是，如有人在田間，遇著一個已許配與人的處女，就用力抓住她，強與她同睡，只該將強與她同睡的男子處死，但對少女你不應有任何處分，她並沒有犯死罪。」

若瑟不敢告發瑪利亞在父家行淫，然而也不能證明她在田間受辱，但又不能和身已懷孕的許配女子結婚，不然將要和她同罪。聖經瑪竇福音說：

「配夫若瑟，是個仁者；不忍公開地告發她，只想私地給她休書。」（瑪竇福音 第一章第十九節）

私地寫下休書，解除婚約，㈥若瑟不娶瑪利亞，也不告發瑪利亞。在納匝肋人眼中，瑪利亞仍舊可以不受恥辱。

瑪利亞隱居自己家中，她在猜想若瑟可取的主意，她知道若瑟必不肯與她成婚，在同鎮的人中，她將受人恥笑。然而她有什麼辦法呢？她只能一心等候天主的處置。有了天主的處置，一切事都好了。她心中默想《聖詠》的歌詞：

「主乃我之牧，所需百無憂。

令我草上憩，引我澤畔游。
吾魂得復蘇，仁育一何周。
更為聖名故，率我正道由。
雖經陰谷裡，主在我何愁。
爾策與爾杖，實令我心休。……」(七)

天主自己來處置了，解除了兩方的疑難！

若瑟好幾夜沒有能夠闔上眼，在床上輾轉反側，他的愛情受了打擊，而且又想不著一條合理的出路，最後決定了私地寫休書。他自覺無愧於心，決定了以後，心頭倒是輕鬆了；幾天幾夜的疲勞，使他竟一睡入夢。

夢中看見上主的天使，似夢非夢，似實非實。天使告訴他說：

「達味的後裔，若瑟，你不必怕取瑪利亞爲妻。她胎中所懷孕的，來自聖神。她將生一子，你給他取名叫耶穌。他要把百姓從罪中救出來。這都是爲應驗先知所預言的：將有一位貞女懷孕生子，給他起名叫厄瑪奴耳：解爲天主與我們同在。」（瑪竇福音 第一章第二十節）

天使說完就不見了，若瑟睜眼醒來，登時心中豁然明朗了。天大的秘密，他怎麼能夠知道呢？幸虧沒有懷疑瑪利亞的失德，更幸而沒有去告發。若瑟起身，感謝天主：

「感謝洪恩，歌頌至尊，
此事洵美，怡悅心魂。
朝誦爾仁，暮詠爾信。
撫我十絃，寄我幽韻。
締觀大猷，令我心醉。
心醉如何，歡歌不已。
功德浩浩，不可思議。
聖衷淵淵，經天緯地。
豈彼冥頑，所能領會……」(八)

他自己真是一個冥頑，不領會天主淵淵的聖衷大猷，祖先們世代盼望的救世主，已經無聲的降到世上，而且就在他未婚妻的胎中，他自己卻是百疑千慮，要給她休書！若是天使沒有囑咐，不必怕娶瑪利亞爲妻；他如今反不敢娶瑪利亞爲妻了。救世主的母親，因聖神而有孕，豈可以拿她作自己的妻子？但是天使傳了天主的聖旨，命他完娶；他便感到「此事洵美，怡悅心魂」。然而天主尊重了瑪利亞的童身，使她因聖神之力而有孕，且懷有天主之子；他一個微賤的若瑟，雖有天主的明令，娶瑪利亞爲妻，他豈敢破損她的童身？豈敢使天主之母，再作通常的婦女？豈敢使天主之子，有人之子作兄弟姐妹？他於是決定遵命結婚，自守貞潔。

次日天明，瑪利亞看見若瑟來到她家，臉上退了前幾天的憂疑，滿面笑容，外表恭肅，她知道天主已洩露了自己的秘密，若瑟已經和依撒伯爾、匝加利亞一樣，是一位歌頌救世主的信徒了。兩人便議定了結婚的日期，通知各自的親友。

迎親日，按照猶太的婚禮，新婦行了沐浴，身著白袍，頭披白紗，頂束花冠。幾個女友持燈作伴，等候新郎。新郎招請親友，著禮服，薄暮排隊迎親。抵女家，登樓，偕新婦共立在華蓋下。女家家長，持新婦右手，置新郎右手上，誦念祝福經文。一位長者舉杯祝福。新郎乾飲了祝福杯中的酒，擲杯於地，立誓說：碎杯不可收，婚約也永不可廢。遂立婚約。引新婦下樓，親友護送，鼓吹手沿路吹號打鼓。到男家，共入筵席，酒畢，男家家長誦祝福新婚夫婦的經文，新婚夫婦進入洞房。(九)

若瑟和瑪利亞被親友送入房中，兩人單獨相對，共同誦念《聖詠》，感謝天主選了他們的家庭，作自己的住宅。

三、誕生耶穌

一天晚晌，瑪利亞和若瑟寄宿在白冷城外的一個山洞裡。

白冷城處在耶路撒冷南面九公里，是一座兩千居民的小城，這時城裡滿了各方的來客，旅舍都擁擠不堪，旅舍的來客們，把舖蓋排在一個天井的走廊下，把驢子駱駝牽在天井裡，大家從天井的井中汲水洗面。旅舍裡是一片獸鳴，一片人語。畜牲喊著水喝，人們則怒罵羅馬皇奧古斯都的賣弄權勢，詔令猶太人返回本家報名登籍。

達味族的猶太人都從各地趕回白冷，若瑟和瑪利亞由納匝肋走來，白冷的本族人誰用青眼接待這對窮夫妻呢？各家都說已有來客，家無餘地。

城中的旅舍，就是天井的走廊，走廊的柱間，有幾間短牆的私室。這些私室，是租給有錢的富客的！走廊下或者可以擠出一席的空地，但是瑪利亞不能雜居在這樣人畜雜沓的地方！她是已經到了分娩的時期。

若瑟引著瑪利亞走出城外，白天的炎熱已經消散了，身上覺到一陣清涼，天上有明潔的星月，週圍一片靜寂，路傍不時有一點燈光，那是一家遠客，寄宿在一口山洞裡。

路傍的山洞，洞口接著大路，洞內寬敞，夜間關鎖驢馬牛羊，靠壁一個石槽，槽裡置草置水，洞上一屋，屋僅一房，由洞口石梯登屋，屋內住著石洞的主人。若逢夜間牛羊欄柵山上，山洞空曠，可供遠來孤旅的寄宿。若瑟叩了幾家山洞主人的家門，一家人讓出自己的山洞。(十)

若瑟打開行李，取出鋪蓋，瑪利亞打掃一角乾淨地，鋪好了毯氈。她從包裹裡檢出嬰孩用的襁褓，在納匝肋家居時，聚精會神，她自己縫了這些小衣裳，一針線，一絲愛，密密縫著天主聖子身上衣！

好幾天的步行，精疲力倦，但是心中的期待，不容他們闔眼。他們一同念著《聖詠》，等待降生的聖子。十月懷孕的生活，每天覺得胎兒和她結合更密切，和她更是氣息相通，離分娩的時期越近，心中的期待越熱切，她切望看著聖子的面容，切望能夠手摸他的四肢。

天使來報後，天主的神能，使她童身受孕，不失童身的貞操。聖子的誕生，也用自己的神能，出離母胎，不損母身的童身。日後他自死中復活後，不是穿房入室，不開門窗嗎？

聖子誕生了，瑪利亞親手包裹。她密密縫的針線，如今穿在聖子的身上了。若瑟刷清了山洞的石槽，槽裡墊著乾淨的馬草，瑪利亞抱起聖嬰，放在石槽裡，兩人俯首下拜。

天主的天使，忽然顯現空中。山上的牧童們，把羊關在欄柵裡，三五成群，坐在地上談天，口中唱著山歌。驀地看見天空中，異光四射，光中有白衣飛騰的天使，他們戰慄恐懼，忙著屈膝下跪，叩頭下拜。空中有聲音說：

「你們不要害怕，我來給你們報告喜訊，救世主基利斯督，剛纔誕生在達味的故鄉，你們看見一個襁褓裹體，臥在馬槽的嬰兒，便是。」

牧童們抬起頭一看，天空的光明更明朗了，光中的白衣天使，成群結隊，妙聲歌唱：

「天主受享榮福於天！

良人受享太平於地。」（路加福音 第二章）

光耀炫目，妙聲悅耳，牧童們從沒有看見過這等妙景，睜眼張目，看得出神。天使們漸漸向天空高飛，光明漸漸減少，歌聲越離越遠。後來只見到天邊極遠處一線白光了，末後，天空又只是每夜常見的星辰月亮。牧童們還仰首望著，像是等著天使再下降天空。

「我們還等著甚麼呢？——牧童裡一個年歲較輕的喊說——我們照著上主所告訴的，我們往白冷去罷！」

「我們去罷！——牧童們大家都應和著，——我們去看看上主所說的奇妙。」

救世主既臥在馬槽裡，一定不在白冷城內。是生在城外山洞裡。城外的山洞，他們都知道清楚，便挨次一個一個山洞裡尋去。

瑪利亞被一陣步履聲驚動了，若瑟連忙起身走到洞口，將洞門打開，牧童們一見洞內，油燈照著臥在馬槽的嬰孩，便端肅地魚貫進洞，伏地叩拜。

瑪利亞一喜一驚，怎麼這班誠樸的牧童，知道了救世主的秘密呢？牧童們圍坐洞中，向瑪利亞若瑟述說剛纔天使報訊的奇景。

牧童們的歌聲漸遠漸微，瑪利亞凝視著馬槽裡的聖嬰，「天主享榮福，良人享和平。」天地因著他，重歸於好。她想到依撒意亞先知的預言：

「有一個嬰孩為我們誕生，有一個兒子賜給了我們，他的名字要叫：神奇的謀士，強有力的天主，永遠之父，和平之王。」（依撒意亞先知書 第九章第五節）

第一批享到和平的人，卻是沒有知識的窮牧童。這個嬰孩，先知說：

「他的王權偉大，他的和平無限。他將坐在達味的御座上，作達味的國王，用正義公平，鞏固王位。」（同上，第六節）

他卻生在野外的牛羊洞裡，達味故鄉有錢有勢的人，都不願收留他，瑪利亞看著聖嬰，明白了他一生的途逕。

四、聖殿取潔

牧童們回去了，向鄰居講述夜間所見的奇事。第二天白冷人有的也來山洞探視。一個可愛的新生嬰孩，生在洞裡，受濕受冷！好心人們請瑪利亞、若瑟帶著嬰孩搬到他們家中。瑪利亞謝了他們的好意，仍舊留住山洞。

生後八天，若瑟按照古法，給嬰孩行割損禮。天主從前和亞巴郎立過誓約，使他的後嗣繁榮。立約的標記，就是要「你們族中代代的男子，生下第八日，都要受割損禮。……我立約標記，刻在你們肉體上，萬世不渝。」（創世紀 第十七章第十二—十三節）

鄰近的人，和那夜曾到山洞的牧童們，都來參加割損禮。若瑟取刀割傷嬰孩肉體，鮮血滴滴。瑪利亞包好嬰孩的傷口，把嬰孩抱在懷中。這個嬰孩完全是她的，然而更完全是天主的。割損禮表示受割的人，屬於天主的子民。這種意義在這個嬰孩身上滿全了。天主所許給亞巴郎的繁榮後嗣，即是這個嬰孩。這個嬰孩將重起一個新時代，他要創立一個新民族，稱爲天主的義子，屬於這個民族的人，將不用割損的典禮，要用一種新的洗禮。

若瑟給嬰孩起個名叫耶穌。

瑪利亞第一次叫著『耶穌』。這是她的兒子的名字；這個名字，今後代表她一切的愛情。她叫著「耶穌」，感到以前祖先們所盼望的和所預言的，如今都不是空洞的蔭影了。如今成了一個具體的人稱，有個確實的名字。名叫「耶穌」。

「耶穌」，這是天主報下來的名字。第一次由加俾額爾告訴她。第二次還是加俾額爾告給若瑟，耶穌是天主的聖子，他的名字，由天主聖父指定。

割損禮完了，鄰居的人都走了，瑪利亞和若瑟，看著安眠的嬰兒，口中喚著「耶穌」。

「歌聲柔，
話語甜，
人心想霏霏，
那能比得耶穌聖名美！」

「妙筆墨，
靈舌嘴，
那能描寫出，
愛慕耶穌心中神樂味！」(十)

猶太婦女生了男孩「七天之內，她是不潔的人。……第八日，嬰兒應受割損。但爲潔淨自己的血，她還該居家三十三天。未滿取潔的日期，她不許摸聖物，也不許進聖所。」（肋末紀 第十二章第二—四節）

瑪利亞因聖神的神力，童身受孕。她不染絲毫塵污，不能認爲不潔的女子。可是耶穌，外面不顯爲天主聖子，瑪利亞也就看同通常的婦女，四十八天居家，安享愛慕耶穌的神樂。

「一滿了取潔的日期，她爲新生的男孩、或女孩，應在會堂門口，獻給司祭一隻一歲的羔羊，當作全燔祭，又獻一雛鴿，或一隻斑鳩，當作贖罪祭……若她不能備置一隻羔羊，便可帶上一對斑鳩，或一對雛鴿，一隻獻爲全燔祭，一隻獻爲贖罪祭。」（同上，第六—八節）

若是新生的嬰兒是第一胎，「上主對梅瑟說：以色列民族無論人畜，凡是第一胎新生的，都受祝聖，應歸於我。……你們第一胎生的男孩，都應贖回去。」（出谷紀 第十三章第二—七節）

割損後第三十三天，瑪利亞抱著耶穌，跟隨若瑟往耶路撒冷聖殿，行取潔禮，獻耶穌於天主。撒羅滿修造了聖殿，上主乘彩雲降來殿中。撒羅滿所造的聖殿已經遭拆毀了，這座聖殿是黑落德正在動工修建。瑪拉基亞先知曾預言說：

「我遣派我的使者，在我前面打掃道路。那時你們所要求的君王。所盼望的訂約的使者

就要進入聖殿。」（瑪拉基亞先知書 第三章第一節）

以色列人所要求的君王，所盼望的結約使者。今天已進入聖殿了；以色列人卻誰也不曾理會。耶路撒冷的人民只看見一對貧賤的夫妻，抱著一個嬰孩，走向天主的聖殿。這是他們日常看慣的事；只是這對夫婦的服裝較城裡人更貧寒。聖殿的司祭，從若瑟手中，接到一對雛鴿，知道他們是不能購買羔羊的貧家人，便拿雛鴿獻到上主祭壇前，爲瑪利亞行贖罪祭。若瑟又拿出九文錢，交給司祭，作爲長子的贖身錢。

聖殿的主人，以色列的國王，進到自己的聖殿裡，竟要獻著窮人的贖罪祭，還要拿出贖身錢，當梅瑟立在西乃山前，引著以色列人等候天主訓話時，西乃全山噴火煙霧迷天，山巔雷聲震耳，山腳震搖欲裂，以色列人叩頭伏地，戰慄恐懼。不敢久候，要求梅瑟獨自上山面聖。那時在西乃山大顯神威的天主，如今抱在瑪利亞懷中，一點不作聲響，成了一個柔弱的嬰孩。

聖殿裡那時正宰牛，殺羊。架在祭壇前的柴上，獻祭贖罪。自亞伯爾、諾厄、亞巴郎，以及到後代聖殿，代代祭獻犧牲，然而今天聖殿裡獻了一種新犧牲，他將替代猶太古教的牛羊，將掃除宇宙間一切的祭祀，這種新犧牲，就是瑪利亞懷中的嬰孩。

瑪利亞周圍四顧，看見宰割牛羊的司祭，看見高聲禱告的法利塞人，看見寬袍闊襟的經師，他們全不理會。那是在聖殿裡的大變動，他們絕不知道她的嬰兒要把他們廢除了。這個嬰孩，就是天主許給亞巴郎和達味的救世主。

瑪利亞忽然看到一個白髮老者。雲眉銀鬢，慢慢向她走來。白髮老者銀鬢飄飄，向她說明自己名西默盎，要求抱抱她的嬰孩。

老者接過嬰孩，舉目向天。高聲唱道：

「求我主宰，履爾所示，
放爾僕人，安然謝世！
既見救恩，我心則慰，
念斯救恩，實爾所備；
普天生靈，咸仰其惠；
萬國之光，以色列之輝。」（吳經熊譯　路加福音　第二章第二十九－三十二節）

瑪利亞若瑟，聽到歌聲一驚一喜。又有一個人，知道他們的秘密！救世主進到聖殿，至少有一位老者向他致敬。

西默盎歌畢，向他們兩述說他自幼到老，一生祈禱，盼望救世主早日降來。天主聖神因此曾許給他將親眼見到救世主。今日得到聖神默示，知道救世主已到聖殿。如今親眼見到他了。心願已償。可以安然謝世了。

他口吻聖嬰，恭敬地還給瑪利亞向她說：

「這個嬰孩的誕生，關係著以色列人的興亡、禍福，他將成爲天下的正鵠，作爲眾矢之的。一口利劍也將穿透妳的心靈，天下人心的向背，從此將要顯明昭著了！」（路加福音第三章三十四—三十五節）

白髮老者，喟然長嘆，話語裡似有說不出的悲哀。

這時又來了一個老婦人，一個八十四歲的寡婦，她名叫亞納，她嫁後七年便居喪守寡，每天長齋祈禱不離聖殿，這一天她也得了聖神的啓示；來拜救世主。

瑪利亞聽了西默盎的喟嘆，懷中的嬰孩壓在她胸前。似乎一塊千斤的石頭，呼吸不靈。連忙告別了亞納，同若瑟走出聖殿，再回白冷山洞。

五、逃往埃及

白冷城尙是人衆擁擠，每天有新到的報籍人，有報了籍動身回去的人。街上滿是驢馬駱駝，人聲嘈雜。

若瑟暫時寄住在白冷，他怕剛生下來的嬰孩，經不起歸途的幾天跋涉。

一天，白冷城的街上，到了三個人。他們的衣服，他們的語言，看來是東方的阿拉伯人。這隊阿拉伯人騎駱乘馬，眼睛望著天，穿街過巷，不問道路，也不尋旅舍，逕直地走到若瑟的寓所。跳下鞍子，問明了新生的嬰孩，走進洞裡，向著瑪利亞懷中的耶穌，頂禮下拜，捧上黃金、乳香、沒藥，作爲禮物。

獻了禮物，他們坐下談話；瑪利亞纔知道他們是三位東方的星算家。

他們三人，一生講究星算，從猶太人的口中，得知猶太人等候一位君王，這位君王降臨時，天空將現一顆異星。最近，他們三人見到一顆異星，他們推算猶太人的君王該來了，他們便動身來朝這位新生的猶太王。動身後，異星在天空給他們引路，一直走到耶路撒冷。在耶路撒冷的城門上，異星不見了。他們進城，往問黑落德，黑落德召集經師長老，詢問救世主降生的地方，經師們按照先知預言，答說將生在白冷。他們再出耶路撒冷，來訪白冷城。

在耶路撒冷的城頭，異星又再出現，指引他們來到嬰孩的寓所。

若瑟沒有可以款待來客的菜蔬，星算家一行人辭去，找到一家旅舍，預備過宿。計劃明天回耶路撒冷，向黑落德復命。黑落德曾囑咐他們返報猶太新王的下落，以便他也來朝賀。

夜間，星算家在遠路跋涉以後，安享著一宵的安眠，忽然三個人都夢見了天使。天使吩咐不要再回耶路撒冷，另外擇一條路，早日動身歸國。次早醒來，三人彼此把夢一述，知道這是天意，他們騎上駝鞍，向著死海南方，繞路回東。

白冷人已經見慣了來去的各人，他們並不注意三個東方人的來去。瑪利亞知道星算家動身走了，把所獻的禮物藏起，一切又恢復日前的清靜。

那天晚上，若瑟忽然似夢非夢地又看見天使，天使向他說：

「趕緊起來，帶著嬰兒和他的母親，逃往埃及，住在那邊，等候我的吩咐。因爲黑落德要搜尋嬰兒，把他殺掉。」（瑪竇福音 第二章第十三節）

若瑟一睜眼，天使不見了。他趕緊喚醒瑪利亞，把天使的話告訴她。連夜收拾所有的幾件行李，出了山洞，抱著嬰孩，乘著夜色，向猶太南行，走向赫貝龍(Hebron)

剛走出了白冷境，他們就聽到黑落德因不見星算家回報，下令殺盡白冷境內兩歲以下的男孩。瑪利亞看著懷中的嬰兒，口中不禁念著《聖詠》的話：

「吾魂如小鳥，已脫佃者羅。
羅網已破吾得逸，佃者雖多如我何？
仰恃天地之主宰，既有神助誰能害。」(十二)

若瑟更加兼程趕路，怕黑落德的捕役。曉行夜宿，不一日走到沙漠。若瑟心定了，小留數日，等待同行的旅隊。

旅客結隊，行過沙漠。首程幾天，間而可見耕地，再往前行，只有一片黃漠的沙地。舉首西望，遙見沙堆起伏，遠處有深藍的海水。這一條不即不離的海色，是沙漠旅客的嚮導。夜間，天似穹廬，星辰閃鑠，千里不見燈火。(十三)

偽經續瑪竇福音和耶穌嬰孩史，寫著沿途的奇蹟。書中幻想著：剛走出白冷，黑落德的捕役尋踵追來，若瑟策驢前行，眼看已被追到，連忙撥轉驢頭，走入田間。田間籬笆閃開，驢入籬笆，四周綠葉遮蓋，不露人跡。捕役趕到，四處搜尋，不見了人影，憤憤而去，若瑟把驢牽出，護著瑪利亞，重新就道。一天行到荒山道上，童山濯濯，不見莖草。忽然後面塵土飛揚，捕役又到，前臨絕壁，後有追兵，若瑟正在心急無法時，前面轟然一聲，絕壁裂開，讓出去路。若瑟驅驢走進裂縫，後面山壁復合，斷了追兵來路。脫了捕役的大險，瑪利亞騎驢，安然抵達曠野。

於是獅豹來近，狼虎護路，強盜雖是多次側目，也都望塵膜拜，莫敢近前。可是沙漠熱氣蒸人，渴不可忍，若瑟乃向聖嬰說：

「主子，熱氣太重，沙漠燙腳。這條往埃及的路太難走了。在這沙漠裡行走，還要三十七天哩！若是你高興，我們轉向海濱，那邊有村鎮，可以休息。」

兩歲的耶穌答說：

「若瑟你不必怕，我把路縮短就好了，三十天的路，做一天走吧。」

這樣，一天就走到了尼羅河側。夜間，進一古廟，聊寄一宿，廟裡的三百六十五座神象，側身下拜，頭身分離。黎明，城中官員，排隊進廟，拜見耶穌聖嬰。(十四)

可是，這樣的旅途，過於舒適了。耶穌若願顯靈，他又何必逃呢？逃往埃及時，若瑟護著瑪利亞，在沙漠裡走了兩週，沿途多見磷磷白骨，那是累死了的牲口，被人棄在路旁。沙漠裡熱氣逼人，又不見一絲陰涼，細砂又陷沒步履，一天的路，勝過十天的勞力！

瑪利亞抱著嬰兒，坐著驢兒，曬著炎日，一天一天的前進。她心中想著以前祖先們都是走過這片曠野。亞巴郎過沙漠時，領著撒辣，心裡怕埃及王貪想撒辣的美麗，把他謀殺。古聖若瑟，被兄長賣為人奴，擄往埃及。雅各伯領著全家，遷入埃及，逃避饑荒。全家發大成族，梅瑟引歸猶太，在曠野週遊了四十年。她如今懷著猶太的救世主，也又步著祖先的路途，逃往這個鄰邦。

好容易走過了沙漠曠野，進到了尼羅河套，松櫚參天，麥苗茂盛。那邊有許多僑居的猶太人。若瑟向他們借了暫時寄居的小屋。

僑居了幾個月，一個夜間，天使又來了，在夢裡吩咐若瑟，引著全家轉回猶太。謀殺嬰孩的黑落德已經死了。(五)

收拾了行李，趕著驢兒，若瑟又護著瑪利亞，重走來時的苦路，再熬沙漠裡的熱燥。過了沙漠，進了猶太，若瑟想再往白冷，他以為救世主，古經稱為達味後裔，應住在達味本鄉。但是聽說阿爾赫勞繼承父位，治理猶太，殘虐不下於乃父，不敢前行。夜間，入夢，天使復現，吩咐他攜家回納匝肋。

應驗了依撒意亞先知書第五十三章所說救主被侮辱輕慢，如同當時人輕慢納匝肋人一樣。

救世主的誕生，按梅瑟的法律完全符合一個正常以色列嬰孩的出生，同時卻又充滿了天父的神祕工作，在一般人的眼中，耶穌聖嬰絲毫不顯出奇特，在天父心中，卻一齊顯靈照顧祂。瑪利亞深深體驗了這種矛盾的境遇，她一生就在這種矛盾的境遇中生活。天使嘉俾厄爾曾往告訴她，她所生的兒子，將稱為最尊者的兒子，要求享王位。西默翁卻預言這兒子將成為擁護者和反對者的正鵠。瑪利亞明瞭這種境遇，乃是救主的境遇，嬰孩耶穌就是人類的救主，救主的境遇，爲矛盾的境遇，救主之母的境遇，也將遇矛盾的境遇。西默盎所以說一把劍要刺透她的心靈。

註：

(一) 參考Luigi Tazzaglia, Colei che si chiama Maria,(Torino 1942)P.103
(二) Michele William, Vita Ji Maria,(Brescia 1937)P.48
(三) Luigi Tazzaglia,Colei che si chiama Maria,P.94
(四) Roschini, Vita di Maria, P.93-96
(五) S.Thomas, In Iv L.Sententiarum,dest.309.2,al,ad2
(六) 申命紀第二十四章。
(七) 吳譯　聖詠譯義　第二十三首。
(八) 吳譯　聖詠譯義　第九十二首。
(九) Boschini,Vita de Maria,P.173
(十) H.Y.Morton,In The steps of the Master,(London 1938)P.124
(十一) 耶穌聖名節，晚課經聖歌譯義。

(十二) 聖詠譯義　第一百廿四首。

(十三) F.M.Willam, Vita di Maria, P.118

(十四) Roschine, Vita di Maria, P208

(十五) 黑落德死在羅馬建國七百五十年，即降生前四年，這一點也證明現代考據家等所說，紀元元年應提前四年。

第四章　聖家主婦

一、聖家風範

若瑟、瑪利亞、嬰孩耶穌，定居在納匝肋。納匝肋在里巴諾山脈南端的小山上，距加里肋亞湖西約二十二公里，現在約有四千居民，房屋爲一層的白色平房保留古代的簡樸遺風。目前城中有聖母領報殿，爲朝聖的聖地。一九六四年一月五日，教宗保祿六世曾到納匝肋朝聖，在彌撒中講道，讚揚聖家的風範。教宗說：

「納匝肋的聖家是一所學校，在那裡我們開始了解基督的生活，這是我們學習福音的學校。

在這學校裡，我們先學習觀察、探聽、默想、深深地透視：在這天主子極純樸、極謙卑、極美妙的顯示下所隱藏的深奧而神秘的意義。然後我們可亦步亦趨地向基督學習。

在這裡，我們可學到一種方法，使我們容易認識基督是誰。在這裡，我們深深感到對祂在人間居住時的環境有體認的必要：地方、時代、風俗、語言、宗教教禮，以及耶穌用來顯示自己於世人的一切。在這裡，一切都向我們講話，一切都有意義。

在這裡，就是在這學校裡，我們學習到：誰若願意追隨福音的教訓，作基督的門徒，應該持守一種精神的紀律。

我們多麼切望能返老還童，以便進入納匝肋這所樸實而高尚的學校。我們多麼希望跟瑪利亞學習人生的真實學問，求得那了解天主真理的智慧。

可是，我們在這裡，不過是旅客而已。我們不得不放棄我們留居此地、繼續我從不能完成的教育、和研究福音的意願。但我們在這裡，如果不簡短地、順便提起我們從納匝肋所獲取的幾點教訓，決不能悄然離去。

第一點教訓是靜默。但願我們恢復對靜默的重視，在此繁忙、騷動的現代生活中，我們經常爲喊聲、喧嚷、吵鬧所包圍，正需要心靈上這種不可缺少的寧靜狀態。納匝肋的寧靜啊！請教訓我們收心注意聖善的思想，趨向精神的事物，隨時準備聽從天主的默感，和真正導師的命令。請教訓我們知道，準備、研究、默想、個人內心的生活規律，以及唯有天主在暗中看到的祈禱，爲我們每一個人是多麼需要，多麼有價值。

此外，在這裡，我們也學到一點有關家庭生活的教訓。願納匝肋作爲我們家庭生活的模範，並教導我們家庭中應有的愛的交流，指示我們家庭簡樸而平實的美，以及其神聖而不可侵犯的特點。願納匝肋也證實，家庭教育是多麼甜蜜，是不可取代的。願納匝肋也使我們了解，家庭在社會中的角色是多麼重要。

最後是工作的教訓。納匝肋木匠之子的家，在你這裡，我們希望了解並聲明勞工的價值——它雖然艱苦，卻具有贖罪的效能。在這裡，我們願意所有的人都意識到勞動的崇高。我們在這裡，同時要記起，勞動本身並不是勞動的目的，但是工作的自由與價值，不僅由於其在經濟上的重要（一般人常這樣說），而是由於其能供人達到其他更高尚的目的。我們願意在這裡向全世界的工人致敬，並向他們提供一位偉大的模範，就是他們那位身為天主子的長兄、關懷勞工福利的先知，就是我們的主耶穌基督。」㈠

二、靜　默

保祿六世首先讚揚聖家的靜默，在四部福音裡沒有一個字講納匝肋聖家的生活，耶穌和聖母瑪利亞在納匝肋活了三十年，福音聖經提到耶穌十二歲時一次獨自三天留在聖殿裡，在人們的歷史裡納匝肋聖家的生活，沒有位置，沒有聲音。這是天主願意的靜默，聖神沒有啓示福音的作者去述說。中國人素以爲人傑地靈，產生聖賢偉人的鄉村，必定地藏靈氣，風水神奇。納匝肋在當時猶太人的眼中，是一個偏僻落後的小鎮，就像納塔爾答覆斐里伯說：「從納匝肋還能出什麼好事嗎？」（若望福音 第一章第四六節）瑪利亞和耶穌在這出不色的納匝肋住了三十年，還有若瑟也同住了若干年，在歷史上是靜默，絲毫沒有引起人的注意。聖保祿宗徒曾經說基督謙抑自下，不把持著天主性的尊嚴，「卻使自己空虛，取了奴僕的形體，與人相似，形狀也一見如人。」（斐里伯人書 第二章第七節）不僅如人，而且要如一個貧苦的平民。瑪利亞自稱天主的婢女，一切都遵循天主的聖意。她雖受天使的報告，耶穌將有王者的御座，她安居納匝肋窮鄉，喜歡不為人所知。聖伯爾納多院長就說：「這位貞女究竟是誰，她身份高貴有天使來問候，卻自謙和一個工人訂婚？真操和謙遜結合一起，實在光輝可欽。在天主眼前並不是通常的中意事：一個人心靈以謙遜舉揚真操，以真操聖化謙遜。」(二)

納匝肋小鎮風俗簡樸，沒有鬧的市聲；納匝肋聖家更是清靜樸素，全家三口人；男子若瑟作木匠，木訥寡言；耶穌小時，從母親學習舊約古經。長大了，從父親學作木工。瑪利亞勤作家務，洗米煮飯。一天工作做完，晚間洗淨盤餐，油燈下，三人靜坐，耶穌講話發問。瑪利亞看著耶穌：「漸漸長大而強壯，充滿智慧，天主的恩寵常在他身上。」（路加福音 第二章第四十節）她也真正地體驗到「耶穌在智慧和身量上，並在天主和人前的恩愛上，漸漸增長。」

當耶穌還是嬰孩小童時，瑪利亞抱在懷中，牽在膝邊，她對祂講故事，唱聖歌。當耶穌長大了，若瑟去世了，瑪利亞和耶穌獨自相對，瑪利亞有母親愛兒子的母愛，又有愛天主的聖愛，她看耶穌是自己的兒子又是自己的天主，母子兩心相連，天主而人的兒子心中所有情愫，常是和母親「西窗夜語，一傾積愫」。福音記載耶穌跟門徒經續他們的旅程，來到一個村莊。那裡有一個名叫馬爾大的女人，接待耶穌到她家裡。馬爾大有一個妹妹叫瑪利亞（瑪麗）。瑪利亞來坐在主的腳前，聽祂講道。可是馬爾大因爲要做的事情多，心裡忙亂，就上前：「主啊！我妹妹讓我一個人做這許多事，你不介意嗎？請叫她來幫幫我吧！」

主回答：「馬爾大！馬爾大！你爲了許多事操心忙亂，但是不可缺少的只有一件。瑪利亞已經選擇了那最好的；沒有人能從她手裡奪走。」（路加福音 第十章第三十八—四十二節）

耶穌曾經對魔鬼說過：「人生活不只靠餅，而也靠天主口中所發的一切言語。」（瑪竇福音 第四章第四節）聖母瑪利亞在納匝肋家中，勤謹地做著每天的家常事件，晚晌，家中事務完了，油燈下做女紅，兒子耶穌對坐燈下，有多少天上人間所從沒有聽到的神祕談話。「聖言就是天主，……萬物是藉祂而造成的。……在祂內有生命，這生命是人的光。」

（若望福音 第一章第二—四節）

耶穌是聖言，生命和光是從祂來的，祂的談話不沾染世物，因爲祂對世物沒有要求，瑪利亞不染原罪，心常向著天主。「沒有人上過天，除非那自天降下而仍在天上的人子。」（若望福音 第三章第十三節）

祇有耶穌能講天主的事，祇有祂能講天主的生活。耶穌同母親瑪利亞三十年的生活中，祂講了多少天主的神秘。瑪利亞靜靜地聽，聽耶穌講話乃是她的生活，而且就是她的生命。她有保留話語而默想的習慣，路加福音兩次提到；當耶穌誕生，牧童們因天使的報喜，乃來尋找聖嬰，向瑪利亞述所見所聽天使的事，「瑪利亞把這一切事，默存在自己心中，反覆思想。」（路加福音 第二章第十九節）；又當耶穌十二歲時，單獨留在耶路撒冷聖殿裡，對苦心找祂的父母說何必找祂，祂要在父親家裡。「祂的母親把這一切默存在心中。」（路加福音 第二章第五十一節）

瑪利亞默存耶穌的話，常常反覆思考。在耶穌升天以後，祂心中所默存耶穌的事和話，成了她寡母心中的伴侶，心中的安慰，也真真成了她的生命。那時聖若望宗徒受耶穌臨終托母，接瑪利亞和他同居，自視爲瑪利亞的養子。瑪利亞和若望必常談耶穌，瑪利亞必常將昔日所聽耶穌講的神祕又向若望說，若望乃成爲新約的神學家，撰寫福音專門紀錄耶穌的話，又在書信裡揭露耶穌的心，「天主是愛」，「不愛兄弟就是不愛天主」。若望的這種特點，必是從瑪利亞的談話裡學得。

納匝肋聖家的靜默，是向人世俗務的靜默，轉向天主常作談話。若是馬爾大的妹妹瑪麗能在耶穌腳前，精神迷醉在教師耶穌的談話裡，心靈愉悅滿足；母親瑪利亞聽兒子耶穌天主而人的談話，該是怎樣的快樂，怎樣的滿足，又怎樣的欽佩，我們沒有語言可以描述——聖大德蘭在默禱中靈魂和天主相遇時，靈魂超脫了身體，感官完全失去作用。瑪利亞對兒子耶穌談話，心神超拔，但仍舊保持日常的生活。

保祿六世教宗說：納匝肋的寧靜啊！請教訓我們收心注意聖善的思想，趨向精神的事物，隨時準備聽從天主的默感，和真正導師（基督）的命令。』

三、工作

黑落德死後，三個兒子，遵照亡父遺命，三分天下。納匝肋在加里肋亞省，分屬安提帕（ANTIPA）。他較比同母弟阿爾赫勞稍爲仁厚。㈢新經各傳，沒有一句，記述耶穌的童年。

瑪利亞隨同若瑟，回到納匝肋，再住在若瑟的老家。若瑟每天做著木匠的活計。

瑪利亞黎明即起，同若瑟合誦晨經。若瑟出門工作，瑪利亞開始磨麥。她捧著兩人吃的麥子，走到門前公共天井的磨石傍，把麥子磨成了麵粉。她折斷乾柴，塞進灶內，燃火燒熱灶上的石板。她把麵粉放進盆裡，拌進酵粉，麵粉發酵了，灶上的石板也熱了，她把麵粉放在石板上，蓋上蓋子，扒去灶裡的柴火。讓熱炭烤著麵包，然後她再出門去打水。

水井在附近的廣場裡，她走到井邊，把吊桶放下，抽上水，傾入小缸，把水缸放在頭上，頂著回家。從灶上拿出烤好了的麵包，她開始打掃房屋。小耶穌醒了，她放下掃帚，一心照管小孩。

過了中午，她預備菜蔬，等著若瑟回家吃飯。飯前，誦經文。午後，搖著小耶穌，手做著些針線。太陽落下時，又煮些菜蔬。若瑟也回來了，兩個人誦了經，吃著晚飯。飯後談談家常，再念晚課。

猶太的婦人，每天都是這樣的生活。瑪利亞一天一天做著家中活計，和鄰家的少婦沒有分別。鄰家所能稱述的，是這對夫婦，從來不吵口角，瑪利亞在天井裡，在磨石傍，在水井邊，常是禮貌讓人。

每星期六，罷工日，瑪利亞同若瑟，午前午後到會堂行祈禱。午前，先誦申命紀上的誡律，後誦十八段祝福經文。會堂會長展開古經，誦讀古經一段，請一個人解釋，然後司祭起來，祝福會眾，散會。午後，集會時，三個人，念梅瑟律法三章。瑪利亞聽念古經，聽到關於救世主的預念，她的心神凝聚了，看著抱在懷中的耶穌，會堂裡的人，沒有一個人可以推想到她的心情。

小耶穌漸漸大了，可以行走了，可以言語了。第一句話，便是「雅威」，呼著天主的聖名。梅瑟的法律，規定父母教訓兒女們，背誦天主的誡律，這些誡律，猶太人，早晚誦經時，天天念誦。

孩童的耶穌，早晨和晚晌及兩餐飯前，同瑪利亞若瑟，一齊誦經。猶太人早晨第一段經述說天主的誡命：

「以色列人，你聽著！上主是我們的天主，是唯一的主子。你當全心全靈全力愛上主你是天主。……」（申命紀　第六章第四節）

第二段經紀念天主許下的恩惠：

「如果你們服從我今天吩咐你們的誡命，

愛慕上主你們的天主，全心全靈事奉他，
他必要按時，給你們的田地降下春雨秋雨，
使你們可以收穫五穀，得著新酒和油。
也必使你們的土地產生青草，餵你們的牲口。
這樣你們自己可以飽食。你們要小心，莫使
你們的心受到迷惑，離開正道，敬拜別的神
靈！不然，上主對你們就會大發雷霆，使天
閉塞，雨不下降，地不生產……」（申命紀 第十一章第十三節）

第三段經提起天主援救以色列人出埃及的大恩：

「上主向梅瑟說：你要訓示以色列子民，告訴他們說：他們和他們後代子孫，要在衣服緣邊縫綴頭，用紫紅繩子把綴頭繫著。使他們一見綴頭，就想起上主的一切誡命，好依照進行……我上主是你們的天主，曾領你們出埃及。」（戶籍紀 第十五章第三十七節）

瑪利亞雙眼看著耶穌，她口中念著「你當全心全靈全力愛上主你的天主」，她便想抱著她的小孩，全心全靈地親吻他；又想伏地朝拜他的小孩；她的上主天主就是這個小孩。萬古千秋的宇宙裡，從來沒有從地面升起這樣馨香的祈禱，上到天主聖父面前，受他的欣納。

瑪利亞走到那裡，常有小耶穌跟著，在磨石旁，小耶穌替她捧麵盤；在灶火邊，小耶穌幫她折柴；往水井汲水，小耶穌牽著她的衣裙。到會堂祈禱，小耶穌坐在她身邊，萬古千秋的宇宙裡，從來沒有一個母親，像她這樣的幸福。她的房屋是間陋房；她的衣服很粗糙；她的飲食，只是麵包蔬菜；她的一天，常是工作；但是她心中最快樂，最滿足，正因爲她有耶穌在身邊，她是爲愛耶穌自早到晚，手足不停。

耶穌漸漸長大，若瑟因病去世，母子兩人，相依爲命。

耶穌的一舉一動，是個普通的猶太人。只是他件件都做得周全，瑪利亞時刻留心耶穌的言行，樣樣小事對她都是大事，有時家裡缺少緊需的油鹽柴麵，耶穌也曾顯靈，彌補缺欠。

瑪利亞跟耶穌對坐，聽耶穌講述古經，每一句話深入她的心坎，她的兒子沒有跟經師們從過學，但是他講說聖經，入耳動心，她知道這是天主的口語呵！耶穌出門作工，瑪利亞獨自留在家中，她磨麥烤麵，洗衣縫紉，沒有一刻不是謹子慎微，她常想著她的麵包，是耶穌吃；她洗的衣，是耶穌穿，而耶穌乃是她的天主。

她的天主耶穌，對她事事孝順，早晚問安，熱情親吻。她有所命，莫不聽從。

瑪利亞有時似乎不敢相信這種幸福，她不敢信天主聖子降生，就只爲事養她！她知道耶穌有救世的使命，不能常住在納匝肋做木匠。有一天，他要離開她。

耶穌降生爲救世三十年隱居納匝肋，以勞苦作爲人贖罪的代價，聖母瑪利亞則畢生操勞家務；所用的傢具，有掃帚，清潔房屋；有灶，為烘麵包；有鍋，為煮菜；有罈，為打水；有水盆為洗水。現在義大利洛肋多(Loneto)的聖屋，相傳為納匝肋聖家的屋，在黑暗的屋裡可以看到黑舊殘破的灶和鐵叉。納匝肋附近有一古井，名叫「聖母井」，相傳瑪利亞常往井裡汲水。猶太習慣以婦女汲水，頭上頂水罈回家。若望福音記載耶穌一次在撒瑪黎雅雅各伯井邊，看見一個撒瑪黎雅婦人來汲水，耶穌向她要水喝，許給她長流的活水。

汲水很辛苦，在炎日下頂著水罈走，爬上山坡，汗流浹背；瑪利亞每天走，她沒有要耶穌顯靈使口不渴，因為耶穌自己後來傳道，走路疲倦，口渴要水喝，但是耶穌所說的活水，是心靈上的神恩，瑪利亞早已充滿了心靈。

聖經上還有一種記載，顯示了瑪利亞的勞作，四部福音都記載耶穌受難，被釘在十字架時，兵士們拈鬮分了祂的衣，若望福音加有解釋，「又拿了長衣，因那長衣是無縫的，由上到下渾然織成，所以他們彼此說：我們不要把它撕開，我們擲骰，看是誰的。」（若望福音第十九章第二十三節）教會從古就傳說這件耶穌的長衣是聖母瑪利亞、親手織的長衣(Tunica)為內衣，適合身材。耶穌的內長衣，必由母親織成。猶太的婦女有織布的風俗，舊約箴言書上說：

「賢淑的婦女，有誰能找到呢？她本身的價值遠勝過珠寶。她的丈夫對她衷心信賴，一切所需從來不會缺少。她一生歲月，只使他幸福，不給他煩惱。她買來羊毛細麻，愉快地親手操作。……她的燈夜間仍不熄滅。她手執紡錘，手指旋轉紡輪。對貧苦的人，她隨手賑濟；對無靠的人，她伸手扶助。她的家人，不怕風雪，因爲全家上下，都穿雙重的衣裳。」（箴言第三十一章第十一—二十一節）瑪利亞是賢淑的主婦，爲若瑟和耶穌操心，她親手操作，織布縫衣，使兩人所需從不缺少。她服侍耶穌，不僅爲愛自己的兒子，她特別爲侍奉天主。教會歷代的聖女，將心靈和身體奉獻基督，全心爲教會工作。瑪利亞答覆天使嘉俾厄爾願作耶穌的母親從基督受孕的一刻，她的一切都歸於耶穌基督了。

四、愛心

「願納匝肋作爲我們家庭生活的模範，並教導我們家庭中應有的愛的交流，指示我們家庭簡樸而平實的美，以及其神聖而不可侵犯的特點。」保祿六世教宗的這一段話，也指出了納匝肋聖家的特點：愛的交流。聖若望宗徒說天主是愛。他是從聖母瑪利亞學得了這項真理；聖母瑪利亞又是在納匝肋聖家三十年體驗到天主耶穌的愛。天主聖父是愛，派遣聖子救贖世人；天主聖子是愛，自己在十字架作犧牲代人贖罪；天主聖神，降臨教會，聖化人靈。

耶穌在納匝肋聖家，必細心愛母親瑪利亞。若瑟在世時，耶穌愛自己的養父，若瑟去世以後，祂長年陪著母親，兩心相通。福音上記載一樁事，顯示瑪利亞和耶穌，母子的心相通相知。若望福音記載加納小鎮的婚事。

第三天，在加里肋亞加納有婚宴，耶穌的母親在那裡；耶穌和祂的門徒也被請去赴婚宴。酒缺了，耶穌的母親向祂說：「他們沒有酒了」。耶穌回答說：「母親，這於我和你有什麼關係？我的時間尚未來到。」他的母親給僕役說：「他無論吩咐你們作什麼，你們就作什麼」。在那裡放著六口石缸，……耶穌向僕役說：「你們把缸灌滿水吧！」他們就灌滿了，直到缸口。然後耶穌給他們說：「現在舀出來，送給司席。」他們便送去了。司席一嚐已變成酒的水，便叫了新郎來，向他說：「人人都先擺上好酒，當客人都喝夠了，才擺上次等的，你卻把好酒留到現在（最後）。」（若望福音 第二章第一─十節）

這一段福音，內容和文筆都美，真是「文情並茂」。從福音的簡樸的敘述裡，明白顯示瑪利亞和耶穌心心相通。婚宴時，主人沒有酒了，瑪利亞看出來主人的侷促，她突然向耶穌說「他們沒有酒了」，意思是要耶穌顯靈，這顯示瑪利亞知道耶穌可以顯靈，也必定因以前在納匝肋家裡有急需時，耶穌曾經行了靈蹟。瑪利亞又知道耶穌的愛心會願意顯靈，就對僕人們說：「他吩咐你們做什麼，你們就做什麼。」耶穌答說公開顯靈的時間還沒有到，但是仍舊顯了靈，變水爲酒；祂按天主性說不要顯靈，按照人性說聽母親的吩咐。耶穌的這種心理在福音所記載的另一事蹟中也顯明出來。路加福音第二章，記載耶穌十二歲時，和若瑟瑪利亞一同往耶路撒冷慶祝逾越節，節期過後，祂沒有同父母回去，獨自留在聖殿裡。若瑟瑪利亞當天晚晌返回耶路撒冷，找了三天，才在聖殿找到祂，瑪利亞對祂說：「孩子，你爲什麼這樣對待我們？看，你的父親和我一直痛若地找你！」耶穌卻答說：「你們爲什麼找我？你們不知道我該在我父親那裡嗎？」若瑟和瑪利亞不明白祂所說的「應該在我父親那裡」，他們知道祂是天主聖子，但是不知道祂爲什麼這時候要在天父聖殿裡；他們沒有再問祂，「祂就同他們下去，來到納匝肋，屬他們管轄」。按天主性說，耶穌要在天父聖殿裡，按人性說，耶穌回納匝肋，而且聽從瑪利亞和若瑟的命令。聖伯納多院長曾驚訝說：「我們該驚訝瑪利亞的高尊嗎？因爲創造天地的天地聽她的命令！我們該驚訝耶穌的謙卑嗎？以天主之尊而聽受造人的命令！」㈣耶穌是以孝子的心腸，愛敬瑪利亞和若瑟，瑪利亞和若瑟以父母愛心兼婢女和僕人的心腸事奉耶穌。

「賢淑的婦女，……對貧苦的人，她隨手賙濟；對無靠的人，她伸手扶助」，瑪利亞在加納呼請耶穌顯靈，充份表露出她濟人急難的愛心，主人並沒有求她，也絕對沒有想到這事，瑪利亞自動爲主人解危，她平日必定常對人有同情和惻隱之心；她雖家貧沒有多餘物件給人，一見人有難仍舊必盡力助人，寧願把自家所需的拿出去，不免還請耶穌顯靈。納匝肋聖家洋溢著天主仁愛的芳香，瑪利亞分施仁愛的香花；她是耶穌的母親，耶穌聽從母親；她是若瑟的妻子，若瑟知道自己是盡養家的職務，妻子是天主之母，一切由天主之母處理；瑪利亞乃是聖家之主婦，納匝肋聖家的主腦；但是瑪利亞自稱天主的婢女，稱若瑟為耶穌的父親，自居聖家末位。聖伯爾納多院長頌揚瑪利亞的謙遜，頌揚謙遜在童貞以上，沒有童貞可以有謙遜，沒有謙遜不能有童貞，謙遜奉揚童貞。(五)

註：

(一) 見司鐸每日誦禱　聖家節頌讀(二)。

(二) St. Bennandet Noire Dame P.90 Desclee de Browwer.

(三) 黑落德(三)子名：Archelous, Antipa, Philippus.

(四) 同(二) P.80。

(五) 同(二) P.82。

第五章 協助救贖

一、利劍刺心

加俾額爾天使報喜訊時，向瑪利亞說：「你將懷孕生子，……上主天主要把他祖先達味的御座賜給他。他要爲王，統治雅各伯家」（路加福音 第一章第三十一節）瑪利亞相信兒子耶穌將做猶太的國王嗎？她跑去看表姐依撒伯爾，歌誦一篇詩韻讚美天主說：「今後萬世都要稱我爲有福，因爲全能者在我身上行了大事。」（同上，第四十八節）因爲兒子作王，就萬世被稱爲有福嗎？瑪利亞沒有這樣想，她知道自己有福，因爲所懷孕的兒子，「是至高者（天主）的兒子。」天主的兒子降生人世，不是爲做猶太的王，而是爲救贖人類，作人類的救主。在耶穌誕生時，天使已經報告牧童說：「我給你們報告全民族的大喜訊，今天在達味城中爲你們誕生一位救世者，他是主默西亞。」（路加福音 第二章第十節）牧童們把這個天使的喜訊也告訴了瑪利亞，「瑪利亞卻把這一切事默存在自己心中。」（同上，第十九節）

耶穌誕生滿了八天，被若瑟和瑪利亞抱往耶路撒冷聖殿奉獻於天主。一位老翁西默盎受聖神指引，接抱嬰兒耶穌，感謝天主使自己能親眼見到天主所許的救主，又預言說：「這孩子已被立定，爲使以色列中許多人跌倒和復起，並成爲反對者的標記。至於你（瑪利亞）要有一把利劍刺透你的心靈。」（同上，第三十四節）救主的一生，成爲反對者的標記，反對救主，就是用劍刺透瑪利亞的心。

黑落德王第一個反對救主耶穌，上主的天使向若瑟說：「起來，帶著嬰孩和他的母親逃往埃及去，住在那裡，直到我再通知你，因爲黑落德即將尋找這嬰孩，要把他殺掉。」（瑪竇福音 第二章第十三節）這是第一把刺透瑪利亞心靈的劍！嬰兒剛生下來，善良可愛，若瑟和瑪利亞沒有開罪任何人，沒有作任何違法的事，國王卻要殺這嬰孩，瑪利亞心痛，祇好趕緊抱著嬰兒逃難，奔往埃及。

黑落德死了，天使吩咐若瑟攜家回國，定居納匝肋。在納匝肋小鎮中，家中窮苦，但一切平安無事，三十年的生活，如同《論語》孔子稱讚顏回說：「一簞食，一瓢飲，在陋巷，人不堪其憂，回也不改其樂。堅哉回也！」（雍也）瑪利亞三十年心中常喜樂。

「耶穌開始傳道的時候，大約三十歲，人都以爲他是若瑟的兒子。」（路加福音 第三章第二十三節）耶穌救主三十年一如常人，沒有一點特殊表現，本鎮的人祇知道祂是若瑟的兒子，忽然他向人講道了，又開始顯靈，本鎮的人議論紛紛，一個安息日，耶穌在本鎮會堂講道，竟說「沒有一個先知在本鄉受尊敬的」又說厄里亞先知，在三年饑荒時，沒有向以色列任何寡婦顯靈，使麵粉和油三年不缺，而是向漆多匝爾特一個外國寡婦顯靈，接受她的供養；又說厄里叟先知沒有顯靈治好以色列任何癩病人，而顯靈醫好一個敘利亞的納阿曼，耶穌便不敢希望本鄉人對他特別好，納匝肋人一聽這種諷刺的話，頓時起了反感，怒從心起，一擁而上，把耶穌拉出會堂，推到城外山坡上，要把他摔下去，叫他跌死。耶穌舉目四面一掃，納匝肋人忽然呆住了，耶穌從從容容地從他們中間走了出去。（路加福音 第四章）瑪利亞當時在會堂裡，厭惡納匝肋人的暴動，更痛心他們的惡意，看著他們要殺害耶穌，就像一把劍刺透她的心。後來看到耶穌平安地脫了險，心中才安定下來。但是以後耶穌就離開家鄉，不再回家，她就感到母子分離的痛苦。

耶穌三年傳道，顯靈救人，猶太和加里肋亞到處傳說祂的天國之道和神奇的靈蹟。瑪利亞在家中心常繫著耶穌，聽到他的好消息，心中很有安慰；但同時親戚人中也報告法利塞人和經師們反對耶穌的消息，反對的人認爲耶穌不守安息日，自稱有赦罪權，常和稅吏罪人們在一起，後來越演越壞！竟演變到計謀殺害耶穌，瑪利亞在家中憂心忡忡，便到葛法翁去看耶穌，耶穌正在講道，門內門外擠滿了人，不能進去。瑪利亞托人傳話進去，向耶穌說：「你的母親和你的兄弟在外邊找你」，耶穌卻回答說：「誰是我的母親和我的兄弟？」遂指著周圍聽講的人說：「看，我的母親和兄弟！誰奉行天主的旨意，他就是我的母親和兄弟。」（馬爾谷福音 第三章）耶穌基督受天父的遣派，降生人間，救贖人類。祂離家傳道，將來受難而死，乃是天父的旨意，母親瑪利亞知道祂的使命，必定奉行天父的旨意。

十字架的陰影，從小就映在耶穌的心目中，祂是人類中唯一知道自己的未來和末日的，在三年講道的時期內，就一連三次向門徒預先說明祂末日的情景：「人子將祂出賣給司祭長和經學教師，他們要定他死罪，然後把他交給外國人，他們要戲弄他，向他吐口水，鞭打他，並殺害他；第三天，他要復活。」（馬爾谷福音 第十章第三十三－三十四節）祂眼目中已經看到了這些情景，心中的痛苦就像後來當日的痛苦一樣。耶穌的受苦救人的工作，不是祇在加爾瓦略山被釘死的三個時辰，而是一生都在受苦，三十三年中每一刻都有被難的痛苦在心中，祂在納匝肋家中已經以被釘的痛苦救世。在家中時，母子相對長談，從來沒有提到將來的事嗎？耶穌講道時向門徒預告三次，怎麼可以從來向母親不提呢？在三十年家居的年歲裡，想來祂向母親一定說過，另外在離家傳道的前夕，必定向母親說明。瑪利亞三十年中心頭常懷著西默盎老翁所說出的「利劍穿心」，她三十年雖渡平靜無事的生活，心中已經感受耶穌將受苦的苦痛，耶穌以痛苦救世，瑪利亞心中和祂一起痛苦。

救世主的生活，是救世的生活，祂的一舉一動都是爲救世。天主聖子屈尊就卑，以天主而度人的生活，乃是委屈的生活，是一種犧牲。救世主用這種犧牲也爲救世，聖母瑪利亞三十年服侍救世主耶穌，每天爲祂的生活而工作，則是三十年協助了救世主的犧牲生活，協助了救世主的救贖工程。

二、十字架傍

鄰居親戚們，天天來上她的門，爭說耶穌是中了瘋，自認爲救世主。猶太的救世主，該是自天而降，神威顯赫，驅逐了羅馬的軍隊，要恢復猶太人的獨立。救世主怎麼能是納匝肋的一個木匠，又怎麼能講貴貧輕富，愛仇愛和平呢？

瑪利亞靜靜聽著他們的嘮叨，她知道耶穌的來歷，但沒法向他們講，只勸他們安心等著。一天，人家告訴她，耶穌在葛法翁跟經師們和法利塞人，大起辯論，衝突很甚。又一天，人家告訴她，耶穌只顧講道顯靈，整天不飲不食，親戚們建議到葛法翁，把他拉回家來，瑪利亞心中憂急，親自動身往葛法翁，探聽虛實。

瑪利亞看見有幾個婦女，跟隨耶穌，替他和徒弟們照料日常的需要，她羨慕她們的福氣，很想跟她們在一齊，但是她知道她自己的地方，是在納匝肋，所以她又回家了。

逢到大節時，加里肋亞省人往耶路撒冷朝聖，瑪利亞從納匝肋動身到葛法翁，和隨從耶穌的婦女們，一同跟著耶穌往耶路撒冷，帳棚節時，鄰居親戚們結隊朝聖，他們來找耶穌，勸耶穌一路前去，進了猶太省，也應該多行靈異，給猶太省人顯顯威能。耶穌拒絕了他們，獨自引著徒弟們進京。（若望福音 第七章第三節）

耶穌和經師法利塞人的衝突，日見嚴重，瑪利亞天天提心弔膽，一天，她竟然聽說若翰遭了毒手，被安提帕在慶祝生辰時，殺死獄中，前驅走了，救世主就將隨後跟去，瑪利亞於是常有風聲鶴唳的驚慌了。

但是加里肋亞省和猶太省的人，大家都稱讚耶穌。瑪利亞聽見他們說：

「從沒有聽到一個經師，講道像他這樣好，他說話像是一個有權威的人。」（瑪竇福音 第八章第二八節）

「我們中間出了一位大先知，天主真是眷顧我們。」（路加福音 第七章第十六節）

「他一切事都做的很好！他叫瞎子能見，聾子能聽。」（馬爾谷福音 第七章第三十七節）

一個老婦人向耶穌喊說：

「懷孕了你和用奶餵你的太太，是真幸福可讚美的！」（路加福音 第十一章第二七節）

節）

第三年的巴斯卦節，瑪利亞和跟隨耶穌的婦女們，到了耶路撒冷。耶穌那時已經不敢留在猶太省，他躲到約旦河，昔日若翰受洗的地點。可是耶路撒冷附近伯達尼村的拉匝祿死了，耶穌很愛他和他兩個妹妹，於是回到伯達尼，復活拉匝祿。這事驚動了耶路撒冷全城，於是司祭長決定要拿他處死。

巴斯卦節前五日，耶穌進耶路撒冷，滿城人脫衣舖路，折枝飾道，沿路歌唱：

「賀三納兮，以色列王，奉主名而來兮，堪頌揚。」（依撒意亞先知書 第五十三章）

滿城都是外來的朝聖人，滿城都因著耶穌議論紛紛，瑪利亞和同行的婦女們，天天聽見他在聖殿裡和經師們對辯，也聽見他痛罵經師們的虛偽假善，她知道耶穌所預言的遭難期已經到了。

巴斯卦前一晚，忽然聽見耶穌被人捕去了，瑪利亞和同伴的婦女們，急著向各處打聽消息。耶穌的徒弟們都逃散了，她們心急如焚，瑪達肋納瑪麗，更是行坐不安，痛哭失聲，好容易等到半夜，才看見若望回來了。他述說在山園祈禱時，猶達斯領著司祭的差役把耶穌擒住，押到司祭長亞納斯府裡。亞納斯找尋假證人控告耶穌，因為始終也沒有找到適當的證人，他自己便問耶穌，他是不是天主的聖子。耶穌答應是，他來日要審判萬民，亞納斯撕破自己的衣裳，判定耶穌凌辱天主罪該處死，差役們把耶穌引到天井裡，百般侮辱，向他吐唾，拿茨冠加在頭上，戲弄他做猶太王。若望又說，明早他們要把他交給羅馬總督比拉多。

大家坐以待旦，瑪利亞滿腦都是古經的預言，依撒意亞先知書的第五十三章，和《聖詠》第二十二首，來回在她腦中盤旋，她似乎已經見到耶穌被人侮弄的不像人了，遍體鱗傷。這位耶穌是她的兒子；但是她也知道這位耶穌是天主聖子，他從聖父領了救人的使命。耶穌甘願祭獻自己，作爲救贖的犧牲，瑪利亞也就俯首順從天主聖父的聖旨，把自己的愛子，獻於天主。她又記起從前向天使所說的：

「我是上主的婢女，就照你所說的話去做吧！」

第二天早晨，瑪利亞由若望陪著，同瑪達肋納瑪麗，和撒羅默等幾個婦女，逕直奔比拉多衙門。門前已經聚集了許多人，猶太省的人最多。經師們和法利塞人在人叢中穿來穿去，口中咒罵耶穌。

太陽升起來了，衙門前的石階上，走出羅馬的軍人，他們把總督的法椅搬到石階正中，他們擎著刀斧，站在兩傍，人叢中忽然起了喧鬧，瑪利亞抬頭一看，耶穌被人押來了，司祭長跟在後面，比拉多也出來了，他坐到石階正中的法椅上。

司祭長大聲控告耶穌，說他從加里肋亞招收聖徒意圖反叛羅馬，他走遍了巴肋斯坦，到處狂言惑眾，自稱爲天主子，爲猶太王。

耶穌只是一言不發，連羅馬總督也驚奇他不開口辯護，瑪利亞佩服他是「受虐心順不開口，有如羔羊被屠宰，又似母羊遭剪刀，剪去絨毛不怨聲。」（同上）

比拉多問耶穌：

「你是不是猶太人的王？」

耶穌開口答道：

「你說的對！我是猶太王！」

猶太人大聲喧呼：

「我們沒有別的國王，只有羅馬的皇帝。」

瑪利亞深信天使向她所說的話：

「天主要把達味的王位賜他，他在雅各伯的後裔裡，永享王位。」（路加福音 第一章第三十二節）

比拉多聲明不能證明控告的罪，把耶穌的懲罰鞭笞，便可釋放。他離開法椅，走進衙門去了，耶穌也被兵士帶進衙門。比拉多再出來時，耶穌又被帶出來，比拉多指著他向眾人說：

「你們看這個人吧！」

瑪利亞一看，耶穌遍體鮮血，面無人色，啊！他真是像先知所說：「臉上顏色失姿態，不足瞻仰不足戀。」她覺著那些皮鞭細釘，都是打在她自己身上，耶穌所流的血，就是她身上的血。猶太人看見了耶穌，狂呼怒吼說：

「把他綁出去，把他釘死！」

比拉多站起來向猶太人說：

「每年巴斯卦節，常給你們赦出一個囚犯，今年你們願意赦了這個猶太王或殺人放火的巴拉巴？」

階下的經師和法利塞人挺身喊說：「巴拉巴！」

民眾們接著也喊：「巴拉巴！」

比拉多問：「那末這位猶太王呢」？——「釘死他！釘死他！」——「怎麼可以釘死你們的國王呢？」——「我們沒有國王，我們只有羅馬皇帝！」

瑪利亞用手掩住兩耳，每一聲像一口利劍，刺入她的心，《聖詠》上的話，確確鑿鑿：

「健牲紛紛兮，圍我周匝……猛如餓獅兮，張口欲食。」（聖詠譯義 第二十二首）

比拉多叫來一盆水，當眾洗手說：

「這個義人的血，跟我無干！」

猶太人喊說：

「他的血流在我們和我們子孫的頭上！」

瑪利亞連忙舉首仰天，可憐的猶太人啊，你不知道這是誰的血！這種血將蕩平耶路撒冷，全城化爲灰燼！

耶穌又穿上了衣，肩上負著十字架，被士兵押著，走往哥耳哥達山受刑。全城十幾萬的外來朝聖人，誰沒有聽說過顯靈的耶穌呢？如今竟被判了死罪，大家走來看熱鬧，耶路撒冷的婦女們，多少次聽過耶穌的講道，有些受了他治病的大恩，今天看見他血流滿面，被十字架壓著，一步一顫，她們忍不住大聲痛哭，耶穌轉過頭向她們說：

「耶路撒冷的女子們，你們不要哭我，你們哭你們自己和你們的子孫吧，你的後禍大著呢！」

瑪利亞隨著耶穌，耶穌停一步，她的心停一下，耶穌跌倒了，她的心就像掉入無底的深淵。

上到哥耳哥達山岡，兵士們剝下耶穌的衣服，拉他躺在十字架上，拿鐵釘釘穿他的手和腳。瑪利亞閉了眼，掩了耳，心中想著《聖詠》的話：

「手與足兮洞透，骨嶙峋兮可數。」（同上）

她很想拾起耶穌的衣服，衣上的針線是她縫的，衣上的血是兒子的血，但是軍士們把衣服搶去了，彼此拈鬮了，這又應驗了《聖詠》的話：

「分我外衣兮，鬮我內服。」（同上）

瑪利亞站在十字架傍，若望陪她站著，瑪麗、撒羅默和別的婦女們，站在遠處看著。耶穌俯首看見母親，用眼望著愛徒，細聲對母親喊說：

「太太，這是你的兒子，」

然後又向愛徒說：

「這是你的母親！」

瑪利亞一時說不出心中的感激，兒子在萬般痛苦中，臨死時沒有忘記她，把她托給自己的愛徒，她又覺得耶穌把自己的徒弟，也托給了她。耶穌給她的遺囑，是叫她愛護一切的徒弟們，作他們的母親。

正午了，太陽忽然遭了日蝕，天地陰黑，山上起了地震，山崩地裂，耶穌說：「完結了」俯首氣絕。

「聖子高懸十字架上，痛苦之母倚立架傍，舉目倚瞻淚流長。
其靈其神憂悶長吟，心中悲傷，何如其深，眞如利劍刺透心！
獨子之母，殊福之女，憂傷痛苦誰堪比汝，嗚呼哀哉不能語！
……
聖母在傍，仰瞻耶穌，母子心聯同傷同憂，誰能見之不同愁！
……
見其愛子，為人所棄，長聲發嘆，斷送其氣，為之娘者痛絕涕！」
（聖母七苦節彌撒繼抒詠舊譯）

阿黎瑪特雅若瑟和尼苛德摩，取了耶穌的屍身。瑪利亞和瑪麗、撒羅默，細心洗滌了屍上的血跡，擦上香藥，裹上白布，匆匆地趕在日落休息日以前，把耶穌葬在附近的一個石壙裡。

童貞聖母的殉道之苦，在西默盎的預言中，和吾主的受難史中，都曾提到。年高德劭的老人論及嬰兒耶穌，向瑪利亞說：「請看，這孩子將要成爲受反對的目標，一把利劍將要刺透你的心靈。」

可讚頌的母親，真有一把利劍刺透了你的心靈。假設這把利劍沒有刺透你兒子的肉體，也就不能刺透你的心。誠然：這屬於你的耶穌——雖然也屬於眾人，可是祂特別屬於你——斷氣後，那無情的長矛並沒有刺透祂的心靈；長矛沒有憐惜一位死人，可是它卻不能再使祂感到痛苦，刺開了祂的肋旁，可是它所刺透的卻是你的心靈。耶穌的靈魂的確已不在那裡，但是你的靈魂卻不能逃避。是痛苦的力量刺透了你的心靈，我們理應宣稱你是「超級殉道者」，因爲你所受的苦痛，確實超過人體所感到的痛苦。

「母親，這就是你的兒子！」這句話爲你不是比利劍更厲害嗎？它刺透你的心靈，甚至使靈魂與精神分離。這是怎樣的交換啊！若望被交付給你，以代替耶穌，你滿懷熱情的心靈怎能不被刺透呢？僕人代替主人，弟子代替老師，載伯德之子代替天主之子，凡人代替真天主！我們的心雖然堅硬如鐵石，稍一回憶這句話，也會被撕裂，你一聽到這句話，怎能不

三、協助救贖

「心痛欲裂」?

弟兄們，你們不要驚訝：瑪利亞被稱爲心靈上的殉道者。誰忘記了保祿所說，外邦人最大的罪孽之一，就是「無情」的話，才會驚訝。這樣的罪，聖母的心中絕對沒有，她忠僕的心中也不會有。

但是也許有人說：「難道聖母沒有預先知道耶穌要死嗎?」毫無疑問。「難道她不知道祂不久就要復活嗎?」——她堅信不疑。既然如此，她看到耶穌被釘，還會感到痛苦嗎?是的，痛苦萬分。弟兄!你是誰?你的智慧從何處而來，使你對瑪利亞的痛苦，比對她兒子的痛苦更驚奇呢?聖子能在肉身內死亡，難道聖母不能在心內與祂一同死亡嗎?是愛德使耶穌受死，人間沒有比這更大的愛；是愛德使聖母忍受痛苦，人間沒有其他母親的愛能與之相比。」㈠

救贖工程爲耶穌的工程，爲救主唯一的工程。人類救主祇有一位，爲天主而人的基督，唯有祂因天主性的尊高，可以補償人的罪，引人重歸於天主。救贖的工程又是唯一的工程，是整體合一的工程，不是片段合起來的。沒有人能夠參加，也沒有人可以分擔一部份。瑪利亞沒有分擔基督救贖的工作，不是救贖工程的分工人。

但是天主聖子降生，祂的成長，是靠自己的母親。瑪利亞的血肉孕育了耶穌，瑪利亞的乳水，養育了耶穌，瑪利亞的食物，滋養了耶穌。在耶穌身體裡，流有瑪利亞的血。中國古人常以母子合成一體，兒女是父母的遺體。兒子的工作和事業，因此也歸於父母。耶穌的一生常得母親的照顧，常受瑪利亞的服侍，因此說瑪利亞協助了耶穌的救贖工程，乃合情合理。

救贖的工程，以痛苦和犧牲去完成。母子同心，心情相連，耶穌三十三年的痛苦，瑪利亞的心，常同祂一起受苦，她心裡常有西默盎所預言的利劍。

耶穌負十字架，走上加爾瓦略山被釘，瑪利亞跟在祂後面，耶穌的重大的十字架也似乎壓在她肩上。兵士用鎚釘耶穌手足的鐵釘，一鎚一鎚打在她的身上。她堅強地站在十字架傍，沒有暈倒，沒有大聲悲號，耶穌靜靜地受苦，她也靜靜地受苦。耶穌流的血，也是她的血；耶穌祭獻了自己的身體，也是她的遺體；救贖工程的資料，就有她的一分。

耶穌斷了氣，阿黎瑪特雅人若瑟卸下了屍體，聖母接抱著。羅瑪聖伯祿大殿現供有大藝術家米開朗琪羅的聖母接抱耶穌遺體雕像，藝術家彫刻聖母的表情，悲痛喪子的痛苦，堅鎮在心裡，面容很憂鬱但很剛健，全身流露慈祥高雅的氣質。瑪利亞表現真是基督的母親，基督曾說遵行天父旨意的人才是祂的母親。在十字架傍，接抱兒子遺體，瑪利亞的處境是天下母親所處的最悽慘境遇，心雖碎了，她知道一切都是天父的旨意，她甘心忍受，她知道救贖的意義，也親身體驗救贖工程所付出的代價；在代價裡有她的一部份，不是她直接向天父付出，是由耶穌自己付出。但耶穌的痛苦，也是她的痛苦，她親身因耶穌的痛苦而受苦，母子心身相連，她協助了救贖工程。

註：

㈠ 聖伯爾納德院長講道，見每日司鐸誦禱九月十五日聖母七苦節誦讀二。

第六章 教會之母

一、教會出生

救贖的工程，救世主耶穌基督死在十字架時已經完成了；但是救世的工作，總要繼續下去，因爲要使人知道有救贖的大恩，又使人接受這救贖大恩，還要使人實踐，這種救贖的工作，耶穌已經交給了宗徒們，又吩咐宗徒們交給繼任的人，而且許下祂自己將常和這些工作的人在一起，直到世界末日。

那時「五旬節」已快到了，宗徒們往耶路撒冷，瑪利亞由瑪麗約安納陪著也步往聖京。大家同聚在一個廳內，共同祈禱，廳內大約聚有一百廿個人。

五旬節的早晨，正當這一百廿人祈禱時，忽然大風震屋，巨聲如雷，天火降在眾人的頭頂，形如火舌：聖神降臨了。

聖神充滿了宗徒的心，他們立時明瞭了耶穌昔日所講的道理，心裡也具有非常的勇氣了。伯多祿開了門，出去便向大眾講述耶穌，歸化了三千人。伯多祿開始救世的工程了。耶穌曾說過在伯多祿的磐石上，要建立祂的教會，在升天以前，又把自己的信徒都托給了伯多祿，在五旬節教會出生了。

五旬節，聖神降臨啓發了宗徒們的信德，建設了宗徒們的勇力，建立了教會。在五旬節聖神降臨以前，聖母瑪利亞同宗徒們一起祈禱。那時候聖伯多祿還沒有成爲教會的首領，教會尙未出生，瑪利亞是復活升天的救主的母親，她領著那一百二十幾個人，共同祈禱。聖神降臨了，結成了基督的妙體，基督的教會。基督的妙體如同基督的身體，由聖神從聖母而生。真福依撒格院長講道說：

「天主子是眾弟兄中的長子。論本性說祂雖然是天主獨子，但藉恩寵祂卻使眾弟兄與祂聯合，而成爲一體。因爲凡接受祂的，祂給他們權能，好成爲天主的子女。」

因此，祂成了人子，使眾人成爲天主的子女。祂以自己的愛和權能使眾人與自己聯合，而成爲一體。那些人自身按人性的誕生而論，固屬多數，但他們按屬神的重生而言，則與基督合而爲一。

整個而唯一的基督，包括頭部和身體只是一個：是天上唯一天主的獨子，又是地上唯一母親的獨子。祂同時是多位子女，又是一位獨子。就如頭與肢體同時是一個兒子，又是多位子女；同樣，瑪利亞和教會是一位母親也是多位母親；一位貞女，也是多位貞女。

瑪利亞和教會，兩個都是母親，都是貞女。兩個都從同一聖神受孕，沒有情慾成份；兩個都給天主聖父生子，而未染罪污。瑪利亞絲毫未染罪污，爲肢體產生了首領；教會則藉赦罪爲首領產生了肢體。兩個都是基督的母親，但二者缺一則不能產生整個基督。」㈠

教會爲基督的妙體，基督乃妙體的頭，基督是聖母瑪利亞的兒子，祂的妙體和聖母的關係也係母子的關係。妙體的生命，爲基督天主性的生命，由聖神藉著聖洗典禮賜給信友。信友因聖洗所得天主性生命，和基督合成一體。基督妙體的生命，不是瑪利亞的血肉生命，瑪利亞在基督妙體內，也是妙體的一肢體，由基督而得天主性生命。但是瑪利亞的身份特別，她得基督的天主性生命，乃是由天主聖父預提耶穌救贖之功，在她受孕的一刻就賜給了她，所以天使加俾額爾來報喜訊時就說：「瑪利亞，滿被聖寵者，天主與你同在，……你已蒙天主寵愛。」瑪利亞在受孕的一刻，有了父母的血肉生命，又有了基督的天主性生命。天使報告喜訊以後，天主聖子耶穌降孕在她胎中，瑪利亞和耶穌相連，有血肉生命的相連，有天主性生命的相連。從耶穌基督方面說：耶穌基督爲單一的人稱，是天主又是人；祂的這個人稱是來自瑪利亞，由瑪利亞所生。教會既是基督的妙體，每個肢體由基督而得天主性生命；基督復活以後，仍舊是天主又是人，妙體的肢體所結合的天主而人的基督，仍舊是瑪利亞的兒子。基督妙體的教會便可以，而且該稱聖母瑪利亞爲母親。

梵蒂岡第二次大公會議說：

「在天神報訊時，童貞瑪利亞以心身承受了天主聖言，為世界帶來了生命，因此被認為並尊奉為天主和救主的眞正母親。由於她兒子的功績，她在一種優越的方式下獲救，並且以一種緊密而不可解除的聯繫和祂相契，她享有天主聖子之母的崇高任務和殊榮，並因此而成為聖父特別寵愛的女兒、聖神的宮殿。為了這一特殊的恩賜，她遠遠超出了天上人間所有的其他一切受造物。不過，作為亞當的後裔，她也側身於需要救援者的行列，而且她「確為（基督）肢體的母親……因為她以愛德的合作，使信友在教會內得以誕生，作為以基督為首的神妙身體的百肢」。因此她被尊為教會最崇高、最卓越的成員，並為教會在信友及愛德上的典型和最卓越的模範，公教會在聖神教導下，以兒女孝愛之忱，尊她為最摯愛的母親。」（教會憲章 第五十三章）

二、教會成長

耶穌升天後，宗徒們分行小亞細亞和羅瑪各地傳道，聖若望宗徒奉養聖母，開始不住在耶路撒冷。保祿宗徒第一次上耶路撒冷時，沒有見到若望，因爲他說：「過了三年，我繞上耶路撒冷去拜見刻法（伯多祿），在他那裡逗留了十五天，除了主的兄弟雅各伯，我沒有看見別的宗徒。」（迦拉達書第一章第十八節）十四年以後，保祿第二次上耶路撒冷時，遇到若望，他說：「那稱爲柱石的雅各伯，刻法和若望，就與我和巴爾納伯握手，表示通力合作。」（同上，第二章第九節）但是若望那時是否住在耶路撒冷，在歷史上沒有證據；在傳說上，若望則常在厄弗所，傳說也說聖母瑪利亞常住在這裡。聖若望宗徒在宗徒中爲宣傳仁愛的宗徒，他自稱爲耶穌所寵愛的門徒。聖母瑪利亞和聖若望同居時，日日談著救世的愛心工作，她的愛心貫注到聖若望心中，聖若望成了愛的宗徒。

聖若望的愛特別顯出在愛基督，他愛基督爲老師，又愛基督是天主聖子，是天主的聖言，聖言就是天主。那時已經有人傳說異端，說耶穌基督不是天主聖子，聖若望在書信裡說：「誰是撒謊的呢？豈不是那否認耶穌爲默西亞的嗎？那否認父和子的，這人便是假基督。凡否認子的，也否認父；那明認子的，也有父。」（若望一書第二章第二十二—二十三節）又說：「凡信耶穌爲默西亞的，是由天主所生的；凡愛生他之父的，也必愛那由他所生的。」（同上，第五章第一節）他再又說：「的確，有許多惑人的，來到了世界上，他們不承認基督是在肉身內降世的。這樣的人，就是迷惑人的。」（若望二書 第七節）若望說明有兩種異端：一種說耶穌不是天主，一種說耶穌不是人。這兩種都破壞聖母瑪利亞和耶穌的關係，都否認她是天主之母，聖若望極力辯駁。到了第四世紀，這兩種異端竟成爲兩個神學派，而且成爲裂教。聶斯托略(Nestorius)否認基督是天主，主張聖子爲天主所造。不是聖父所生，不與聖父同體同性。歐立克(Eutiche)則主張耶穌的人性被天主性所吸收，和普通人不一樣，人性和天主性混合一起。

聖母瑪利亞在生時，克守當時社會成規，絕不出面干涉教會的事，她愛教會爲耶穌的教會，然祇靜悄地爲若望經理家務，爲教會祈禱。聖母去世升天，她繼續爲教會祈禱，教會也敬禮聖母爲教會和信友的中保。梵蒂岡第二次大公會議說：「照聖保祿的話，我們的中保只有一位：「因爲天主只有一個，在天主與人之間的中保也只有一個，就是取了人性的基督耶穌，他奉獻了自己，爲眾人做贖價。」（弟茂德前書 第二章第五—六節）瑪利亞之爲人類慈母的地位，絲毫不遮掩或減削基督爲唯一中保的意義，反而顯出其力量。因爲榮福童貞對人們所有的任何有益的影響，並非出自一種必然性，而是來自主的心願，來自基督的豐富功續，依憑基督的中保身份，完全從屬於這種身份，並從而吸取其全部力量。聖母的地位絲毫不妨礙信友和基督間的直接契合，反而促進其實現。」（教會憲章 第六十節）

「連同天主聖言降生成人，童貞聖母自無始之始便被預定為天主的母親；由於天主上智的措施，童貞聖母在人間作了救主的母親，祂的特出慷慨伴侶，及上主的謙遜婢女。她懷孕、生產、養育了基督，她在聖殿裡將基督奉獻給聖父，與死於十字架的基督共受痛苦，以服從、信德、希望和熾熱的愛情和救主超絕地合作，為重建人靈的超性生命。因此，在聖寵的境界內，聖母是我們的母親。」（同上，第六十一節）

「在聖寵的境界裡，瑪利亞為母親的這種職分，一直延續不斷，從天神來報時她以信德表示同意，她毫不猶疑地在十字架下堅持此一同意，直到所有被選者獲得榮冠的時候。事實上，她升天以後，猶未放棄她這項救世的職分。而以她頻頻的轉求，繼續為我們獲取永生的恩惠。以她的母愛照顧她聖子尚在人生旅途上為困難包圍的弟兄們，直到他們被引進幸福的天鄉。因此榮福童貞在教會內被稱為保護人、輔佐者、援助者、中保，不過這一點的意思，對基督唯一中保的尊嚴與能力，並無任何增損。原來任何受造物都不能和降生成人的聖言及救主相提並論；不過正如基督的司鐸職可以各種不同方式為聖職人員和信眾所公享，天主的惟一美善實際上也以各種不同的形式分佈於受造物之中，同樣的，天主的唯一中保身份，也不否定在受造物之中由同一源頭分出不同形式的合作，而且促使如此合作。

於是教會便不猶豫地公開承認瑪利亞的這一從屬性的身份；教會對它也有不斷的切身經驗，並勸教友珍愛它，為使教友在這慈母的助佑扶持下，和中保而又是救主的相契更形密切。」（同上，第六十二節）

「教會對它也有不斷的切身經驗」，在天主教會的歷史中，多次在嚴重的困難中，獲得聖母瑪利亞的助佑。當中世紀世俗化的風俗，糜爛了教會聖職人員的生活時，聖方濟和聖道明創立乞丐修會，以神貧重建基督的精神，聖方濟是以亞細細的小聖母殿(Portiuncula)作修會的中心，聖道明則以玫瑰經作傳道的護盾。每年十月七日的玫瑰節，乃是教宗聖碧岳所定，以紀念一五七一年，因歐洲各國教友共同念玫瑰經，求聖母援助，歐洲聯軍在拉龐多(Lepanto)和回族海軍大戰時，大獲全勝，確係歐洲的天主教會。近世紀每當教會有急難時，教宗常呼號信友勤唸玫瑰經，呼求聖母助佑。聖母在天上仍以母親的愛心，照顧教會，我們祇要看在露德、在法蒂瑪，聖母顯現，指導人民悔過，誠心唸玫瑰經，默想耶穌降生、受難、復活的奧蹟，充份承受救贖的恩惠。

三、教會的典型和模範

耶穌降生、受難、復活的奧蹟，聖母瑪利亞親身參與。奧蹟的主體是耶穌，聖母瑪利亞則是協助和分享者，她對這些奧蹟的愛心和應付的忠誠，乃是教會每位成員和整個教會的典型，全體信友都應追隨她的榜樣。梵蒂岡第二次大公會議說：「榮福童貞以其和聖子救主相契而身爲天主母的這一恩賜和職分，又以其特別享有的恩寵及職分而和教會有密切聯繫。依聖盎博的意見，天主的母親，因其信德、愛德及與基督完美結合的理由，是教會的典型。實際上，教會也有理由被稱爲慈母與貞女，可是在教會的奧蹟內，榮福童貞瑪利亞，已經提前以卓越特殊的方式提供作母親同時又爲童貞的表率。因爲她有信心，能服從，未曾和男子接觸，因聖神的庇蔭而在人間產生了天主聖子，她是新厄娃，她未聽從古代的毒蛇而毫不猶豫地信仰了天主的使者。她所生的兒子，由天主立爲眾弟兄中的長子（羅馬書 第八章第二十

九節），眾弟兄即是教友們，瑪利亞以母愛對他們的重生和養育，盡其合作的職分。」（教會憲章 第六十三節）

「教會默觀聖母深奧的聖德，仿效她的愛德，藉著忠實承受於天主的聖道實踐聖父的旨意，教會自己也變成了母親，因為教會以講道和聖洗聖事，把聖神所孕育、天主所產生的兒女，投入不朽的新生命中，教會也是童貞，因為教會純潔完整地保存著對基督淨配的忠誠，教會並效法其主的母親，靠聖神的能力忠貞地保持完整的信仰、堅固的希望、誠摯的愛情。」（同上，第六十四節）

「雖然教會在聖母身上已經達到她那無玷無瑕的完美地步（厄弗所書 第五章第二十七節），基督的信徒們卻仍在努力克服罪惡，增進聖德，因此，他們仰望瑪利亞，她是照耀整個特選團體的聖德表率。教會以孝愛的心情思念她，在降生成人的聖言光輝照耀下靜觀她，以虔敬的心情深入於聖言降生的崇高奧蹟中，並日益肖似其淨配基督。因為瑪利亞深刻地加入了救贖事業的歷史，她似乎一身兼蓄並反映著信仰的重要內容，當她受到歌頌和敬禮時，同時也號召信友們接近她的聖子及其犧牲，接近天父的眷愛。同樣，教會在追求基督的光榮時，也就越加肖似其崇高的典型，在信仰、希望，及愛德上繼續前進，在一切事上尋求並追隨上主的旨意。因此，對於宗徒事業，教會也理應注目於瑪利亞，她因聖神受孕，以童身生了基督，這樣使基督藉著教會得以在信友們的心裡誕生並成長。童貞聖母的生活是母愛的懿範，所有負著教會的宗徒使命，從事人靈重生工作的人員，都應懷著這種母愛精神。」（教會憲章 第六十五節）

聖母瑪利亞爲教會的母親，母親對於子女以愛心教養，時常口教身教不停，瑪利亞在福音裡說話很少，行事也不多；但是在耶穌誕生時，她充份顯出對耶穌的親愛；在耶穌受難時，她充份地分擔耶穌的痛苦；在耶穌升天後，她不斷地祈禱，和耶穌精神密切結合；這些事實的身教，指引每個信友度信仰的生活，深入救贖的奧蹟。

「耶穌的母親現在身靈同在天堂安享榮福，她正是教會將來圓滿結束時的預象與開端；同時，在此人世，她給旅途中的天主子民明白指出確切的希望與安慰，直到主的日子來臨的時候（參閱伯多祿後書 第三章第十節

）。」（教會憲章 第六十八節）

四、教會的敬禮

聖母瑪利亞爲天主的母親，又爲教會的母親，教會向聖母舉行崇高的敬禮。天主教會所崇拜的，爲唯一的天主，信友應愛天主在萬有之上，又應全心、全力、全意愛天主。唯一的天主是三位一體的天主：聖父、聖子、聖神，三位同性同體。聖子降生成人，被難、復活、升天，教會對耶穌的崇拜，是崇拜天主。聖神降臨宗徒們和信友心中，繼續聖化工作；教會崇拜聖神也是崇拜天主。聖母是人，不是天主，雖然是天主耶穌之母，還是自稱爲天主的婢女。我們中國的孝道，規定皇帝也應敬拜自己的母親，自稱皇子，全國人民也一律敬拜母后。聖母在教會的敬禮，是救世主耶穌基督的母親之敬禮。基督的母親生了基督的人性身體，她是人，不是神靈，教會敬禮聖母，不是敬神，更不是敬禮天主。

「瑪利亞，因為是天主的母親，參與了基督的奧蹟，由於天主聖寵的舉拔，她只在聖子以下，高出一切天神世人以上，所以理當受到教會特別的崇敬。從很古老的時代，榮福童貞已被尊以『天主之母』的榮銜，信友們在一切危難急需中，都呼求投奔她的護佑。尤其自厄弗所會議以來，天主的子民對瑪利亞的敬禮，在敬愛、呼求及效法方面，有了驚人的發展，恰如她的預言：『從今以後萬世萬代要稱我有福』（路加福音 第一章）。這項在教會內經常存在的敬禮，雖具有絕無僅有的特徵，但對降生的聖言，對聖父及聖神的欽崇禮，仍然有本質上的區別，而且特別能促進這項欽崇禮。原來教會在健全而正統的教義範圍內，根據時代和地區的情況，根據信友們的習尚，批准了對天主之母的若干敬禮形式，其目的是要教人在敬禮聖母之際，也認識、愛慕、光榮基督，並遵行其誡命，因為一切都是為祂而存在（參閱哥羅森書 第一章第十五—十六節），天主聖父「樂意使充分的圓滿定居在祂內」（同上，第十九節）」（教會憲章 第六十六節）

本屆神聖大公會議有意教誨這項公教教義，同時還勸勉教會所有的子女都要努力推行聖母敬禮，尤其屬於禮儀性質的敬禮，並要重視多世紀以來教會訓導當局所推崇的敬禮聖母的方法與善工，並要謹守教會在已往對崇奉基督、聖母及聖人們的聖像所有的規定。教會更叮囑神學家與宣講聖道的人，在論及天主之母的特殊地位時，應該用心避免一切虛妄的誇大與心地的狹隘。在教會訓導當局領導之下研究聖經、教父、聖師以及教會禮儀的人，應當正確地闡述榮福童貞的職責與特恩，這些職責與特恩都歸宗於一切眞理、聖善和虔敬的源頭基督。在言語行動上，凡可能導致分離的弟兄們或其他人等誤解教會眞理的事情，尤須謹避。信友們應當記得，眞正的熱心既不在於一時的、空虛的感情衝動，也不在於一種毫無根據的輕信妄念，而是來自眞純的信仰，由此信仰引領我們體認天主之母的卓越尊位，並激勵我們以兒女的孝心敬愛我們的母親，效法她的德表。」（同上，第六十七節）

到歐洲旅遊的觀光客，在義大利米蘭，法國巴黎，德國科倫，都非常佩服歌德式聖母大殿的偉大秀麗，彫刻和建築，達到美煥絕倫。再到歐洲的博物館和油畫館，驚訝地欣賞畫家所繪聖母瑪利亞像，文藝復興的大畫家每人留有令人讚嘆不絕的聖母畫像，教會敬禮聖母的熱情，深入信友的心中，構成了歐洲文化的一部份。

註：

㈠海星院長真福依撒格講道：見司鐸每日誦禱將臨期第二主日星期六誦讀二。

第七章 人類之母

一、聖母升天

「有婦人披太陽，足踐太陰，首冠十二天星，懷妊，將分娩，負痛而號。……龍伏產婦前，俟其分娩，以吞其子，婦舉一男。……婦乃遁跡曠野……。」（默示錄 第十二章第一—五節）

首冠十二星的婦人，即是產生耶穌的瑪利亞，耶穌現在又開始一種新生命，重生在自己的妙體裡。瑪利亞在聖神降臨日，因著聖神產生耶穌的妙體。龍魔伏在她跟前。等著吞吃產生的嬰兒，耶穌的妙體剛生下來，成爲聖神降臨日的五千多人合成的教會。龍魔馬上縱使司祭長捕拿伯多祿和若望，加以訓責，禁止傳道。想把新生的教會撲滅。

然而教會反日見興盛，宗徒們廣行靈蹟，龍魔乃令司祭長鞭笞伯多祿，又驅使猶太人石擊斯德望。龍魔多方設計，要把耶穌的妙體，一口吞下去。

「婦乃遁跡曠野」。聖教會—耶穌的妙體—產生後，瑪利亞隱跡遁身，經傳上再不見她的事跡了。

宗徒們沒有分行天下以前，若望留住耶路撒冷，瑪利亞由他奉養。若望後來傳教小亞細亞，任厄弗所城主教，史傳不言他接瑪利亞到任所。(一)

瑪利亞大約不能隨著若望遠走到小亞細亞。當日宗徒們都是行蹤不定，而且時時冒著生命的危險。他們以前有家室的人，都不能把家人帶在身邊。若望爲著聖母的安全，或許將聖母託給耶路撒冷的信友。

巴肋斯坦爲瑪利亞，已經是處處留有耶穌足跡的聖地，耶路撒冷爲她，更是步步都有耶穌的紀念。耶穌誕生的山洞，是在城外的白冷。在城內的聖殿裡，她曾經奉獻了耶穌嬰孩，曾經尋獲了童年的耶穌。在羅馬總督衙門前，她見過耶穌受審；在城內的石路上，她看見耶穌肩負十字架；在哥耳哥達山岡，她看到耶穌被釘。山岡下還有耶穌的墓園，城內又有耶穌的晚餐廳，和聖神降臨的廳室。

多少次，瑪利亞同著女伴們，再去訪尋這些聖地！每一處，使她重新見到耶穌。

她的生活，如今完全只在想念耶穌，耶穌活著時，她照顧耶穌的肉體，她常是勤作，如今耶穌肉體不需要衣食了，瑪利亞也不必爲他奔走。她雖是每天還作著家中的瑣事，她已經不留意到這些動作了。他的生活，已經完全在她的心內，她是一心愛著在天的聖子。

她不是一個喪了獨子的母親，只是獨自度著回憶的生活，她的兒子如今又是活著，她是度著希望的生活，她切望著看見她的兒子。她的希望勝過世間愛人們相尋的希望，超過天下一切聖人愛天主的熱切。

僞經聖母臨終記(Transitus B.M.V.)幻想聖母臨終時，分散天下的十二位宗徒，忽然雲集耶路撒冷，送終舉葬，多默宗徒遲到，堅請開棺一瞻聖容。啓棺，不見了遺體，棺中滿鋪香花，宗徒等乃信聖母肉體已升天堂。(二)

在僞經以前，教會的聖傳，已信聖母肉體升天。疾病死亡和屍體化泥，都是原罪的罰，瑪利亞不染原罪，她一生沒有疾病，不覺衰老。她因著愛火過甚，靈魂離開肉身，肉身安眠，隨即飛升天域，一生冰清玉潔，不染罪污的肉軀，曾懷孕了天主聖子，不能長留地下，被蛆蟲所食。

死亡，是罪惡所造。天主造人時，賦予亞當、厄娃長生的殊恩，不經過死亡而升天，亞當、厄娃違背造物主的禁令，沒有勝過考驗，成了天主的對抗者，長生的殊恩被取消了。天主對亞當說：「你是由土來的，你既是灰土，你還要歸於灰土」（創世紀 第三章第十九節）亞當的子孫逃不了死亡，有生就有死。耶穌是天主又是人，耶穌的人性身體也死在十字架上，作爲救贖的代價。聖母瑪利亞既然是人，雖沒有染原罪，也免不了要死。人死後軀體的腐化，則是原罪的流毒，而且又是物理上的自然結果，因爲人的身體是物質，物質不能長留不變。耶穌基督的身體，既然和天主性結合成一人稱，雖然按人性說要死，但是身體已受天主性所聖化，天主性的神力貫通了耶穌身體的各部份，身體的各部份已因神力而結成一個不可分化的身體。耶穌死後乃復活，身體和靈魂完整地一個人升天。聖母瑪利亞的血肉，和耶穌的血肉相連，耶穌的血肉受天主性的神化，在胚胎中也聖化了聖母的血肉。這樣，聖母的身體雖死而不化爲灰，同耶穌一樣復活升天。

聖母瑪利亞從始胎不染原罪，一生沒有玷染本身的罪污，身體百肢從來沒有作罪惡的工具，祇是常用爲敬禮天主，宜於在死後不腐朽，而復活升天。

一九五〇年十一月一日，教宗碧岳第十二世，隆重地舉行典禮，欽定聖母升天爲教會信仰的信條。教宗的詔諭說：

「教會的教父和偉大聖師們，在聖母升天慶節向信眾講道時，都以教友們已知和已接受的真理爲主題。他們只是把這道理的意義和事實，予以更明確的解釋，他們特別清晰地指出：本慶節不僅是爲紀念聖母的聖肉身死後從未腐朽，而且是爲慶祝她戰勝死亡，和在天上所受的榮耀，一如她的獨生子耶穌基督那樣。」

達瑪森・聖若望是這項傳統真理最傑出的宣講者。他把天主聖母的肉身被提升天的事，與她所受的其他恩賜和特恩加以比較，他侃侃地說：「聖母在分娩時既保持了童貞不受損傷，死後也理當保存她的肉身不受腐朽。祂既在胎中孕育了造物主，一如親子，理當居住在天主的帳幕裡。天父所迎娶的新娘，理當住在天上的洞房裡。她既然瞻仰了被釘在十字架上的兒子，受了如劍穿心的痛苦—她在生祂時所免受的產痛—也理當瞻仰她與聖父高居寶座。她既是天主之母，理當享有其子所擁有的權利，並被一切受造物尊敬爲天主之母和主之婢女。」

君士坦丁堡的聖日爾曼認爲：天主之母童貞瑪利亞的肉身，未曾腐朽而被提升天的特恩，不僅適合於她爲天主之母的身份，而且，也適合於她那具有傑出聖德的童身。他說：「妳正如經上所載，美麗絕倫的童身，完全貞潔、完全神聖，整個是天主的住所。因此它永不會再歸於灰土；但是由於是人性的身體，必須經過改變，才能達到那不朽的超越生活。是這同一人性身體，享有一個嶄新而極光榮的存在，並保持完整無缺，享受一種完美的生活。」

另一位古代的作家曾肯定說：「瑪利亞是生命與永生的施與者 — 救主基督，我們的天主最光榮的母親，基督便使她與自己一樣復活，並永遠分享祂肉身的不朽。祂使聖母從墳墓中復活起來，並以祂獨知的方式把她提升到祂自己身邊。」

這些教父們的推理與觀察，均以聖經爲最後根據。聖經記載，主的母親與她的聖子的關係親密無比，常與祂同甘共苦。

尤須注意的是：從第二世紀始，教父們便把童貞瑪利亞看作新厄娃。她隸屬在新亞當權下，但在對抗人類仇敵的戰鬥中卻與祂密切聯合在一起；這場戰爭，一如原始福音所預言的，當以對罪惡與死亡的徹底勝利爲結束。罪惡與死亡在外邦使徒的書信中，總是密切相關的。因此，基督的光榮復活是這勝利的主要行動，和最後獎品。童貞聖母既與其子共同作戰，她的聖身也應受到最後的光榮。一如同一使徒所說：「這必死的將穿上不死的，那時就應驗了經上這句話：死亡在勝利中被吞噬了。」

這樣偉大的天主之母，從永遠開始，照天主預定的計劃，就以神妙的方式與耶穌基督結合在一起；她始孕無玷；成爲天主之母，卻仍然是童貞女；她是基督贖世的英勇伴侶，完全戰勝了罪惡及其後果。最後她獲得了諸特恩之冠：在墳墓中免於腐朽。她也與聖子一樣，在戰勝死亡之後，靈魂和肉體一同被提升天，獲享至高的光榮；在天上，她以母后的身分，坐於她聖子──永生不死的君王──右邊，大放光明。(三)

二、天地元后

中國人的傳統，皇帝的母親，尊爲全國人的母后，位在一切官吏親王以上，受全國人的尊敬。現在民主時代，皇帝和國王，位尊無權，母后更是退居後宮，沒有顯赫的地位。天主教會尊奉耶穌爲君王，不是給耶穌進呈尊號，而是承認聖子耶穌的權位，宇宙萬物和人，由祂所造，全球人類，由祂所救贖。聖父把一切治理宇宙和審判人類的大權，都交給了聖子。耶穌君王不是民主憲政的君王，而是統治天上、人間和地獄操有生死大權之主宰。耶穌的母親瑪利亞，理所當然地是天上人間的母后，當然位在耶穌之下，一切衆生之上。

在天堂上，沒有所謂人間的制度；天朝神聖不像人世皇廷分著等級排別。天朝所謂高下，應是與天主結合關係的密切。耶穌的人性和天主性接合成一體，爲本體的結合，耶穌又是天主又是人，沒有人可以相似祂。按人世制度說祂是神人的君王，天朝上最崇高的一位，坐在天主聖父之右。聖母瑪利亞懷孕耶穌，和耶穌的人性是血肉相連，和耶穌的天主性透過耶穌的血肉而相連，是人世獨一的和天主密切結合的方式，超過天朝的天使和聖人以上，祂是緊跟著耶穌，按人世的制度說：她是天地的元后，位只在基督以下。

耶穌和聖母瑪利亞，兩位和天主的結合，爲特殊的結合，普通的結合是愛心的結合，愛天主越強的，和天主相結合越緊。聖母瑪利亞愛天主聖三，愛心的熱烈超過天朝任何的神聖。再者，和天主相結合，又在於和天主相似，天主造人，按自己肖像造了人，人在生活中，效法天主行善德，便在行動上相似。聖母瑪利亞既在始胎一刻就免除了原罪，沒有肉慾的牽引，從來沒有犯罪離開天主，一舉一動，一思一言，都是善德，都受天主的獎勵，她是人中最肖似天主的受造者。在天主方面，天主愛一人，就賞賜聖寵，聖母瑪利亞是滿蒙聖寵者，教會神學家一齊認爲聖母所蒙受的聖寵超越所有天使聖人所受的聖寵之總合。聖母瑪利亞在耶穌基督以後，是第一位更和天主結合的的人，所以說她位在一切天使聖人以上，而按我們人的看法，聖母升天時，天主封她作天地的元后，給她加冕。耶穌基督身爲天上、地上、地下的君王，母后便應是天上、地上、地下的元后。

新經默示錄第十二章說：「這時候，天上出現了一個神祕的景象，一個女人身披太陽，腳踏月亮，頭上戴著一頂有十二顆星的冠冕。她快要生產。」（第一節）我們教會的遺傳，解釋這個女人象徵聖母瑪利亞。聖伯爾納德院長有一篇證道詞，解釋這種景象，他說聖母身披天主聖三的陽光，光耀四射。月亮象徵天主教會，聖母腳踏教會，不是蹂躙教會，而是以聖教會作立足點，作基石。頭上冠冕嵌著十二顆星，象徵十二項特恩。十二項特恩分爲三類：第一類是上天的特恩，第二類是身體的特恩，第三類是心靈的特恩，每類特恩各有四項，共有十二項特恩。上天的特恩是：無原罪受孕、天使來報、聖神來臨、聖言降孕；身體的特恩是：童身貞操、無慾而孕、懷胎無累、無痛而產；心靈的特恩是：含羞的柔和、謙遜的虔誠、堅信的達觀、心苦的殉道。這十二項特恩，裝飾了聖母瑪利亞的品格，有如十二顆星辰，珍瑩發光。㈣

聖雅美德主教證道說：

「請看，這是一個多麼合理的安排：瑪利亞在光榮地被舉升天以前，她的美名已經光耀全球，她的令譽已經流傳各地。這位童貞母，爲了她兒子的光榮，理當首先在世上爲王，然後光榮地蒙召升天；先在地上滿被恩寵，然後上升進入天上的聖所；她曾藉聖神幫助在德行的道路上前進，由一種美德，進到另一種美德，同樣她從一種榮耀被高舉到另一種榮耀。

當她在世生活時，已提前嚐到將來王國的初果：有時她神魂超拔，上升到天主面前，有時卻以超凡的愛德與地上的人周旋。從天上有天使們恭敬她，在世上有人們尊崇她。天使佳播曾偕同其他天使服事瑪利亞，童貞使徒若望有幸在十字架旁，得見將童貞聖母託付給他，並同其他使徒事奉聖母。天使們視之爲母后，使徒們視之如主母，都歡欣踴躍，並以虔敬之情孝愛聖母。

瑪利亞高居於諸德的頂峰，滿盈天主極富裕的恩寵，她的恩澤浩蕩無際，超越一切，源源不絕地傾注到信而渴望的子民身上。她擁有使身體和靈魂起死回生的能力，能賜人身體健康、靈魂痊癒。哪一個病人，或憂苦的人，或不知天上奧蹟的人，投靠她而被拒絕的呢？有誰去求吾主之母而不欣獲所求，滿載而歸的呢？

享有如此富裕恩寵的新娘，唯一新郎的母親，極其甜蜜，極令人羨慕她的幸福，她像精神花園中的水泉，又是賦予生命的活水之源，這活水從天主的黎巴嫩山，從熙雍聖山湧流而出，直傾瀉到遠近的各國，而成爲和平的江河，及天上恩寵的溪流。因此，諸童貞的童貞，在眾天使、總領天使和天上諸聖的歡呼聲中，由天主萬王之王 — 她自己的聖子 — 高舉升天的時候，便應驗了聖詠作者向主所說的預言：『王后身穿錦衣華服，佩戴各種金飾，侍立在你右邊。』」(五)

三、世人表率

聖母瑪利亞被舉到天上、地上、地下一切受造天使人物以上，當然因爲她是天主耶穌的母親，身份崇高，又因爲她滿被聖寵，受天主的特別寵愛；但也因爲她品格高尚，峻高美德，足作世人模範。

福音所載聖母瑪利亞的言行很少，但所載的簡短的言行中，歷代教會作者都能推出至高的美德。

貞操。天使加俾額爾（佳播）來報喜訊，報以將懷孕生子，所生兒子非常偉大，爲至高者的兒子，將繼承祖先達味的御座，祂的王國永世無疆。瑪利亞卻答說：「這事怎麼能成？因爲我不接觸男人！」瑪利亞表明自己不接觸男人，不僅是當前的事實，而且是將來的志願。假使沒有守貞的志願，她已經許配給若瑟，和若瑟成婚，就可生兒子，她又何必問這個問題。在瑪利亞的心目中，她更愛守貞，不接觸男人，也不願生一位地位極高的兒子。童貞被她給與最高的評價。天使加俾額爾看出瑪利亞的關心點，直接答說：「您不要怕，天主聖神將降臨您身，至高者的德能將庇蔭您，因此您所生的，稱爲天主子。」瑪利亞知道天主的特恩，不損她的守貞的志願，她才給與同意。瑪利亞後來在耶穌出生以後，仍舊一生守貞，她稱與「卒世童貞」。在情慾放蕩，男女貞操掃地的社會裡，聖母的貞潔確是「出污泥而不染」，放出清幽的芬芳。

謙遜。聖伯爾納德院長特別指出，貞女沒有謙遜，貞潔是虛套，藉貞操以炫人，貞操不可持久。瑪利亞已得天使說明；藉聖神的德能，孕育「天主子」，卻答說：「我是天主的婢女，在這裡謹候天主如你所說的旨意。」知道身爲「天主之母」，自己則稱爲天主的婢女。在耶穌誕生的各項記載中，都是若瑟作主，引她往白冷郡報戶籍、引她逃往埃及、引她回住納匝肋。當耶穌十二歲時獨自留在耶路撒冷聖殿，三天後，父母找到了祂，瑪利亞向祂說：

「祢的父親和我，痛苦地找祢」。瑪利亞把若瑟放在自己以前，耶穌講道，聖母去看祂，祇站在門外等候，煩人捎個信進去。耶穌升天後，宗徒們和一百二十位信眾共同祈禱，瑪利亞同在一起，宗徒大事錄記載宗徒們的名字，最後說：「當中也有幾個婦女和耶穌的母親瑪利亞，以及他的兄弟們。」（第一章第十四節）顯示瑪利亞自己沒有以救主的母親自居，自己夾在婦女們當中，無聲無色，這些都是小事，小事卻顯示日常生活的態度，瑪利亞常隱藏自己，不像福音記載的另一位瑪利亞以香油敷耶穌，也不像瑪利亞馬達蘭堅守耶穌的墳墓，聖母瑪利亞從不招人注意，祇承認一切恩惠都是天主垂顧她的卑微，心地常是謙虛。

靜默。聖若瑟在福音裡爲一位靜默的人，沒有說一句話，祇是奉行天主的旨意作事，聖母瑪利亞也是一位靜默的女子，福音雖然記載了她的片言半語，不是什麼暢談高論，祇有在表姐讚揚她的身份後，她歌頌了一篇讚揚天主的感恩詞。聖保祿宗徒曾經嚴厲地責斥一些年輕寡婦，日常串門穿戶，饒舌評論人家長短，挑撥是非，訓令她們還是早日再嫁。（弟茂德前書第五章第十四節）聖母瑪利亞則守口如瓶，靜默反省。路加福音兩次說明瑪利亞把耶穌的重要遭遇，默記在心裡，反覆省思。耶穌誕生時，牧童們受天使指示，往山洞朝賀聖嬰，「瑪利亞把這一切事，牢記在心裡，反覆思想。」（第二章第十九節）當耶穌十二歲時，獨自留在耶路撒冷聖殿，若瑟和瑪利亞找到了祂，「祂就跟他們回納匝肋去，事事都順從他們。祂母親把這一切事都記在心裡。」（同上，第五十一節）把耶穌重要的事牢記在心裡，反覆思想事件的意義，實行默禱。瑪利亞的心完全繫在耶穌身上，人世間的事，進不了她的心內，心裡有了天主耶穌，心已滿足了。當耶穌講道顯靈外，全猶太各地都講論耶穌，聖母瑪利亞嚴守靜默隱居納匝肋家中。

愛德。當耶穌誕生後，牧童和東方三賢士，受天主指示，來朝聖嬰，福音記載說：他們看見了瑪利亞和聖嬰。當產後四十天，耶穌聖嬰被獻於聖殿，西默盎老人從瑪利亞手中接過嬰孩。通常在對嬰孩發生不尋常的事時，嬰孩的母親就有敏感，保護嬰孩，不讓別人好奇看或抱。聖母瑪利亞卻不表現疑慮，不對別人予以排斥，以誠心待人，就合人家的願望。在加納婚宴時，則表示衷誠的愛心，關心並體貼旁人。新婚筵席缺酒，將使客人掃興，使主人失顏面；瑪利亞自動請耶穌顯靈，明知爲耶穌有困難，因爲還沒有顯過靈蹟，且不便爲用酒助興而顯靈，瑪利亞還是因著愛心自動向耶穌說：「他們沒有酒了。」耶穌雖答說事情和祂母子沒有關係，祂顯靈的時候沒有到，仍然著重母親的關心別人的一片愛心，顯了第一個靈蹟。這個靈蹟可以說是耶穌和瑪利亞母子愛心的靈蹟。

勇毅。在耶穌獻堂時，西默盎說一把劍要刺透瑪利亞的心。這句話常記在瑪利亞的心中。聖伯爾納德院長說：耶穌被釘在十字架上，已經斷了氣，一個兵士用長鎗刺透了耶穌的肋旁，傷到耶穌心臟，耶穌已不覺得痛苦，站在十字架傍的聖母瑪利亞似乎覺得那一鎗刺透了她的心，雖沒有像耶穌的血和水從肋旁流出，她的血是向內流，流在自己心裡。若望福音記載說耶穌看見站在旁邊的母親，瑪利亞站在十字架旁邊，不是遠遠的望著，不是昏迷暈倒，不是抱頭大哭，瑪利亞站在十字架傍，一位寡婦，眼看自己的獨生子，被冤枉釘在十字架上，流盡鮮血，口渴唇焦，行將斷氣，她心中的痛苦，可以說是人世間絕無僅有的，瑪利亞站在十字架傍，痛苦沒有打倒她。在納因城外，耶穌曾看見一個寡婦送自己的獨生子去埋葬，流淚痛哭，耶穌動了慈心，顯靈復活了她的兒子。耶穌看到自己的母親站在十字架傍，祂動了孝心，把母親托給站在一旁的愛徒若望。米開朗琪羅(Michelangelo)彫刻聖母瑪利亞接抱耶穌遺體的著名石像(La Pieta)，耶穌面容安祥，肢體柔和，聖母容貌安靜，雙唇緊閉，鎖住心中的痛苦，全身露出剛健、慈祥、高雅的氣質。聖伯爾納德院長稱聖母爲「心靈殉道者」，祂眼見耶穌傷痛至死，她自己想死卻不能死，她的傷痛全在心頭。「或許有人說：「她不是早已知道祂是要死的嗎？」「一點也不容懷疑。」「她不是常希望祂復活嗎？」「是堅信不疑。」「這樣還爲被釘死者痛苦？」「非常痛苦！」若不這樣，你爲什麼以瑪利亞同苦的痛苦，較比兒子被釘的痛苦多可驚訝呢？兒子以身體可以死，她卻心痛同死而不能。兒子被釘完成了不可超越的愛德，她心靈殉道也完成了後無來者的愛德。」㈤聖母瑪利亞乃能參預耶穌的救世工程。聖伯爾納德院長更有一篇聖母頌：

「只有生於童貞的誕生才與天主的尊高相稱；同樣，也只有這種生子的方式適於一位貞女：她所生的就是天主。因此，造人的天主應從眾人中揀選，或最好說，創造一位相稱而使自己中意的母親，以使自己生自人，並成爲人。

爲此，祂願意祂的母親是一位貞女，好由無玷之母出生無玷之子，以便後來滌除萬民的罪污。

祂願意祂的母親也是良善心謙的，好由良善心謙者，出生良善心謙之子，祂將成爲這些美德的楷模，這些美德爲萬民的得救也是必需的；所以祂先啓發她發願守貞，賞給她謙遜美德，然後才賜她懷孕自己。

否則，倘若她有些許缺點，非來自聖寵，天使怎能向她說：「萬福，滿被聖寵者」呢？因此，那將懷孕並將產生聖者中之聖者的女子，早已在心神方面領受了守貞與謙德的恩賜，好使她在肉體方面也是聖潔的。

這位王家貞女，身潔心清，諸德俱備，美麗超群，容光煥發，甚至引起天上神聖的注視：天上的君王開始戀慕她，從天上給她頒佈聖旨。

福音記載：「天使奉天主差遣到一位童貞女那裡去」。她冰清玉潔，矢願守貞，像保祿使徒所描寫的，她身心聖潔，而且她不是最後或偶然被發現的，而是自永遠即被揀選的，由至高者天主所預先認識的和準備好的，由天使所保衛的，由古聖祖所預示的，由先知所應許

的。」(六)

四、人類之母

1. 聖母是我們的母親

當梅瑟召集以色列民族，聚集西乃山下，靜聽天主的訓示，「山上雷電交作，濃雲密布，角號（天號）齊鳴，此時在營中的百姓戰戰兢兢，梅瑟叫百姓從營中出來迎接天主，他們都站在山下。此時西乃山全山冒煙，因爲上主在火中降到山上，冒出的煙像火窯的煙，全山猛烈震動」（出谷記 第十九章第十八節）以色列民族向梅瑟說以後求天主不要親自向我們講話，祇由梅瑟向他們傳話，免得天主的威嚴使他們戰慄致死。舊約的天主，顯示正義的天主，威儀震人。到新約時期，天主遣聖子降生救世，將對宇宙一切權力都賜給了聖子。聖子耶穌在世常自稱人子，顯露對人的慈愛和友情，聲明是來救世不來判世，對罪人特表同情。但是復活升天以後，末次再來時，則在威嚴中同天使降來，米開朗琪羅所繪末世審判圖，耶穌極顯威嚴，默示錄開端，聖若望述說神見耶穌，他本是耶穌最愛的門徒，但「一看見他，就仆倒在他腳前，像死人一般，他用右手按著我說：不要怕，」（第一章第十七節）在現世，耶穌雖隱藏在聖體裡，絲毫不露形色，我們到聖體前，仍舊心存謹慎恐懼。在我們和天主之間，我們有天主而人的耶穌基督作中保，我們敢走向耶穌，領取救恩。但是耶穌真是天主聖子，掌握我們的生命，掌握整個宇宙。祂的尊高，仍舊令我們心生畏懼，我們還需要一位中保，引著我們安心走向耶穌，這位中保，就是聖母瑪利亞。在人世家庭裡，母親常是兒女和父親間的橋樑，祖母則更是孫兒們的護身盾牌。女人的愛心，增加兒女的信賴。

耶穌在臨終時，將母親托給愛徒若望。我們教會的傳統，自古到今看著若望象徵也代表一切信徒，耶穌把自己的母親賜給了一切信徒。聖母瑪利亞是我們的母親，因爲她是耶穌的母親。凡是領受洗禮的人，取得基督的神性生活，和耶穌基督結成一體，成爲天主的義子義女，稱呼天主爲父。領洗者和基督相結合是在神性，即天主性的生命上，可是基督是天主又是人，基督祇是一位，不可分開，和基督的天主性相結合，也和人性的基督相結合，從基督人性上說，領洗禮的人，也是瑪利亞的義子義女。

耶穌基督生死都爲救人，教會爲基督救人的工程，瑪利亞既愛天主又愛基督；愛天主，她願所有的人都敬拜天主；愛基督，她愛自己兒子的工程，她盡心力協助耶穌救世，願一切的人都得救。她慈母的心腸在世時不便顯靈，升天以後，則暢所欲爲，盡力助人。

2. 聖母分施聖寵

世人得救，靠天主的聖寵，基督爲聖寵的泉源，瑪利亞是滿被聖寵者，她得天主的寵愛，又是天主聖子的母親，她雖自己不需要再求增加聖寵，卻可以替自己的義子義女代求聖寵。在加納婚宴時，耶穌沒有拒絕她的轉求，在天上，更不會拒絕聖母的代求。聖伯爾納德院長稱聖母瑪利亞爲一道溝渠，水的源頭是耶穌的聖心，聖寵的水由耶穌的心中流經瑪利亞而到人海中，分施與願意領取的世人。我們不必強調聖母是聖寵的分施者，一切聖寵由她分施；然而聖母瑪利亞分施救恩的聖寵則合情合理，可信不疑。

梵蒂岡第二次大公會議在論教會憲章中，論聖母瑪利亞參與基督救世工程，並以母愛繼續實現協助基督救世的使命，說明聖母瑪利亞在領受天使報喜時，同意了上主的意旨而成爲耶穌的母親；她以全部心靈，又不爲絲毫罪惡和慾情所阻，接受了上主的使命，作爲主的婢女，將自己全盤奉獻給她的兒子和兒子的事業。在基督身傍，由於天主的全能聖寵，爲救贖的奧蹟服務。一生和聖子相契合，直到十字架下。升天以後，在聖寵的境界裡，瑪利亞爲母親的職分，一直延續不斷，頻頻以她的轉求，繼續爲我們獲取永生的恩惠。以她的母愛照顧她的聖子尚存在人生旅途中爲困難包圍的兄弟們，直到他們被引進幸福的天鄉。因此榮福童貞在教會內被稱爲保護人、輔佐者、援助者、中保。不過這種工作和尊榮，對基督唯一中保的尊嚴與全能，並無任何損傷。（教會憲章 第六十二節）

瑪利亞的名字，解爲光明，解爲海上北斗，受天主的寵愛爲救援我們世人，聖伯納爾德院長曾讚頌瑪利亞的名字說：

「這個名字解爲海上北斗，很合乎童貞聖母。星辰發出光芒，自己身體不受損害；貞女生了兒子，不失自己童身，這兩者很相似，貞女乃是高妙的星辰；她生自雅各伯的後裔，清光滿宇宙，上照天空，下入黃泉。她的光輝，照澈地面，煖體烘心，去除惡習，助成善德。她又是明耀奇特的星辰，高懸在人世大海以上，發出功德的光芒，閃鑠善表的榮輝。

呵，你腳踏大地，而更覺如同在海浪中起伏的人，你若不願葬身風濤之中，你千萬常看著這顆海上北斗，切莫轉眼！若遇誘惑的颶風，你被擠上錯折的難路，你抬頭看北斗，呼號瑪利亞。若遇慾情猛動，驕矜妄貪，譏刺惡斷，你抬頭看北斗，呼號瑪利亞。

若你因著罪大惡極而起驚怖，因著良心污穢而起愧恨，因著審判森嚴而起畏懼，你已經滿心憂愁，陷於失望，你便該想起瑪利亞。在危險中，在患難時，在疑慮裡，你該想起瑪利亞，呼號瑪利亞。她的名字，不要離你的嘴唇，不要離你的心……跟隨她，你不失路；呼求她，你不失望；想著她，你不錯誤。她牽著你，你不跌倒；她保護你，你不畏懼；她領導你，你不困乏；她照顧你，你一定抵海埠。這樣，你可以親身經歷這句話，怎樣有效，貞

女的名字，叫瑪利亞」。㈦

聖伯納爾德院長眼常看著聖母，聖母站在天主和人的中間，一手將天主的聖寵分施給人，一手指示走向天主的途徑。聖母不擋住天主耶穌，不自以爲至高受讚頌者，她作指路的明燈，引人歸向天主耶穌。她不像清朝的慈禧太后，自己專權，垂簾聽政（我們繪畫中華聖母像，聖母穿戴慈禧的服裝，引起新領洗的教友不滿）。瑪利亞常自視爲天主的婢女，自己服侍天主耶穌。世人怕進到天主耶穌前，聖母瑪利亞牽著他們，代替他們向天主耶穌求情，使人得到救恩聖寵。

3. 聖母代禱

一位母親當兒女有需要時，必定向丈夫爲兒女說話。丈夫生氣不答，或誤會或錯覺，執意不許，她會費心思去想法勸說丈夫。又當兒子不學好，令父親生氣，她必苦口婆心勸告兒女改過行善，取得父親歡心，享受天倫之樂。聖母瑪利亞升天，身體已經精神化，但可以和人世接觸。她的知識，她的行動，她的能力，已經沒有物質的時間和空間的限制；而且天主樂意她幫助世人，賜給她一切聖寵和神力，她可以隨時聽到每個求助的人的呼號，也看到每個人的危難，隨時向天主耶穌爲人代禱。她時時在向耶穌重覆在加納婚宴中所說：「他們沒有酒了」，「這個跌倒了，站不起來！」「這個在危機中，快要跌倒了！」「這個有好心願意改，沒有勇氣改！」瑪利亞的母愛，時時催促她注意人們的困苦，時時要拯救他們。每個有急需的人，向聖母呼號，她怎麼能夠棄而不顧。天主講正義，講賞罰，聖母瑪利亞祇有愛心，祇看兒女的苦難，祇知道代爲求情。

在教會的歷史上，多少次聖母瑪利亞公開地明顯地幫助教會渡過各種難關。現在的十月七號聖母玫瑰節就是紀念聖母幫助天主教軍隊打敗回教軍隊的勝利。

當歐美社會由天主教的信仰生活，漸漸轉入沒有信仰的生活，社會倫理道德一落千丈，罪過的穢氣上衝天際，天主按正義懲罪，聖母瑪利亞公開地，明顯地出現，告誡世人，改過遷善。一五三一年在墨西哥的瓜大魯伯，一八四六年在法國的拉撒米特，一八五八年在法國的露德，一九一七年在葡萄牙的法蒂瑪，每次顯現，聖母常警告世人要祈禱，要改過，要補贖。露德和法蒂瑪已經成了全球朝聖的中心，每年成千成萬的信眾虔誠朝聖，洗心革面。

我們每個實踐天主教信仰生活的人，誰沒有親身體驗聖母的愛心呢？當要選擇生活的道路時，自己情意不定，呼求聖母，乃能決定選擇的路。當開始工作，學識和經驗不夠，主管的人不信仰，心中惶惶不安，呼求聖母，心能安定，腳踏實地向前走。當計劃開始，工作步上軌道，突然發生困難，經濟和人事都不能週轉，呼求聖母，心能堅定，從恐慌中堅忍不退。當年少力壯，朋友牽往不良的場所時，呼求聖母，眼睛亮亮看清環境，有勇氣不隨流合污。當病魔纏身，手足失靈，不能工作，性命危險，呼求聖母，心中安定，耐心增強，病症也能轉好。當父母親人，病重垂危，心痛欲碎，呼求聖母，面對痛苦，能想與基督同苦，接受天主的旨意。

在一切環境中，誠心呼求聖母，心中必能體驗聖母愛心的溫暖。

在教會的歷史裡，每位聖人聖女，口中常離不了聖母瑪利亞的名字和祈禱經文，心中更是常有對聖母的愛。凡走近耶穌的人，不能沒有聖母瑪利亞作陪。在福音上牧童、賢士、西默盎，來看耶穌，都是看見祂的母親和嬰孩耶穌。

我們走向天主耶穌，是爲愛天主耶穌，天主是愛，天主聖子降生由聖母胎中誕生，天主的愛由聖母生於人世，繼續不斷流放，聖母是天主的愛的溝渠，長流不息。我們由聖母收納天主的愛，我們因愛天主的愛奔向天主耶穌，由同一的溝渠—聖母奔回去。聖母乃是人和天主的橋樑，是天人合一的環節。

我們用聖啓里祿主教在厄弗所會議中的講道詞作全書的結束：

我看到教長們答覆天主之母—卒世童貞瑪利亞的邀請，在此滿懷興奮地共聚一堂。我心中雖然極爲憂戚，但在此得見諸位聖教父，使我轉憂爲喜。現在聖詠作者達味的那句甘飴的話，在我們中間應驗了：「請看，兄弟們同居共處，多麼美好！多麼幸福！」

神聖奧妙的聖三，我們向祢致候，因為是祢召叫了我們眾人，來到天主之母瑪利亞的聖堂。天主聖母瑪利亞，我們問候妳！妳是全人類的可敬寶藏，不滅之燈，童貞的冠冕，正道的權杖，無法拆毀的一座聖殿，不可衡量的那一位的住所；妳是母親，也是貞女。神聖福音中「因主名而來的」那一位，是透過妳而被稱為「當受讚美」者。

我們問候妳。在妳的貞女胎中，懷孕了無限無量的那一位；聖三藉著妳受到光榮與欽崇；寶貴的十字架，藉著妳，在普世受到頌揚和朝拜；天廷因妳而歡騰；藉著妳，天使與總領天使載歌載舞；藉著妳，魔鬼聞風而逃；藉著妳，誘惑人的惡魔自天跌下；藉著妳，墮落的人得以被提升天；藉著妳，迷惑於崇拜偶像的全世界，得以認識真理；藉著妳，信的人，得以領受神聖的洗禮；藉著妳，得傅以「歡樂之油」；藉著妳，教會團體得以在全球建立；藉著妳，外教國家蒙召而回頭向善。

我還多說什麼呢？是藉著妳，天主的唯一子──世界之光，燭照了那些「坐在黑暗和死影中的人們」；是藉著妳，先知預言了未來；藉著妳，使徒們向外教人宣講了救恩；藉著妳，死人得以復活；藉著妳，君王靠聖三的力量而得以治理百姓。

誰能相稱地頌揚這位最應受讚頌的瑪利亞呢？她是母親，又是貞女。這是何等的奇事！這是令我震驚的奇蹟！沒有人能禁止建築者住在自己親自建築的宮殿裡，這是自然的道理，但誰不怕人譏笑，竟肯把婢女當作自己的母親呢？

所以，請看：萬物都在歡欣；但願我們欽崇並朝拜唯一天主，驚歎並尊敬不可分的聖三。同時該頌揚卒世童貞瑪利亞——天主的聖殿，以及她的聖子，她的淨配。願光榮永遠歸於她！阿門。(八)

註：

(一) 聖母暮年的住所，教會的傳說分兩派，一派說在耶路撒冷，一派說在厄弗所。參考Roschini的聖母傳 P.357。

(二) 聖母臨終記，大約寫在降生後第四世紀或第五世紀，參考Roschini的聖母傳P.362。

(三) 見於每日頌禱（日課經）八月十五日誦讀二。

(四) S.Bernard-Saint Bernard et notre Dame. P.184。

(五) 聖雅美德主教講道——見於每日頌禱八月二十二日誦讀二。

(六) 聖伯納爾德院長講道——見於每日頌禱第二十週星期二誦讀二。

(七) Saint Bernard et notre Dame. P.114。

(八) 見於每日頌禱八月五日誦讀二。

羅光全書

冊廿四之四

我們的彌撒

臺灣學生書局印行

引　言

第二屆梵蒂岡大公會議的禮儀憲章說：

「我們的救主，在祂出賣的那一夜，在最後晚餐中，建立了祂的體血感恩祭獻，藉以永留十字架的祭獻於後世，直到祂再度來臨，並將祂死亡復活的紀念，託付給教會。這是仁愛的聖事，統一的象徵，愛德的聯繫，逾越宴會，在此以基督為食物，心靈充滿恩寵，賜給我們將來榮福的保證。」（第四十七節）

「因此，教會操心集慮，切望信友參與這奧蹟外，不要像局外的啞吧觀眾，而是要他們藉著禮節和經文，深深體會奧蹟，有意識地，虔誠地，主動地參與神聖活動，接受天主聖言的教訓，領受吾主聖體餐桌的滋養，感謝天主，向天主奉獻無瑕的祭品，與天主及弟兄彼此之間，融化為一，經使天主成為萬有中之萬有」（第四十八節）

彌撒爲感恩祭典，在開始時稱爲劈餅禮，主耶穌基督將自己的體血分給信友。主所賜的體血，是爲人犧牲了而傾流的體血，是在十字架上的體血。感恩祭典爲分送聖體，先要變化餅酒爲基督的體血，變化的行動乃是重覆十字架的基督自我犧牲，獻於聖父，重覆十字架祭禮的方式爲精神的神秘方式，爲信德的奧蹟，然而是實際事實而不僅是象徵，既有十字架的祭禮，祭祀高於聖餐也先於聖餐，因此彌撒稱爲感恩祭典。

彌撒又綜合了耶穌基督降生救人的奧蹟，基督先三年多傳道訓人，後乃在十字架上獻身補贖人類罪惡，死後復活升天，重來人世和我們相處。彌撒前一段讀經，讀天主聖言，就是基督講道。成至體獻祭，基督自己重作犧牲，獻於天父，以體血賜人，基督和我們同住。我們行彌撒或參與彌撒，在一時的禮儀中，我們紀念基督降生整體的奧蹟，並以基督爲食物，心靈充滿恩寵。

爲紀念基督降生整體的奧蹟，聖母也曾教給信友唸玫瑰經。十五端玫瑰經，紀念基督一生史事奧蹟；但祇是心靈的憶念，彌撒則是基督親自重來，因此爲「信德的奧蹟」。

我已經舉行感恩祭典一甲子，在六十年長久歲月中，除因病缺少幾天，每天步登祭壇，和基督相聯，舉行祭祀。面對宇宙至高天父，伴同天朝無數神聖，代表公教會，爲人類奉獻崇敬，求恩求福，然後領取聖體聖血，與基督合而爲一。人世沒有，也不能有更隆重，更有價值的行動；以人世人而參與天朝神聖的活動，我實在不堪當這項尊高的品職，祇低頭感謝天父的大恩，默求基督寬赦常缺熱情而生怠慢之罪。

為感謝天主大恩，我寫《我們的彌撒》小冊，不敢從神學和考據學詳細解說，但淺近地從禮儀靈修方面詮釋，稍稍加之禮儀歷史的學識。還要感謝趙一舟神父借給我的參考書。

我們的彌撒

目錄

一、祭壇

「你好！珍貴的十字架，我的師傅曾懸在你架上，請你接納祂的徒弟罷！」

今天聖安德肋宗徒節，我開始寫《我們的彌撒》小書，在日課經晨禱中我們誦唸聖安德肋宗徒昔日受死刑以前，向十字架所說的這段話。

彌撒祭壇乃一柱十字架，耶穌基督重來懸掛身體，自充犧牲、奉獻祭祀，補贖人世的罪，崇拜聖父的尊嚴。以祭祀後的血肉，賜給參禮信眾。

古羅瑪初期教會，因著羅瑪皇迫害教會，常在地下墟墓奉獻彌撒，以殉道烈士的墳墓作祭壇，將殉道者的血，滲合基督的血，同作祭祀的犧牲。

舊約猶太民族的祖先，在蒙受天主的召選，充作天主選民的祖宗時，「亞巴朗就在那裡給他顯現的上主，築了一座祭壇」。（創世紀 第十二章第七節）

選民的祖宗因天主特恩，百歲時得一獨生子，天主卻令他築一祭壇，奉獻獨子作犧牲，祭祀上主。當他舉刀殺子時，天主叫他住手，莫傷害兒子，天主已經允饗他的忠心。

亞巴朗的後裔在埃及成了以色列民族，天主令梅瑟率領以色列民族出埃及，往佔天主所許的國土。天主命梅瑟說：「你率領我的百姓從埃及出來，要在葛勒希我顯現給你的山上築壇崇拜天主。」（出谷記 第三章第十二節）

當以色列民族違背上主的誡命，阿哈布王敬拜巴耳神，殺盡了天主的先知，祇剩厄里亞一人，厄里亞和巴耳神的四百五十個先知各築祭壇，各供犧牲，但不放火，各自求所供的神自天降火災燒犧牲，百姓將皈依降火的神爲真神，巴耳神的四百五十個先知，苦求苦喊，從晨到晚，不見動靜。晚禱時，厄里亞獨自一人祈求天主顯示自己是真神，使百姓回心轉意，敬拜天主。「於是，上主的火降下，焚燒了全燔祭，柴木、石頭和塵土，也燒乾了溝中的水。全體人民見了，都俯伏在地說：上主雅威是真天主，上主雅威是真天主。」（列王傳上第十八章第三八節）

中國從堯、舜帝王，祭祀上天上帝，歷代皇帝以祭天爲國家隆重大典，祇由皇帝親自主祭。祭祀在京城外南郊舉行，就地築壇，以穹天爲頂。明清兩代建都北京，建有祭天天壇；天壇圓形象徵大地，壇上空爲穹天，皇帝以天地爲祭壇，祭祀宇宙主宰。

聖伯鐸大殿正中祭壇，上有四層樓高的黃銅華蓋，由祭壇四角有兩人合抱粗的四支銅柱頂著。一九六三年九月卅日第二屆梵蒂岡大公會議第二期會議開幕，教宗保祿六世就任教宗（元月廿一日當選）首次主持會議開幕彌撒，執行上年第一期會議決定禮儀法令的共祭儀式，首次舉行共祭，共祭者十二位樞機主教和主教，我受邀共祭，和一位日本主教代表亞洲。全殿兩千多位主教參禮，爲全球各國教區的正權力代表人，還有近三萬人的信友，大殿在實際上有整個教會的實相，由教會首領保祿六世教宗，和全教會的主教，用整體教會名義，同基督相連，向全能天主聖父，獻祭感恩。我在教宗祭壇上誠心體驗到彌撒的教會意義，整個教會向天父伸手，捧著基督的體血，求赦罪、表感恩、獻讚頌。

彌撒的教會意義，在我每天的彌撒裡都圓滿。我從壇上高舉聖體聖血，天上眾天使和人擁護天主聖父降臨壇上，接受聖子的犧牲，苦煉的靈魂仰望壇上的犧牲基督，希得救恩；人世的罪污橫流祭壇兩側，由基督的聖血洗除清淨。參禮的信眾眼望祭壇的聖體聖血，懷念基督所說：「你們拿去吃罷！這是我的身體。」─「你們都由其中喝罷，因爲這是我的血。」（馬竇福音第二十六章第二十六─二十七節）祭壇又形成了餐桌，耶穌如同在最後晚餐，將自己的體血，分給信眾。祂的生命結合信眾的生命，再向上和聖父的生合相結合；耶穌基督把一切歸於自己，把自己和一切歸於聖父。

二、祭　服

天主吩咐梅瑟說：「你應從以色列子民中叫你哥哥亞郎同他的兒子們一起來到你前，立他們作我的司祭。應給你哥哥做聖衣，以示莊嚴美觀。凡我使具備天才的藝術人員，你應吩咐他們為亞郎作服裝，要用金線、紫色、紅色、朱紅色的毛線和細麻去做。」（出谷記第二十八章第一—五節）「也要為亞郎的兒子們做長衣，腰帶和頭巾，以示莊嚴美觀。還要給他們用麻布做褲子，從腰部直到大腿。在聖所行禮時，要穿上褲子，免得招致懲罰死亡。」（同上，第四十—四十三節）

明朝皇帝祭天戴冕，著袞袍，冕前後各十二旒，旒五彩。袞，玄衣黃裳，十二章：日、月、星、辰、山、龍，華蟲六章織於衣；宗彝，藻、火、粉米，黼立章織於裳。冕袞，天子最高級禮服，祇為天祭祖大典，其他典禮，則服通天冠，絳紗袍。（明會要卷二十三　與服上）

彌撒教禮天主，教禮宇宙人物的創造者和再人類的救世者。教會向天主的敬禮，便是讚揚創造世物的美妙，感謝救恩的高深。每週主日，敬禮創物主天主聖三，表揚一年養育萬物的神力。救世的工程由耶穌聖誕開端，順序爲耶穌受難，復活，升天，聖神降臨。救贖工程的成果，有聖母和聖人聖女的得救，賞愛永生幸福，彌撒祭典乃紀念這種奧蹟。

社會典禮的成規，禮服有不同的顏色，同典禮的意義相合，喜事和喪事的禮服，顏色各不相同，中國古代的禮規，皇帝隨四季改著不同顏色的服飾，春天青色，表示生氣洋溢，萬物生發；夏天朱色，表示陽氣蒸騰，萬物茂盛；秋天白色，表示執行刑罰，以顯正義；冬天黑色，表示天地閉塞，萬物斂藏。皇帝生活，和天地之氣相結合。

中國古代常以五種顏色代表五行，五德，四季：青色代表木，仁，春；赤色代表火，義，夏；白色代表金，禮，秋；黑色代表水，智，冬；黃色代表土，信；中央。五的意義由四季顯示：春生、夏長、秋收、冬藏，中央的土爲生命的根基。一年的變化使五穀生發，成熟，以養育人民。

彌撒的祭服，就合一年的慶節，顏色也分白紅紫綠黑五色，降臨和嚴齋期有期待的意義，降臨期期待耶穌誕生，嚴齋期期待基督復活，期待時期，守齋祈禱，祭服的顏色，乃爲憂鬱性的紫色。聖誕復活兩節爲教會最大的慶典，彌撒祭服的顏色爲白色，表示光明的純潔，若望默示錄所記載基督和天上聖人所著衣裳都純白發光，紀念聖母和精修聖人聖女的彌撒，也都純淨白色。聖神降臨以火舌見證來臨，火爲赤紅，彌撒祭服便赤紅艷麗。殉道聖人聖女傾流熱血，血爲紅色，紀念殉道者便以紅色祭服。常年期紀念且感激天主創造宇宙萬物，又常希望獲得基督救世恩惠的神性生命，祭服常用綠色。綠爲青，青爲春，春爲生命的希望，綠色象徵希望。喪祭用黑色，黑色爲痛苦的心境。五色祭服象徵五項彌撒祭典的意義，激發行祭者和參禮者的心情。

我預備行彌撒聖祭，穿著祭服。首先以「頭巾」蓋頭，轉放頸間，口唸舊彌撒本的經文：「請以鋼盔戴我頭上，抵禦鬼魔的攻擊。」

次穿「長白衣」，口唸：「求洗白我，潔淨我，使我在聖血內洗清，能獲得永恆快樂。」

再以「聖索」纏腰，口唸：「以潔德的繩索纏著我，消滅兩胸房的慾情，使潔德存於我心。」

披上「領帶」，口唸：「求還給我原祖所遺失的幸福佩帶，我雖不配佩上，但願獲享永恆幸福。」

最後穿上祭披，求主說：「祢曾說：我的軛是輕鬆的，我的擔子是愉快的，求祢使我就這樣穿上，乃能獲得恩寵」。

祭服使我全身披戴聖寵的光明，掩蓋了罪惡的醜陋，走向萬能至高的天父，進行至聖的彌撒聖祭。

三、進堂詠

降臨期和四旬嚴齋期，從第五世紀到中古時，教宗每天到羅瑪一座聖殿行祭。羅瑪各處的司鐸、修士、修女和信眾，都要齊到教宗行祭的聖殿。教宗進堂時，信友，修女、修士聖職並排隊遊行，歌唱聖詠。

在羅瑪許多次我參加了教宗在聖伯鐸大殿的隆重彌撒大典，也參加了彌撒前的遊行隊，由聖殿歌詠團開導，修生、修士、神父、眾席、貴族衛隊，聖墓騎士團，馬爾大騎士團，袍劍侍衛。最後，聖職員手持十字架，旁有兩人捧燭，參禮紅衣樞機主教，教宗乘坐肩輿殿後，肩輿由八人抬，輿上敞開，教宗頭戴三層冠冕，身披銀色長披，上著金線繡花祭服，祭服上加金花肩氅。教宗肩輿兩側有八員擎著彩棚華蓋，覆蓋教宗肩輿，肩輿後有兩員擎著兩支高柱，柱頭有白色羽毛大形扇，肩輿兩側，有持矛身著黃布藍條戎服的瑞士衛隊，遊行隊進殿時，大門樓上銀號齊鳴，全殿信眾起來，歌詠團高歌聖詠，歷時約二十分鐘，教宗才到行祭祭壇。

第二屆梵蒂岡大公會議後，教宗保祿簡化宮中禮儀，目前教宗若望保祿二世進殿行祭，遊行隊祗有輔祭人員和共祭的主教與樞機，教宗身著彌撒祭服，手持權杖，步行殿後。

中國以往皇帝出宮行禮，前面有鹵簿儀仗，祭天郊祀，鹵簿大駕全設，龍扇，龍旗，黃蓋繖、鉞、鐙、瓜、刀、杖、劍、戟，皇帝乘硃紅輦，左右設馬二十四。

歐洲社會傳統，教宗有義大利中部國土為教皇國，教宗身居神聖羅瑪皇之上，為歐洲盟主，教宗宮廷禮儀乃擬仿皇宮儀式。教宗保祿六世一掃帝式舊制。進殿行祭。教宗和主教儀式相同。進堂時歌詠團歌唱聖詠。

我登祭壇行祭，在第二屆梵蒂岡大公會議改革彌撒禮儀以前，面對祭壇，唸聖詠第四十三首，「我就要走近天主的祭壇前，走近我最喜悅的天主面前」「求祢發出你的光明和祢的真道，引導我，帶我到祢的聖山和居所」。進入天主的聖殿，登上祭壇聖山，面對至尊的天主，我的心又歡喜又畏懼，求天主以聖光引導我，穩定我的腳步。

現在的彌撒禮儀，我上了祭壇，親吻祭壇，和參禮信眾唸「進堂詠」，「進堂詠」指示我們當天彌撒聖祭的意義。

降臨期第一主日的彌撒，進堂詠：「上主，我一心仰望祢，我的天主，我依靠祢便不會蒙羞。不要讓我的敵人向我誇耀，凡期望祢的人決不致失望」。這是聖詠第二十五首的致詞，表示向天主的希望，顯露降臨期期待基督的降來，滿心充滿希望的真情，降臨期的彌撒就是希望的聖祭。

聖誕節子時彌撒，進堂詠說：「上主對我說，你是我的兒子，我今日生了你。」黎明彌撒的進堂詠歌詠：「今天光明照耀在我們身上，因爲上主爲我們降生了；祂將被稱爲神奇的，強有力的天主，和平的君王，萬世萬代的父親，祂的神國，永無止境。」天明彌撒進堂詠則說：「有一個嬰孩爲我們誕生了，有一個兒子賜給了我們，他肩上擔負著王國，他的名字叫做神奇的策劃者。」三個彌撒的意義集中在慶賀基督的誕生，基督乃是天主聖子，萬民的國王，和平的神奇策劃者。

復活節彌撒進堂詠，報告基督復活：「我已復活了，仍同你們在一起；祢的手常庇蔭我，祢的智慧深奧無比。阿肋路亞。」

聖神降臨節彌撒進堂詠宣示聖神來臨：「上主的神充滿了世界，包羅萬象，通曉一切語言，阿肋路亞」。

聖若瑟節進堂詠簡單說明聖若瑟的任務：「請看那忠信而精明的管家，主人派他管理自己的家務。」

聖伯鐸及聖保祿宗徒節，彌撒進堂詠更明顯又簡單地說明宗徒的身份，我們要歡欣慶祝宗徒之長聖伯鐸，及萬民導師聖保祿的節日，他們將基督的福音傳報給我們了。

聖母升天節彌撒進堂詠，慶賀聖母的尊榮：「瑪利亞，今天您被高舉到天使之上，同基督凱旋入永恆的天鄉，人間對您的讚美，有口皆碑。」

光榮十字聖架節彌撒進堂詠聲明十字架的價值：「我們應當因我們的主耶穌基督的十字架而自豪，因爲我們的救恩，生命和復活全由祂而來，靠著祂我們才得到解救和自由」。

聖母無原罪節彌撒進堂詠用聖母自己的心情讚頌上主：「我要因上主而萬分喜樂，我的心靈要因我的天主而歡躍；因爲祂給我穿上了救恩的衣服，給我披上了義德的外氅，使我有如佩帶珍珠的新娘。」

追思已亡日第一首彌撒進堂詠引人加強復活的信仰：「耶穌確實死而復活了，凡是爲耶穌死去的，天父也必同樣使他們與耶穌一同前來。在亞當內眾人都死了，同樣在基督內眾人都要復活。」

登上祭壇，唸了進堂詠，我們有了聖教會的教導，明瞭了當天彌撒聖祭的意義，我們心激發同樣的心情，和整個教會在全球各地的教胞，慶祝當天的聖節。就當我一人和一位輔祭者舉行彌撒時，祭壇也是整個宇宙的祭壇，參與聖祭者有天上天使聖人，苦煉的靈魂，人世的各民族，一齊由基督率領向天父奉獻自己，感謝天父賞賜當天彌撒所紀念，所慶祝的奧蹟。創造和救贖的工程，每件都是天父的恩惠，也都是超乎人力的奧蹟；彌撒聖祭乃是感恩祭。

四、懺悔

「因父，及子，及聖神」，我畫十字聖號，用耶穌基督救世工程的標幟和天主聖三的聖名創造和救恩的泉源，開始舉行彌撒聖祭。

首先問候參禮的信眾：祝福他們從彌撒聖祭獲得天父的慈愛，基督降生給世人帶來的平安，享有聖神住在心中的愉快。

行彌撒，面對天父，良心指責對天父有過許多次的不孝順，違背了祂的旨意，心中覺得惶恐，陪天父降臨祭壇的，有天使聖人，他們都是純潔無罪的，而且行祭，手捧基督聖體聖血，還有大恩，能頌聖體聖血，豈敢冒味前進，因此虔誠「各位教友，現在我們大家認罪，虔誠舉行聖祭」。

天主第一次召喚梅瑟，從荊棘的火中向他講話，梅瑟想往前走，天主說：「你莫來，脫去你的鞋，這是聖地」。

天主命定梅瑟建造了供奉十誡石碑約櫃的帳棚，司祭進入帳棚接近祭壇時，必先洗濯。

中國古代皇帝祭天時，先一天必定要行齋戒。在天壇附近建有齋宮，皇帝在祭天以前，遷居齋宮，遠離后妃，不近女人，素衣節食，清心淨。

彌撒聖祭，同時又是聖餐，基督以自己的體血分給行禮的司祭和參禮的信眾。聖保祿宗徒曾經嚴利地訓責格林多的信教：「的確，直到主再來，你們每次吃這餅，喝這杯，你們就是宣告主的死亡。爲此，無論誰，若不相稱地吃主的餅或喝主的杯，就是干犯主體和主血的罪人，所以人該省察自己，然後纔可以吃這餅，喝這杯。因爲那吃喝的人，若不分辨主的身體，就是吃喝自己的罪案。」（前格林多書 第十一章第二十六——二十九節）

聖若望宗徒曾警告信友說：「如果我們說我們沒有罪過，就是欺騙自己，真理也不在我們內。但若我們明認我們的罪過，天主既是正直忠信的，必赦免我們的罪過，並洗淨我們的各種不義。」（若望 第一書第一章第八節）

耶穌基督復活以後，顯現給宗徒們，「就向他們噓了一口氣說：你們領受領神罷！你們赦誰的罪，就給誰赦免，你們存留誰的，就給誰存留。」（若望福音 第二十章第二十章第二十二節）教會從初期就有懺悔告解聖事。古羅瑪皇帝迫害教會時，許多忠信信友殉道致命，有些教友貪生怕死，背棄了信仰，在救難平息後，又申請再回教會，教會爲加以公開懺悔的儀式，公開懺悔的人，身穿灰色粗衣，頭上剃髮，撒上灰土跪在聖堂地上祈禱開始參加彌撒，在奉獻禮以前，離開聖堂，回家守齋。

「各位教友，現在我們大家都認罪」。若翰洗者曾經呼喊說：「修直上主的道路罷！」在彌撒裡，上主要來臨。聖奧思定解釋說：「修直上主的道路罷！不就是說：你們要熱誠祈禱嗎？你們要有謙虛的思想嗎？」（降臨第三主日課誦讀第二篇）

我想起基督所說：「禍哉！你們法利塞人，因爲你們在會堂裡愛坐上座，在街市上愛受人致敬！」（路加福音 第十一章第四十三篇）先知厄則克爾傳上主的話：「以色列的牧者！你們只知道牧養自己！卻不牧養羊群！瘦弱的，你們不培養！害病的，你們不醫治！受傷的，你不包紮！迷路的，你們不領回！遺失的，你們不尋找！」（厄則克耳 第三十四章第二節）因此我說：「我向全能的天主和各位救友，承認我思言行爲上的過失，我罪！我罪！我的重罪！爲此，懇請童貞聖母瑪利亞，天使，聖人，和你們教友，爲我祈求上主，我們的天主！」寬恕我，赦免我的罪，使我身心清潔，迎接上主。

「我看見有一大夥群眾，身穿白衣，手持棕櫚杖，大聲呼喊說：『救恩來自那坐在寶座上的我們的天主，並來自羔羊！』這些人是由大災難中來的，他們曾在羔羊的血中洗淨了自己的衣裳，使衣裳雪白。因此，他們能站在天主的寶座前，且在祂的殿宇內日夜事奉祂。」（點示錄 第十章第九——十四節）「他們在寶座前唱的歌，似乎是一首新歌，除了從地上贖回的十四萬四千人外，誰也不能學會那歌。羔羊無到那裡他們常隨著羔羊。」（點示錄 第十四章第三——四節）

我們懷著純潔的心情，歌唱著聖而美的歌詠，應合天使聖人的聖歌，迎接上主。

五、上主，求祢垂憐

在拉丁禮儀彌撒中，祗有「上主，求祢垂憐；基督，求祢垂憐；上主，求祢垂憐」，這三句經爲希臘文，每句重覆三次，一共九句。

古羅瑪天主教會在開始兩三世紀時，彌撒禮儀常用希臘語，因爲福音由小亞細亞希臘傳到羅瑪，四傳福音中有希臘文本，沒有拉丁文本，拉丁文本聖經在第四世紀由聖熱羅尼莫翻譯而成。開始羅瑪的禮儀便用希臘文，當時羅瑪信友中也多希臘僑民。後來拉丁文禮儀逐漸成立，祇保留了這三句祈禱詞。

在希臘禮儀中目前常唸這三句祈禱詞，但和在古來的禮儀中排在什麼時間，則無法肯定，希臘禮儀在漫長的歲月中也經過多次改革。

這三句祈禱詞，在開始時，大約是單獨的呼號或籲告詞，繼續改爲「教會祈禱文」的應合詞。古代在彌撒開始遊行進堂爲教會舉行禱告，主祀者或執事誦唸一段禱告意向，信友答覆「求主垂憐，」如同我們現在的「信友禱詞」，一位唸了爲誰祈禱，大家應合「求主俯聽我們」。

這種「教會祈禱文」變成「列品禱文」。開始時，沒有呼求各品聖人，祇列出教會各種需要。現在我們在祝聖司鐸和主教的彌撒中，誦唱「列品禱文」，復活前夕的彌撒中，也有「列品禱文」，「列品禱文」的第一部仍爲呼求各品聖人代禱，第二部份分列出教會各種急需。「列品禱文」的答詞便是這三句禱詞。「教會祈禱文」，聖本篤列入日課經，現行日課經在晨禱和晚禱裡，就有「教會祈禱文」，內容則隨日變換。正月二日晚禱的禱詞，頗有這種形式。

「天主曾以各種方式藉先知對我們的祖先說過話，但在這末期內，祂藉自己的兒子對我們說了話。我們祈求祂廣施仁慈，向祂呼求：上主求祢垂憐！

我們為祢的教會祈禱，使她的子女忠信地，勇敢地明認救主的名號：上主求祢垂憐！

我們為傳佈福音的人祈禱，使祢所派的工人都全心全力向萬民宣揚救主的名號；上主求祢垂憐！

我們為所有生病的弟兄祈壽，使他們呼求救主的名號而得痊癒；上主求祢垂憐！

我們為受迫害者的信友祈禱，使他們能為救主的名號而忍受凌辱。上主求祢垂憐！

我們為那些因人的過失而去世的弟兄祈禱，使他們因祢的仁慈獲得永生。

主求祢垂憐！」

這種簡單的「教會祈禱文」，在古代彌撒開始時，曾經誦唸。現在則祗存有三句應合詞。長式的「教會祈禱文」，在復活前聖星期五典禮中現在仍舊誦唸，一共十篇祈禱詞，為教會人員，政府官吏，社會平安，信仰廣傳，向主禱告。現在一切的彌撒中，則祗有「信友禱詞」。

三句禱詞，呼求聖父聖子聖神垂憐。在懺悔我們的過失後，我們向天主聖三求恩，彌撒聖祭為謝恩求恩的祭祀，以向聖三的禱詞開端，彌撒乃整個教會向天主聖三的敬禮，教會希望天主悅納。我行彌撒聖祭，登上祭壇，呼籲信友一齊認罪懺悔，潔淨心靈，虔誠地預備行祭，就呼求天主聖三垂視教會的敬禮，不因我的疏忽分心而厭惡。

在大禮彌撒，當信友歌唱「上主求祢垂憐」時，我提著香爐，繞著祭壇一週，向祭壇獻香，向聖體櫃，苦像獻祭。焚香的習慣，為東方人的習慣，中國古代祭祀時，香煙燎繞。希臘禮儀行彌撒時，常有輔祭者搖著提爐，在祭壇前不停地獻香。我在彌撒中獻香，環繞祭壇一週，祭壇象徵基督，爲獻犧牲台，又象徵基督晚餐的餐桌。我上祭壇時，也曾口吻祭壇，以香繞祭壇，好似基督被釘死後，聖婦們用香藥摩擦基督的遺體。香煙燎繞，又象徵信友的祈禱，上升天際。三句求主垂憐的禱詞，隨同香煙飛升聖三座前。

香煙滿堂，禱詞滿心，我代表教會開始行祭。

六、光榮頌

獻香，爲大禮彌撒的節日氣氛，有如社會慶節的獻花，增加禮節的隆重，激發參禮的熱忱。在隆重的禮節中，主祭的我，伸開雙手高唱「天主在天受光榮」，全堂信友和歌詠團隆重地欣悅地繼續唱「光榮頌」。

「光榮頌」歌頌聖父的偉大，頌揚聖父的光榮。

「我們為了祢無上的光榮，讚美祢，稱頌祢，朝拜祢，顯揚祢，感謝祢。」

在電視上我們看到包青天覲見皇帝時，跪地三叩首說：吾皇萬歲，萬歲，萬萬歲！這是歷代朝中大員朝見皇帝的慣例。我們在彌撒開始時，朝拜天主，我們歌頌：

「主，天主，天上的君王，全能的天主聖父，我們為了祢無上的光榮，讚美祢……」

人類可以講民主，皇帝是人，總統是人，官員和百姓也是人，用不著分太大的階級，彼此見面，有禮貌就好了，何必三跪九叩，歌功頌德。我們現在晉見教宗，禮儀就很簡單。但是天主是宇宙萬物的創造者，又是人類的救援者，人在天主面前雖是按天主肖像所造，雖由基督而成爲天主的義子女，中間的距離不可勝計，人面對天主，便要因著宇宙萬物的美妙，頌揚天主，因著自身所受恩惠，感謝天主，我們懷著敬畏的心情，又懷著子女的孝愛，歌唱「光榮頌」。

「光榮頌」來源爲一首信友「民歌」，好似若翰的父親厄加里亞在若翰生時，自作一首讚美詩，歌頌上主；又似聖母瑪利亞聽到表姐依撒百爾讚美時，自作一首讚美詩，歌頌上主。這兩首讚美詩流傳下來了，被收入日課經內。古時，教友民間有喜事感謝天主，歌唱「主，我們讚美！」（Te Deum Laudamus）「光榮頌」開首是教友民間讚美天主的「民歌」，但很早就收入了彌撒儀典裡。

天主三位一體，聖父聖子聖神，「光榮頌」開端讚頌天主聖父。聖父爲全能的天主，創造宇宙萬物，掌管萬物。中國古代易經對宇宙變化而生萬物，驚嘆生化工作的神妙。我們每天觀賞風雲的無常，花草顏色的鮮艷，鳥獸蟲魚的繁殖，全心歌頌天主的全能，全心讚美，稱頌，顯揚，誠心朝拜，感謝。

天主聖子乃我們的救主，爲宇宙萬物的再造者，人類原祖違命犯罪以後，人類成了天主的敵人，受人類掌轄的萬物也離開了造物主，整個宇宙再沒有讚頌天主的光榮的敬禮。天主聖子降生成人，補償人類罪債，引人歸向天主聖父，宇宙萬物也隨人類讚美造主。「光榮頌」的開端兩句，就是基督誕生時，天使顯現所唱的歌：「天主在天受光榮，好心人在世享平安。」

「光榮頌」頌揚了聖父，便頌揚，光榮聖子：

「主，耶穌基督，獨生子；主，天主，天主的羔羊，除免世罪者，求祢垂憐我們！」

天主聖子，乃天主的羔羊，代人贖罪。我們都是罪人，誠懇地求救世主垂憐。救主耶穌復活升天，坐在聖父之右。聖父賜與祂統治宇宙萬物，審判人類的大權。又決定耶穌基督的名號，天上地下的生靈都要向祂屈膝，而且祇能因祂的名而得救。

「坐在聖父之右者，求祢垂憐我們！

因為只有祢是聖的，只有祢是主，只有祂是至高無上的；耶穌基督。」

　我們歌頌天主聖子的光榮，這種光榮不是人世的光榮，也不是有別於天主聖父的光榮，而是天主聖父同一的光榮。在聖父的光榮中，還有天主聖神。

「祢和聖神，同享天主聖父的光榮！」

天主聖神，是聖父創造萬物的神力，又是聖子降生在母胎受孕的神力，而且是在彌撒中使餅酒成爲基督體血的神力，光榮頌就歌頌祂同聖父聖子同享同一的光榮。

　我行彌撒時，歌唱或誦唸「光榮頌」，腦中有節日日課經晨禱中常唸的聖詠，爲舊約三聖童在火窟中的讚美詩，三聖童和護衛的天使，同聲籲請宇宙萬物讚美造物主。聖五傷方濟也曾作「太陽歌」。

「我主，祢造生萬物，創造太陽兄弟，陽光普照，白晝明朗美麗。

祢應受讚美！

我主，祢創造月亮妹妹和星晨，安置天上，光明，美好，珍貴。

祢應受讚美！……」

在平日的晚禱裡，我們也屢次誦唸由默示禱取出的一首聖歌：

「上主，我們的天主，
祢理當接受光榮，尊威和教權。
因為祢創造了萬物，
萬物都是因祢的旨意而造成，而存在。
上主，祇有祢堪當接受那書卷，開啓書上的印。
因為祢曾被宰殺，
從各友派，各語言，各民族，各邦國中，
用祢的血把我們贖回來，歸於天主，
使我們成為天國子民，和侍奉天主的司祭。」

我早晨晚間，常常浸潤在頌揚和感謝天主聖三的情愫裡，對著聖祭的奧蹟，身受天主聖三愛心的照顧，敞開歡喜的心懷，開始彌撒聖祭。

七、集禱經

彌撒的預備階段，用集禱經結束。在羅瑪中古時，教宗在一座聖殿行祭，各區的聖職員和教友都集合前來參禮，遊行進堂，唱聖歌，誦唸祈禱文，答唸「上主請祢垂憐！」進堂唱「光榮頌」，教宗乃唸「集禱經」，集合教友的祈禱，總匯祈禱文的申訴，奉著耶穌基督的名義，向聖父獻上全體信友的願望。

集禱經乃全體信友的祈禱，我主祭時，向參禮信眾說：「請大家祈禱，」靜默片刻，每人收斂心神，預備祈禱。我伸開雙手，大聲暢誦或歌誦：「上主，仁慈的天主」或其他向聖父的稱呼，我結束集禱經常是「以上所求是靠我們的主耶穌基督，祢的聖子，祂是天主，和祢及聖神永生王。」大家告應「亞孟」（就是這樣！）

古代的集禱經常很簡潔，陳述了向天父的請求，就便結束；現代所作的祈禱經則較複雜，內容常和當天所紀念的慶節或救贖奧蹟相連繫，因著天父既經賞給我們救贖奧蹟的恩惠和慶節的喜樂，再求天父恩賜我們能獲得奧蹟和慶節的神性效果，常年期每主日彌撒的集禱經，便表現簡潔，美麗，深奧的詞句。

常年期的第二主日集禱經：

「全能永生的天主，天地萬物的統治者，求祢仁慈地俯聽祢子民的哀禱，使我們今世得享祢所賜的平安，亞孟。」

第三主日：「全能永生的天主，求祢指引，使我們能以言行配合祢仁慈的計劃，並使我們常在祢愛子的名下，結出豐碩的果實。」

第四主日：「上主，我們的天主，求祢使我們以兒子孝愛之情愛祢，以祢聖博愛的精神愛人。」

常年期主日的「集禱經」，充份地表達對創造萬物的天主，感恩和服從的心情。

在降臨期，主日的集禱經表達歡迎基督來臨的心情，清心節慾，預備迎接第一主日的集禱經：

「全能的天主，求祢激發我們的心志，使我們能邁向正義，以迎接基督的來臨，使我們得蒙君選，在祢左右以獲享天國永福。」

嚴肅四旬期爲克苦贖罪，同基督受苦，以獲復活的光榮。第一主日集禱經：

「全能的天主，求祢賞賜我們藉著這四旬期的苦行，更領悟基督救世的奥秘，使我們以聖善的生活為祢作證，獲得四旬期應有的神效。」

在慶節的彌撒，集禱經常標出慶節的奥秘，求能深深領悟，以增加神性生命，聖誕夜子時彌撒的集禱經。

「天主，祢以眞光的照耀，使這主聖之夜，光輝燦爛；求祢使我們在現世認識光明的奥跡，將來在天上享受祂的福樂。」

復活節，彌撒的集禱經：

「天主，今日祢的唯一聖子戰勝了死亡，為我們開啓了永生之門，我們歡欣慶祝祂的復活，求祢派遣聖神革新我們的生活，使我們也同基督一樣獲得復活的光榮」，在聖母和聖人的節期，彌撒的集禱經，常求因聖母和聖人的代禱，以獲得恩寵。

始昭無原罪聖母節，彌撒集禱經：

「天主，祢在童貞瑪利亞存在的開始，便豁免了她的原罪，使她配作祢聖子的母親。祢恩賜她提前分享了祢聖子十字架帶來的救恩，而保護她宗全不受任何罪污的污染；求祢因她的轉求，也賞賜我們一生常能保持心靈的純潔。」

這篇禱詞表示現代禮儀者的複雜性，不能像古代禮儀者用詞的簡潔。聖伯鐸及聖保祿宗佳慶節，彌撒集禱經：

「上主，我們的天主，祢曾藉聖伯鐸與聖保祿奠定了信仰的基礎，求祢也因他們的轉求，使我們珍視所接受的信仰，以得永生。」

簡短的集禱經，包含我們信仰的奧跡，神學的義理，靈性生活的基礎，在誦唸時，應心神理會，不僅激發向天父求恩的心情，也溫習我們信仰的奧義，更明瞭我們和天主聖三的關係。參預彌撒的信友，應該手捧彌撒經本，心神跟著主祭司祭一同默唸。

八、讀　經

1. 舊約與新約書信

「祂到了納匝肋，自己曾受教養的地方，按祂的習慣，就在安息日那天進了會堂，並站起來要誦讀，有人把先知依撒意亞的書遞給祂，祂展開書卷，找到了一處，上邊寫說：上主的神臨於我身上，因為祂給我傅了油，派遣我向貧窮人傳報喜訊，祂把書卷捲起來，交給侍役，就坐下了，會堂人的眼睛注視著祂，祂便開口對他們說：他們剛纔聽過的這段聖經，今天應驗了。」（路加福音　第四章第十——二十一節）

古猶太教的禮儀，祭祀祇能在耶路撒冷聖殿舉行，在各會堂的典禮，則是讀經歌唱聖詠。舊約聖經「申令紀」篇記述了梅瑟向以色列民眾宣講了上主的各種法律，最後梅瑟寫下了他所講的法規，交給司祭們收藏，命令他們每逢大赦年要向全民宣讀，「好學習敬畏上主你們的天主，謹守遵行法律上的一切話。尚不認識這法律的子女，也應叫他們聽到。」（申令紀 第三十一章第九節）梅瑟又吩咐自己的繼承人若穌厄說：「你們應把我今日警告你們的一切話記在心裡，好吩咐你們的子孫謹守遵行這法律上的一切話。因爲這爲你們不是空洞的話，而是關於你們的生命。」（同上，第三十二章第四十五節）

聖保祿宗徒在書信裡懇切囑咐信友們誦讀天主的聖言，在希伯來人書開端說：

「天主在古時，曾多次以各種方式，藉著先知對我們祖先說過話；但在這末期內，祂藉著自己的兒子，對我們說了話。」（第一章第一節）

又在哥羅森書上說：

「所以你們該有感恩之心，要讓基督之話充分地存在你們內，以各種智慧彼此教導規勸，以聖詠，詩歌和屬神的歌曲在你們心內，懷著感恩之情，歌頌天主。」（第三章第十六節）

又囑咐自己的弟子弟茂德說：

「凡受天主默感所寫的聖經，為教訓，為督責，為矯正，為教導人學正義，都是有益的，好使天主的人成全，適於各種善工。」（第三章第十六—十七節）

聖伯鐸宗徒也在信上勸告信友：

「因此，你認定是先知的話，更為確實，對這話你們當十分留神，就如留神在暗中發光的燈。」（伯鐸後書 第一章第十九節）

聖教會從開始就接受了古猶太教的禮規，在集會行聖餐，後來變爲行彌撒聖祭時，前一段時間，誦讀聖經，讀經便成爲彌撒前段的中心。在古時，羅瑪的彌撒禮儀，分共同參預和信友參預兩階段；共同參預階級爲讀經階段，望教者，公開懺悔者，信友共同參預，聆聽天主的聖訓。讀經完畢，望教者和公開懺悔者離開聖堂，開始信友參預階段，稱爲信友彌撒，即領洗信友參預，爲感恩祭和領聖體階段。現行彌撒禮儀，分彌撒爲三階段：讀經，祭獻，領聖體，但沒有分別參預者的規定。

讀經常分兩部份：古經，新經；新經又分兩部份：福音，宗徒書信，在宗徒書信裡包括宗徒大事錄和默示錄。讀經的程序，分兩階段：第一階段普通稱爲讀經，第二階段稱爲福音。在第一階段裡，先讀古經，後讀宗徒書信。在新經部份裡，包括宗徒大事錄和默示錄。通常在本日彌撒裡只有兩篇讀經，第一篇或是古經或是宗徒書信，第二篇爲福音。在主日和慶節的彌撒裡則常是三篇：第一篇爲古經，第二篇爲宗徒書信，第三篇爲福音。在中古以前，彌撒讀經的篇章和篇數，沒有確切的規定，由主禮者或讀經者自行選擇。當古羅瑪救難時，主日彌撒藏在地下墟墓裡黑夜舉行。天黑了，信友陸續進來，一面祈禱唱歌，一面讀經，半夜以後，聖祭開始，天微明時結束。後來，彌撒禮儀在大慶節前一晚，舉行前夕彌撒，讀經和普通彌撒一樣，祗有復活前一晚，現在保持九篇：七篇古經，一篇宗徒書信，一篇福音。

第二屆梵蒂岡大公會議討論禮儀時，好幾位主教建議：讀經要系統化，第一，讀經的篇章要多，古經的先知書，新經的宗徒書信，要能都讀；第二，篇章要繼續。新編的彌撒經本乃有安日的篇章，而且多是連續。但是一年的時間不能遍讀聖經，每日讀經乃分單數年雙數年兩種，主日和慶節的讀經則分甲乙兩年三種。第二屆梵蒂岡大公會議的禮儀憲章說：

「為給信友們準備更豐盛的天主言語的餐桌，應開敞開聖經的寶庫，以便使教友們，在規定的年限內，能夠讀到聖經的重要部份。」（第五十一號）

聖經為我們信仰生活的食糧，天主的聖言是我們信仰的基礎，是我們生活的原則，是我們靈修的途逕。教會歷代注意信友的信仰訓練，但因彌撒禮儀的用語為拉丁文，又祇由主祭神父細心誦讀，信友聽不懂，便誦經唱歌，祇聽主祭者講道。新編彌撒經本按照大公會議的規定，改用本地話，又能由信友誦唸，參預彌撒的信友要能人手一冊彌撒經本，伴同讀經者，細心閱讀朗誦的聖經，實現大公會議所說：「教會操心積慮，切望信友參與這奧蹟時，不要像局外的啞吧現象，而是要他們藉著禮節和經文，深深體會奧蹟，有意識地，虔誠地，主動地參與神聖活動，接受天主聖言的教訓，領受吾主聖體餐桌的滋養，感謝天主，向天主獻上無暇的祭品」（第四十八節）

第二屆梵蒂岡大公會議的「天主的啓示教義憲章」中說：「要記住！祈禱當伴隨聖經閱讀，為形成天與人間的交談，因為當我們祈禱時，我們向祂說話；當我們閱讀天主聖言時，我們聽祂講話。」」（第二十五節）

2. 答唱詠

讀經讀完一篇，結尾說：「這是天主的聖訓。」信友大家答：「感謝天主。」

猶太古教的禮儀，在讀了一篇聖經，聽了人講解，便唱一首聖詠。宗徒們的初期教會，接納了這種習慣，在讀經時，讀了一篇，便唱聖詠，先由一領唱者在唱經台唱一句，信友大家重覆這一句。領唱者乃唱聖詠，每唱一段就停下，信友大家同唱開始唱的那一句，這樣唱到末尾。這段儀節稱爲答唱詠，有領唱者，有答唱者。

這種禮節來源很古，可以說來自宗徒們，答唱詠所唱聖詠常能配合彌撒的讀經，詞句不會相同，文句的意義和精神則常相合。例如將臨期第一主日的「答唱詠」，領唱的第一句：「我真高興，因爲有人對我說，我要進入上主的聖殿！」這句歌詞和讀經的依撒意亞先知書所說：上主的聖殿所在的山嶺必矗之在群山之上，萬民都要向它湧來，意義相符合，所唱聖詠第一：一首就歌唱耶路撒冷聖殿。

將臨第二主日，彌撒讀經是依撒意亞先知歌讚救世主來時，宇宙太平，野獸也不相爭鬥。答唱詠便歌頌救世主以正義統治全球，永享康寧。

答唱詠在禮節中有實用的意義，讀經者篇數較多，時間長，信友就會感到厭倦，禮節也太呆板，因此，便來用歌詠，輕鬆人的精神。答唱詠通常不長，樂調也簡單，中古時代音樂發展，歌聲引人愉快，答唱詠後連接了另一種歌詞，歌詞不是聖詠，而是詩人學者的作品，而且和音調相連，稱爲「繼抒詠」，兩方互相對唱。近世紀，這類作品很多，德國十五世紀的彌撒本，繼抒詠多至八十到九十篇，後來教宗庇護第五改革禮儀時，刪除了一切繼抒詠，祇留下了四篇：復日節，聖神降臨節，聖體節和聖母痛苦節，聖體節的繼抒詠乃大神哲學家聖多瑪斯所作。這種繼抒詠在中古以後的發展，因爲合著樂曲發展，作曲家以合音曲調作歌，例如追思衣者彌撒就有光榮頌和信經，作曲家把繼抒詠作成彌撒的中心，悲哀雄壯，若求哀禱的聲調，乃使欣賞音樂的興趣掩蓋了參預聖祭的情懷，教宗庇護第五改革禮時，把這種不是聖詠的歌調，便徹底刪除了。最新改革的禮儀，又減少合音的樂調，使信友專心聖經的意義，保存於自己的心裡。

九、福　音

1. 亞肋路亞

在「答唱詠」裡有一種簡短的答唱詞，以「亞肋路亞」開啓，以「亞肋路亞」結束。這種簡短「答唱詠」稱「亞肋路亞」，爲誦讀福音開路。

「亞肋路亞」是一句喜樂的歡呼，意思表示「高興」，當耶穌基督受難前未進耶路撒冷時，宗徒們和民衆搖著樹枝，高呼「賀三納」，迎接基督。「賀三納」爲喜樂歡呼，接著唱「因主名而來者當受讚揚」，讀福音以前，便唱「亞肋路亞」，先由領唱者獨唱一句，信衆大家回答一句，然後，獨唱者唱一句或兩句聖經或和聖經相關的話，信衆再大家回答一句「亞肋路亞」。在嚴齋四旬期則不唱「亞肋路亞」，換唱「基督，天主聖言，願光榮歸於祢！」

在「額我略歌詠曲」裡，「亞肋路亞」的音調非常變化多端，雖祇有一音，但是升降延續，極盡情感深蘊持久的表現，乃額我略歌詠曲中最優美的曲調。

2. 福音

彌撒讀經階段，福音的誦讀爲巔峰。福音乃天主聖子的聖言，也就是天主聖言，福音常代表基督，教會歷代敬禮福音，中古歐洲抄寫古本，福音的抄本常用金墨或銀墨寫每章或每段的第一字母，第一字母又用繡花圖形寫，抄本的裝訂非常珍貴，有的滿戴珠寶。

誦讀福音的儀式，莊嚴隆重。執事一人手捧聖經供置祭壇，轉身到主祭者前奉上提爐，請上香，然後俯首或跪下合掌說：「主，請派遣我」，主祭者手劃十字祝福說：「天主在你心中口中，使能相稱地傳達祂的福音」。執事由兩個手捧蠟燭，一個手拿提爐的輔祭員陪伴，到誦經台，伸手向大家說：「願主與你們同在」，然後在福音本上，自己的額上，口唇，胸前劃十字聖號，口中說「恭讀某某傳福音」，拿提爐向福音本獻香。全堂人員都起立，也在額上，口唇，胸前劃十字聖號，回答說：「主，願光榮歸於祢」。

中國歷代帝制時，皇帝的上諭到達時，捧上諭的官員，立在當中，面對接諭的人，手捧諭詔，接諭的人和在場的人都跪地接詔。我們聽讀福音，則起立恭聽。基督曾經作比喻說聖言好像種子，撒種子的撒種子，種子有的落在路板上，有的落在荊棘中，有的落在好土裡，祗有落在好土的種子才結果實。我們聽讀福音，心田要是肥土壤，使種子發芽結果。

唸完福音，誦讀者向大家說：「以上是天主的聖訓」，大眾答說：「基督，我們讚誦讀者口吻福音，口中說：願所讀的福音使我們改過遷善。」捧福音回供祭壇。

通常的彌撒，沒有誦讀福音的儀節，主祭者或共祭者誦讀。誦讀的篇幅，每日彌撒，繼續由一傳福音的節章中選讀，主日和慶節則選擇和彌撒有關的章節。

聖伯鐸在書信裡勸告信友們說：「你們卻要在恩寵及認識我們的主，和救世者耶穌基督上漸漸增長。願光榮歸於祂，從如今直到永世。」（伯鐸後書　第三章第十八節）彌撒中讀福音，就是爲增長我們對天父和基督的認識，乃是我們信仰生活的基礎。

3. 講　道

讀了福音以後，主祭者講道，從宗徒們開始實行，古代教父聖師留傳下來的講道詞很多，聖額我略教宗，聖良教宗，聖奧思定主教，聖盡博羅削主教的講道詞，乃是教父聖傳的中心部份。彌撒中講道有特別的名稱，稱爲（Homelia）阿默里亞，爲講解教義的講道詞。讀了福音，主祭者詮釋福音。講解相關的教義，有似講解要理，再申論生活規範，指示倫理原則，教父們的講道詞，常是講解教義，而且義理很深，教友們能夠跟得上，聽得懂，表示當時教友的教義知識相當好。

中世紀時，主祭的教宗和主教通常不在彌撒中講道。近世紀合音樂曲盛行，光榮誦和聖經有時唱一個鐘頭，彌撒中更不能有講道了。聖方濟和聖道明乃派會士在彌撒以外專門講道，因爲信友對教義已經愚昧無知。我在羅瑪參加教宗彌撒多次，庇護第十二世爲演講和語言的天才家，作的各國語言演講很多，但除謚封聖品或特別意義的彌撒外，我沒有聽見他在彌撒中講道。梵蒂岡第二屆大公會議以後，教宗保祿六世和若望保祿二世每次行公開彌撒，每次講道。

梵蒂岡第二次大公會議禮儀憲章規定：

「講道是禮儀的一部份，極應推重，藉以遵照禮儀年的進展，從聖經中發揮信德的奧蹟和基督化的生活原則，並且在民眾聚會的生日及法定慶節的彌撒內，無重大理由，不得略去講道。」（第五十二節）

講道乃成爲主祭神父的難題，講道也成爲參預彌撒者的困擾。因爲神父的口才不齊，神父的學識不等，外藉神父的中國話有熟不熟。但是聖維雅納口才很差，學識很低，卻能講道吸引許多人來聽，即是以自己的生活，用誠心的言語表達信仰，就如現在通用的「證道」，把自己純淨高尚的信仰生活，用言語來證實所讀的福音，因此口才和學識，人人不一樣，誠心培養自己的信仰生活，每位主教神父都可以做到，以生活證道，雖打手式勉強講話，都能感動信眾；反而口才好，學識高，篇篇講道講得很長，卻引人生厭。

一〇、信經

1. 信經

讀了聖經以後，自然地又合理地、宣誦信經，肯定自己的信仰。然而事情並不是這樣，古羅瑪行彌撒聖祭時，並沒有宣誦信經的節目；信經是一篇公議會的條文，既不是讚頌天主的歌詠，又不是祈禱恩惠或悔罪求赦的經文，跟彌撒聖祭的精神不相符合，在初世紀的教會彌撒禮儀中沒有信經的宣誦。

東羅瑪統轄小亞細亞和希臘，希臘的哲學思想傳到小亞細亞，造成了幾種異端邪說，或者否認基督的天主性，或者否認基督的人性，或者混亂天主聖三的關係，爲預防異端邪說的傳播，教會乃召集了初期的大公會議，紀元三二五年有尼車亞（Nicea）大公會議，紀元三八一年有公斯當定堡大公會議，兩公會議製定了一篇信經，「我信全能者天主，造成天地」，繼續每條信仰都用「我信」，這篇信經現在我們用在成人受洗的禮節中，信仰條文很簡單。紀元四三一年有尼弗所大公會議，肯定了耶穌是天主又是人，聖母稱爲天主之母。紀元四五一年有加爾車多尼亞大公會議（Calcedom），製定了現今彌撒裡的信經，較比領洗時的信經更詳細。東方教會便在彌撒中宣讀信經或在講道以後或在領聖體以前。拉丁教會接受東方教會的規定，但祇主日慶節彌撒。

信經分爲三大段，第一段對於天主聖父的信條，很簡單，僅此說：

「我信唯一的天主，全能的聖父，天地萬物無論有形無形，都是祂所創造的」

對於聖父造生萬物，不能有所爭執，我們中國《詩經》《書經》也相信上天上帝，造生神物。爭執的問題，是關於耶穌基督，天主聖子，降生成人。信經的第二段，即是對基督的信仰，詳細明瞭。

「我信唯一的主，耶穌基督，天主的獨生子，祂在萬世之前，由聖父所生。祂是出自天主的天主，出自光明的光明，出自眞天主的眞天主。祂是聖父所生，而非聖父所造，與聖父同性同體，萬物是藉著祂而造成的」。

肯定耶穌是天主聖子，和聖父同性同體，由聖父所生，是出自真天主的真天主。我們便信耶穌具有天主性，是真天主。在另一方面，基督降生成人：

「祂爲了我們人類，並爲了我們的得救，從天降下。祂因聖神由童貞瑪利亞取得肉軀，而成爲人。」

肯定基督是人，由聖神而降孕於童貞瑪利亞胎中，祂有肉軀。我們乃信基督是有肉軀，和我們一樣的人，祂的肉軀是真的，不是虛幻的，因爲祂受難被釘死，死而復活，復活升天，最後世界終窮時，祂要重來審判萬民。這些事蹟都是聖經所記載，是基督所預言的，我們表示堅信不疑。

信經的第三段，是對於聖神的信仰，聖神是天主第三位，和聖父聖子同性同體，同享光榮。聖神的工作，則是聖教會聖化的工作，聖洗，罪赦，肉身復活，永生。在信經第三段簡單聲明，不加解釋，因爲沒有產生過異端。對於聖神和聖父聖子的關係，曾經發生神學辯護，信經乃說明「由聖父聖子所先發。對於教會，肯定是至聖，至公，唯一，從宗徒傳下來的教會。教會有四種特性：唯一，耶穌基督的教會祇有一個，這一個是從宗徒傳下來的。第二，從宗徒傳下，主教的職權傳自宗徒。一位主教的祝聖禮，一定要由一位由宗徒傳下來的主教作主禮人。」整個教會一定要由宗徒之長聖伯譯宗徒的繼承人管理，每個地區的地方教會一定要和整個教會一同歸屬聖伯鐸繼承人，和他相連繫，第三，至聖，教會具有聖化人的聖事，有赦罪的神權，和基督相連，整體上不能有罪污，第四，至公，教會是公開給全人類的，不是一個民族，不是一種階級的教會，因爲基督願意一切的人都得救恩。但是至公，不是和別的宗教共同合起來的宗教，也不是和別的宗教性質相同可視爲一個公共的教會，因此關於教會的信條，在目前的大陸教會和宗教交談，都有明確的指示。

2. 信友禱詞

現行的彌撒禮儀，恢復了古代的「教會禱文」。在講「天主，求祢垂憐」時，已經講到「教會禱文」，古代在彌撒中爲教會各級人員和普世人民的需要，祈禱天主賞賜恩惠。在開始時，在遊行進堂隊伍中誦唸，大家答「天主，求祢垂憐！」後來，以爲在講道或唸信經以後，讀經階段的彌撒要結束，開首獻祭的階段，望救者和公開懺悔的人離開聖堂，祇有領過洗的信友留下參預，所以稱爲「信友彌撒」。信友們爲開始獻祭的奧蹟，公開祈禱，舉行「教會禱文」。到了中世紀，「教會禱文」因過長，逐漸被取消，因爲在彌撒開始時有「主，求祢垂憐！」在成聖體以後，又爲教會求恩的經文。後來，「集禱經」可以加唸一篇或兩篇。現行新的彌撒禮儀，規定集禱經只有一篇，在唸福音或信經以後誦唸「信友禱詞」。但不在彌撒正文內編有「信友禱詞」，由主祭者和參禮者自由編造，也祇在有信友聚會的彌撒中誦唸。這種方式加強了信友積極參預彌撒的心情，也激動信友正視教會在每種不同環境中的需要。

這次彌撒禮儀的改革，目的在恢復彌撒的原有精神和意義，減除合音彌撒的音樂欣賞。文藝復興以後，合音彌撒的光榮誦和信經幾乎佔去彌撒全部時間的三分之二，幾乎使奉獻祭禮和領聖體禮就成了彌撒的附屬部份。現在新的彌撒禮儀，用本地語言，使奉獻祭禮部份的彌撒，成爲彌撒中心，隨後就有領聖體禮儀，讀經部份乃是爲行彌撒的預備禮節。

一一、奉　獻

1. 獻餅酒

耶穌基督在最後晚餐中，變麵餅爲自己的肉，變葡萄酒爲自己的血，餅酒乃彌撒必需的祭品，教會不能更改。讀經階段完結後，便進行預備餅酒。

麵餅在最後晚餐所用，按照梅瑟的規律，爲未發酵的麵餅，但是在教會開始時，彌撒所用麵餅即家常發酵麵包。紀元第九世紀時，歐洲各處提倡用未發酵麵作祭餅，到了第十一世紀，西方禮儀普遍用來發酵麵餅行彌撒。同時祭餅的製造，也有新的規定。本篤會爲收割製造祭餅的麥子，修士應著長白衣、磨麥、製麵，烤餅須誦唱聖詠。在紀元十二世紀時，祇用一大型圓麵餅爲行祭，領聖體者不多，主祭司祭分開大麵餅分送。稍後爲避免分碎聖餅，乃爲信友預備小如銅元的祭餅。這種方式存留到現在。

酒，爲葡萄酒，上期用紅色酒，後來也用白色酒。不產葡萄酒的地方，可用葡萄榨取葡萄汁。

在教會初期，教會供養寡婦貧人，在彌撒中信友奉獻麵包爲獻祭用，也爲濟貧用。最初時行完彌撒繼有聚餐，爲聚餐也要獻麵包。這兩種習慣先後消失了，新的習慣又開始了，信友獻食物爲本區司鐸，奉獻蔬菜水果；最後教會各方面的急需繁多，乃由信友捐錢協助。

2. 奉獻曲

在上古時，教宗主祭親自到教友的坐位前，收取麵包和酒，六品執事和五品人員跟隨把麵包和酒裝入筐中和瓶中，然後安置於桌上。在紀元第四紀時，已經普遍由教友排隊奉獻祭品。在近世紀，有些地方，信友捧著生活物品，請求主祭者祝福。奉獻隊伍進行時，歌詠團唱奉獻曲。後來奉獻隊的禮節在庇護第五改革禮儀後少有舉行，奉獻曲則仍保留在彌撒中。奉獻隊的遺跡在現在最新禮儀改革以前，保留在教宗諡封聖品的大禮彌撒中，請求諡封聖品的機關——教區或修會，向教宗奉獻禮品。彌撒奉獻禮時，一位樞機率領奉獻儀隊，有袍劍侍衛伴陪，隊員捧大型蠟燭一支，木製麵包兩個，木製酒水小桶兩口，一支鳥籠帶兩隻白鴿，一支或兩支鳥籠帶有多隻黃鶯，每人按次第跪在教宗前，由領隊樞機將禮物呈獻教宗，教宗身傍禮官接收。這種儀節，我在羅瑪時見過多次。

最新禮儀改革的現行彌撒儀節，又恢復了這種奉獻儀隊。在羅瑪我又見到教宗在聖伯鐸大殿的彌撒中，各國的男女信友代表向教宗奉獻國家手工業的特產。在台灣的彌撒中常有信友排隊奉獻禮物，又有信友代表向信友收取捐款。所奉獻的禮物和捐獻，視爲奉獻天主的禮品，和基督自身奉作犧牲，一齊獻於天父。

3. 奉獻餅酒禮

信友在古時所獻的麵包和酒，放在奉獻桌上，收集了以後，六品執事選擇爲行聖祭所用的餅酒，放在祭壇上，主祭者分捧餅酒奉獻於天主，細聲誦唸奉獻經文，然後用水洗手，洗去拿麵包的灰塵。現在則餅酒已經放在祭壇上，主祭者先獻餅，公開唸獻餅經。後攙水到酒中，象徵基督被釘後肋旁被刺穿，流出血和水；攙水的意義則是我們人性溶入基督的天主性內，我們和基督溶合，一併奉獻於天父，即是表示我們實際參預基督的祭祀。主祭捧爵獻酒，誦唸獻酒經文。信友答覆獻餅獻酒說：「願天主永受讚美。」主祭乃鞠躬誦唸：「上主，我們懷著謙遜和痛悔的心情，今天在祢面前，舉行祭祀，求祢悅納」。

在大禮彌撒中，主祭拿提爐，向放在祭台上的餅酒獻香，再手拿提爐繞行祭壇一週，再向聖體跪，和十字架上香，古時，有帝王貴族參預彌撒，六品執事向貴賓上香，現在向參禮聖職員和信友上香，表示對祭品的敬禮，速帶敬禮祭壇和參禮者，然後用水洗手，口中唸著「上主，求祢洗淨我的罪污，滌除我的愆尤。」

保留了古時洗除接收麵包灰塵的洗手禮，改變爲滌除心靈罪污的標記，在就要手捧聖體聖血以前，洗心革面。

主祭邀請參禮信友一同祈禱，懇求天父接納祭祀的犧牲。信友答誦望聖父爲著自己的光榮和教會的益處，接納這次祭獻。

4. 獻禮經

主祭乃高聲誦唱獻禮經，「獻禮經」爲彌撒的三篇正式祈禱經之一，彌撒開始有「集禱經」，領了聖體有領聖體後經，祭祀開始時有獻禮經。

在最新改革禮儀以前，「獻禮經」稱爲「密禱」（Lecneta）因爲是低聲唸。這種儀節的來源，大約來自七世紀的法國禮儀。低聲誦唸，不是這篇經的特點，獻餅酒的經文，都是低聲誦唸，因爲視爲主祭者私人的祈禱。以往，祝聖餅酒成聖體聖血的經文，成聖體以後一直到「天主經」所唸經文，都低聲誦唸，象徵聖祭的神秘性。

「獻禮經」，現在公開誦唸，將餅酒奉獻於天父，以成耶穌的聖體聖血，作爲祭祀，懇求天父悅納，恩賜我們救恩的聖寵。經文中常提出當天聖祭紀念的奧跡，希望天父因這奧蹟的意義，欣然接納這次聖祭。例如聖誕節子時彌撒：

「獻禮經。上主，在這至聖之夜，我們向祢獻上禮品，求祢悅納；使我們藉著在這聖祭中的神聖交換，得與那取了人性，而和祢結合的基督相似」。

「主顯節，獻禮經。仁慈的天主，求祢垂顧祢教會的禮品；今日我們所奉獻的不再是黃金乳香和沒藥，而是這些禮品所象徵的，既作犧牲又作神糧的主耶穌基督。」

我誦「獻禮經」，我將自己身體和精神的困苦，獻於天父，我求聖父看我是同基督奉獻的祭品。

二二、頌謝詞

彌撒的中心，從「頌謝詞」開始，接著是成聖體聖血，奉著基督的聖體聖血，主祭代表聖教會向天父求恩，誦唸一段長篇祈禱文，以天主經結束。

彌撒在主耶穌建立時，爲一聖餐。耶穌基督在最後晚餐建立了彌撒和聖體聖事。最後晚餐爲猶太教的「逾越節」晚餐，爲一頓宗教性的晚餐，所吃的羔羊，先要在耶路撒冷聖殿裡宰殺祭獻。耶穌基督在最後晚餐變餅酒爲自己的體血，明明說了體血要作犧牲奉獻天父以贖罪，基督用自己的神力，提前加爾瓦略十字架上的犧牲，把自己的體血獻於天父，然後訓令宗徒們照樣去作。宗徒們照基督所作，使餅酒成基督的體血，變成基督的體血就是舉行十字架的聖祭，然後把聖體聖血分送給信友。因此，先要有彌撒成聖體聖血，然後才有領聖體的聖餐。彌撒成聖體聖血，舉行十字架的祭祀，彌撒乃爲聖祭。聖祭爲神聖的聖事，祭祀部份便成爲彌撒的中心，禮儀非常嚴肅，以往，這一片經文都由主祭者朗聲誦唸，伸張雙手，站在祭壇中央誦唸。

1. 頌謝詞

「頌謝詞」在拉丁文稱爲（Praefatio），意思可以說是導論或前詞，「頌謝詞」開始聖祭部份的經文，這部份的經文總稱爲（Canon），意思可說是「中軸」，即彌撒的中軸，但在東方禮儀則稱爲（Eucharistia）即「頌謝詞」或感恩經，因此彌撒也稱爲感恩祭。

頌謝詞向聖父歌唱感恩心情，因爲聖父派遣聖子救贖我們。宇宙萬物受造，本爲顯揚造物主的神妙，表露造物主的愛心，亞當的原罪扭轉了宇宙萬物的生意，遭人類濫用於罪惡，基督降生獻身贖罪，重新率領宇宙萬物歸向聖父，歌讚造主的化工。彌撒聖祭中，基督自己降來，奉獻體血於聖父，教會便隆重地同基督一起，也奉著基督向聖父歌讚，並且奉獻天上的天使和聖人的歌讚，使我們加入他們的行列，不停地歡呼。

彌撒聖祭部份的經文，來源很古。自古至今，文字雖多改變，經文的原意，流傳未改。頌謝詞在七世紀時，有一百多篇，幾乎每天的彌撒誦唸不同的頌謝詞。物極必反，篇數過多，收集不易，濫撰也不免，教會乃加限制，紀元十六世紀教宗庇護五世改革禮儀時，便祇留下了七篇，加上三篇特別慶節頌謝詞，一共祇有十篇，流傳到現代。梵蒂岡第二屆大公會議規定禮儀改革，現在應用的彌撒經本，有頌謝詞四十九篇，特別節日另有數篇，主祭者可以隨著彌撒紀念的奧跡予選擇。

頌謝詞開啓彌撒聖祭的神聖奧蹟，以隆重歌唱或唱誦。主祭者首先邀請信友一同參預。

主祭伸開手唱：願主與你們同在。　信友答：也與你的心靈同在。

舉手向上：請舉心向上　：我們全心歸向主。

合掌鞠躬：請大家感謝主，我們的天主　：這是理所當然的。

主祭伸開雙手唱：「主，全能永生的天主！奉著我們的主基督，我們時時處處感謝祢，實在是理所當然的，並能使人得救。」

這一段感恩詞，爲每篇頌謝詞的公式，也是從古代傳下來的，表現感恩的重大意義。

接下來的一段，則敘述基督在彌撒所紀念的奧跡中的身份和工作，使我們有特別感謝天父的責任。例如：聖誕節第一頌謝詞：

「因為祢榮耀的新光，藉著聖子降生的奧蹟，照亮了我們的心目，使我們在祂身上認識降生可見的天主，嚮慕那不可見的美善。」

復活節第一頌謝詞：

「我們的逾越節羔羊──基督已完成了犧牲，今天我們更當隆重地讚美祢。因為基督眞是消除世罪的羔羊，祂以聖死摧毀了我們的死亡。並以復活恢復了我們的生命。」

追思亡者第一頌謝誦：

「我們在基督身上有了光榮復活的希望，我們雖因死亡的定律而悲傷，卻因永生的許諾而得到安慰。為信仰祢的人，生命只是改變，並非毀滅；我結束了塵世的旅程，便獲登天鄉。」

頌謝誦的第三段，每篇都套用相同的公式，只能文字上有所變更。

「因此，我們隨同天使，總領天使，以及天上諸聖，歌頌祢的光榮，不停地歡呼。」

「因此，我們聯合天上所有天使一起讚頌祢，不停地歡呼。」

基督降來祭壇，天使聖人擁護而來，基督降生白冷郡時，天使成隊歡歌；基督降生祭壇，天使聖人一定天樂相伴。我們以我的歌樂同天使聖人的天樂相合，同聲讚頌天主。

2. 聖聖聖

全堂歌唱「聖聖聖」：

「聖！聖！聖！上主，萬有的天主，祢的光榮充滿天地，歡呼之聲響徹雲霄。」

基督肩負十字架，赴加爾瓦略山受刑時，沿途祗有聖母和婦女數人陪伴，其他刑役和法利基人則沿途慢罵。彌撒中基督降來祭壇，奉祭敬禮天父。

如同默示錄所寫天國情景，天主聖三接受天使和聖人們的歡呼：願光榮，權位，歸於上主，歸於基督羔羊。

「奉上主名而來的，當受讚美，歡呼之聲，響徹雲霄」。

基督最後一次進耶路撒冷城，捨生救人，群眾歡迎歌頌，頌詞就是這段歌詞。教會要我們在基督降來祭壇，獻祭敬禮天父，也用當時民眾歡迎基督的歌詞。祂是奉上主之名而來，應當受我們的讚頌。

紀元第二世紀教宗西斯篤一世，製定這篇讚頌歌詞在彌撒聖祭開始時用。東方西方禮儀彌撒都歌唱這篇讚頌詞。唱時或誦時，搖鈴，擊鐘，打鼓，歡迎基督。

一個塵世的人—我欣然走向天主的尊前，將用手捧著基督的聖體聖血，我自覺光榮無比。基督的自謙自卑，促成了我的尊高；基督的無限愛心，消除了我的恐懼；面對純潔的麵餅，我心湧起極高的敬心。

一三、這是我的體！這是我的血

1. 呼求聖神

唱了，或唸了「聖，聖，聖」，我伸開雙手，端莊隆重地唸：

「上主，祢實在是神聖的，祢是一切聖德的根源。因此，我們懇求祢派遣聖神，聖化這些禮品，使成爲我們的主耶穌基督的聖體聖血。」

耶穌降生受孕時，天使嘉俾額爾告訴瑪利亞，是因天主聖神的神能。耶穌基督開始傳道，在約爾當河從若翰受洗時，天主聖神藉鴿子形像降臨頭上，顯示將以聖神的神能傳道授洗。若翰後來作證耶穌是來在他以後，卻成在他以前，將以聖神洗人罪污。

彌撒聖祭中，使麵餅和葡萄酒變成耶穌的體血，我是用主耶穌自己的話，這聖言具有能力使麵餅和酒變化體質，成爲耶穌的體血；聖言的能力乃是天主聖神，聖神以神力變成體血的奧跡。

我伸舉雙手，覆在餅酒上。覆手禮在宗徒大事錄中，爲聖神降臨的象徵；在現代祝聖主教和神父的典禮中，在傳堅振的典禮中，都有覆手象徵聖神降臨。

2. 成聖體聖血

覆了手，我用手恭敬地拿起麵餅，清晰地朗誦：

「祂甘願捨身受難時，拿起麵餅，感謝了分開，交給祂的門徒說：你們大家拿去吃，這就是我的身體，將爲你們而犧牲。」

我雙手舉起聖體，接受信友的崇拜，然後放在聖盤中，屈膝跪拜。繼續誦唸：

「晚餐後，祂同樣拿起杯來，又感謝了，交給他的門徒說：你們大家拿去喝；這一杯就是我的血，新而永久的盟約之血，將爲你們和衆人傾流，以赦免罪惡。你們這樣做，來紀念我。」

雙手舉起聖爵，接受信友的崇拜，然後把聖爵放在聖布上，屈膝跪拜，站起身，大聲說：

「信德的奧蹟！」

信友答說：

「基督，我們傳報祢的聖死，我們歌頌祢的復活，我們期待祢光榮的來臨」。

3. 禮儀經文

祝聖體聖血的經文，乃彌撒中最神聖最重要的經文；經文取自福音，爲耶穌基督親口所說，是彌撒經文的最古經文。宗徒們舉行「劈餅禮」時，應就應用這段經文，在福音寫定以前，和福音三傳中所載，不完全相同，但基本點都一樣不變：「這是我的體，這是我的血！」歷代各處彌撒禮儀中，祝聖經文，有長有短；但這兩句必定有。再一點，在各派禮儀中也有共識，即聖體聖血的犧牲性。基督變餅酒爲體血，體血相分離即是死亡，基督的死亡，爲十字架的犧牲，以體血祭獻聖父，爲人類贖罪。最後相同點，在基督命令宗徒們繼續行成聖體聖血。

基督在最後晚餐變餅酒爲體血，目的是給宗徒們吃喝。神學家和聖經學者，常說彌撒是聖餐，不是祭祀。成聖體聖血，是爲分給信友，即是領聖體，在最初宗徒們行「劈餅禮」是聚餐的形式，但在第一世紀「劈餅禮」和餐會分開，「劈餅禮」在前，聚餐在後。羅瑪古時，就沒有劈餅禮的餐會。別的地方教會後來也逐漸不行「劈餅禮」的餐會，因爲信眾既多，多則雜，雜則亂。聖保祿宗徒已經嚴詞責備齊林多人「劈餅禮」餐會的失禮。

從神學的意義上，劈餅以光，應祝聖餅酒使成爲基督的體血；餅酒變成基督的體血，表示基督的死亡，以體血爲人類贖血，這一點是基督在劈餅時，親口所說。成聖體聖血，即是十字架的犧牲，便是祭祀。祭祀乃敬禮天父的崇高敬禮，彌撒便成爲教會敬禮天主的中心典禮，祭祀的意義乃超越了劈餅聖餐的意義。歷代的彌撒經文都以祝聖餅酒爲最重要。

現用最新改革後的彌撒經本，祝聖餅酒禮經文在四式感恩經裡，有長短的不同，第一式爲舊日流傳下來的方式，其餘三式爲最新改革時所編；但四式中，成聖體聖血則同是一樣。在這四式剛宣佈時，字句有些不同，各方馬上感覺不好，聖禮部就立時改正，四式的祝聖聖體聖血的文句，完全相同，代表基督所說的話。四式所不同的是在主祭拿餅拿酒在手中時，所唸經文有長有短，但意義則都配合主祭的動作。

負有罪惡的我，人世邊緣的人；基督竟用我祝聖聖體，降在我手中。我手中所捧的，是死在十字架上，埋葬在山洞，復活升天，坐在全能聖父古座的羔羊，受天朝神聖朝拜的救世主耶穌。偉大不可思議的信德奧蹟！我是活在人世，還是活在天上？我眼睛所看見的純白圓形麵餅，微紅葡萄酒，竟已經是天主聖子的人性體血，是救贖全人類的代價，神性生活的根源！我真誠地屈膝跪拜，滿心喜悅地將自己附在聖體聖血上，奉獻於聖父。

一四、感恩經

現行彌撒本的感恩經，拉丁禮儀原來稱爲（Canon）「中軸」，東方希臘禮儀常稱爲（Euchaqistia）感恩經，現行中文彌撒本稱爲「感恩經」，包括從頌謝誦到天主經的全部經文。頌謝詞的第一段常是奉著基督時時刻刻感謝聖父，頌謝詞爲一篇隆重的感恩經，因此這一系列的經文都稱爲感恩經。實際上在成聖體聖血後的經文，卻全是求恩經。

「中軸」的經文，相當複雜，來源很古，結構在歷代多有變換，大綱的公式則保留在現用感恩經的第一式裡，大綱是：爲教會祈禱，爲獻禮的在世活人祈禱，爲亡者祈禱，爲主祭自己祈禱，紀念天朝聖人。

第一式感恩經：

「我們將這些禮品呈獻給祢，首先是為祢的聖而公教會……也為祢的僕人我們的教宗，我們的主教與所有主教」

「上主，求祢垂念我們的僕婢（某某）和所有參禮的人……」

「我們聯合整個教會，首先紀念我們的主耶穌基督天主之母，終身童貞榮福瑪利亞」（繼續唸聖若瑟，十二宗徒，十二位古代男殉道聖人。）

「上主，求祢也垂念我們的祖先和祢的僕婢（某某），他們保持著信德，先我們而去，如今正在安眠休息……」

「至於祢的僕役，我們罪人，依持祢無限的仁慈，求祢惠賜我們加入祢的聖宗徒及殉道者的團體，就是若翰……」（繼續唸七位古男殉道聖人，七位古女殉道聖女）

在紀念宗徒們和男殉道聖人以後，祝聖聖體聖血，舉揚聖體聖血，主祭唸「信德的奧跡」！信友們答了以後，在為亡者祈禱以前，主祭唸三段經文：第一段經文，說明祝聖體血，為紀念基督的苦難，復活，升天，把純潔的犧牲，奉獻於聖父台前；第二段經文，求聖父接受祭品，如同曾經接受了亞伯爾，亞巴朗，默爾基瑟德的祭獻；第三段經文，求天父派遣天使，將祭品呈獻聖父台前，使參與聖祭又領聖體的人，得以光滿一切天恩和聖寵。

主祭誦唸感恩經時，配有一些動作，合掌，伸手，俯身，搥胸，舉目向上，在祭品上劃十字。有時，主祭神父行動迅速，看來似乎作戲。

梵蒂岡第二屆大公會議後，最新禮儀改革，雖然保留了第一式，然也簡化了一些動作。另外製定了新的三式感恩經。第二式最簡單，第三式較詳細，第四式爲特別機會，加有信仰的許多信德觀念。但這新三式，在結構大綱上相同。

彌撒聖祭，是爲紀念基督聖死與復活，舉揚聖血後，主祭唸：

「上主，因此我們紀念基督的聖死與復活，向祢奉獻生命之糧，救恩之杯」（第二式）

「上主，因此我們紀念祢的聖子為拯救世人所受的苦難，和祂光榮復活升天，並期待祂再度來臨，以感恩的心情，獻上這具有生命的聖祭。」（第三式）

「上主，所以我們現舉行救恩大典追念基督的死亡與下降陰間，宣揚祂的復活與光榮的升天，我們期待著祂榮耀降來，向祢獻上祂的聖體聖血，作為祢歆饗的救世聖祭」（第四式）

為教會祈禱：

「上主，求祢垂念普世的教會，……我們的教宗，……主教……以及全體聖職人員，都在愛德中日趨完善。」（第二式）

「上主，但願這與祢修好之祭，有助於整個世界的和平與得救，並使旅途中的教會，我們的教宗……主教……聖識人員，……全體子民，在信德和愛德中堅定不移。」（第三式）

「上主，求祢垂顧祢為教會準備的祭品……」

「上主，現在我們向祢奉獻聖祭，求祢垂念我們的教宗……主教，聖職人員……全體子民……」（第四式）

為參禮的人祈禱：

「我們懇求祢，使我們分享基督的聖體聖血，並因聖神合而為一。」（第二式）

「請垂顧祢教會的奉獻，並接受這贖罪的犧牲。求祢使我們藉祢聖子的聖體聖血得到滋養，並充滿祂的聖神，在基督內合而為一。」（第三式）

「上主，現在我們向祢奉獻這聖祭，求祢垂念……求獻彌撒的人，參禮的人，……以及誠意尋求祢的人。」（第四式）

爲亡者祈禱：

「求祢也垂念懷著復活的希望而安息的兄弟姊妹，並求祢垂念我們的祖先和所有去世的人，使他們享見祢的聖容。」（第二式）

「求祢垂念我們的祖先，已亡的親友，和所有在祢寵愛中去世的人，恩准他們進入天國。」（第三式）

「求祢也垂念安息於基督的信眾，並垂念我們的祖先所有亡者。」（第四式）

在這段經內，我們主教團取得教廷的許可，加了一句「請垂念我們的祖先」，以免大家想我們的祖先不信天主，就都不能得救。他們還是可以因天主的仁慈，得有救恩的非常的管道。

與天朝神聖相聯繫，在宗徒信經裡有「諸聖相通功」，在彌撒中，我們與天朝神聖相團結，希望他們協助我們，一齊歌頌天主的美善，獲得永生。

「求祢垂念我們眾人，使我們得與天主之母童貞榮福瑪利亞，諸聖宗徒，以及祢所喜愛的歷代聖人聖女，共享永生」（第二式）

「願聖神使我們成為祢永恆的祭品，得與祢簡選的人，首先與天主之母童貞榮福瑪利亞，祢的聖宗徒以及光榮的殉道者……」（第三式）

「仁慈聖父，求祢恩准我們作祢子女的，隨同天主之母童貞榮福瑪利亞，和祢的宗徒及聖人，共同繼承天國的產業。」（第四式）

我站在祭壇，誦唸「感恩經」，我的身體有限的小我，伸展成無限的精神大我，我體驗聖教會生命的偉大，現世旅途教會，天朝享福教會，煉靈受苦教會，彼此相通相融，結成基督的妙體，我的心充滿希望和快樂，我對天主說：「奉著祢的聖子耶穌基督，讚美祢，顯揚祢。」

一五、三　獻

「感恩經」好似我們社會祭禮中的「祭文」，爲祭禮的靈魂，說明祭禮的意義。「感恩經」乃彌撒聖祭的「中軸」，伸展彌撒聖祭的精神空間，連接了天上、地面、陰間，的三層教會，恭奉天父爲三層教會的天主，呈送祈禱經韻到至尊台前，經文結尾高唱天父的尊高和光榮，信友們群起答覆「亞滿」。

感恩經的結束詞句，分有兩段，在舊日傳統的經文中，分段明顯；在現行的革新彌撒經文中，隱而不現，祇有第一式還保留舊日的傳統詞句。第一式「感恩經」結束說：「以上所求，是靠我們的主基督。」接著又說：

「上主，祢藉著祂，不停地創造，聖化，滋生，降福這一切美好之物，而賜給我們。」

這段經文，跟「感恩經」連接不起來，不能把「不停地創造，……」這些詞句歸到聖體聖血上。「而賜給我們」一句，可以表示領聖體的大恩，但這句話和前面「降福這一切美好之物」連在一起，便不是表示領聖體了。

原來這一段話，本來是爲降福蔬果，油，水，葡萄。「感恩經」已經結束，信友呈獻日常用品，請求降福，主祭者乃說：「上主，祢藉著祂（我們的主基督），不停地創造，……而賜給我們。」後來降福油，水，葡萄等物的禮節消失了，祝福的經文保留下來，意思變爲稱揚。耶穌基督爲救世主，因著祂的犧牲，我們得有各種恩惠；因而感謝聖父。

「並使我們奉著祢的聖子耶穌基督，讚美祢，顯揚祢。」（第二式）

「以上所求，是靠我們的主基督，因為祢藉著祂賜給世界一切美善。」（第三式）

「奉著我們的主耶穌基督頌揚祢，祢藉著祂賜給世界一切美善。」（第四式）

在經文構造上說，「感恩經」用這幾句經文就結束了。但是按照教會從古代以來，重要

經文結束時，必定要歌頌天主聖三的光榮。彌撒的「光榮頌」結束時唸

「耶穌基督，祢和聖神，同享天主聖父的光榮。」

唸日課經時，每篇聖詠以後，就唸「聖三光榮頌。」

彌撒的「感恩經」既是彌撒的中軸，非常重要，結束時，便要隆重地歌頌聖三的光榮，因此便有：

「全能的天主聖父，一切崇敬和榮耀，藉著基督，偕同基督，在基督內，並聯合聖神，都歸於祢，直到永遠。」

信友答「亞孟」。

從中古世紀時，形式主義盛行於歐洲，彌撒禮儀乃規定主祭者誦唸這段經文時，手持聖體，在聖爵上劃三個十字，又在邊緣劃一十字，再回聖爵上劃一十字，最後一手持聖體，一手持聖爵，同時舉起一下。這次舉揚聖體聖血，稱爲「小型舉揚」。

在紀元六世紀七世紀時，教宗行彌撒，沒有劃十字的禮節，教宗舉聖爵，六品執事舉聖體；乃一種正式舉揚聖體聖血禮。

現行的最新改革的彌撒禮儀，廢除了這五個十字聖號，主祭者，左手持聖體盤，右手持聖血爵，雙雙高舉。共祭彌撒，則主祭者和共祭者分捧聖盤聖爵，雙手舉起，高聲共喝或共唸：「全能的天主聖父，……直到永遠。」信友們答喝「亞孟」。聲勢隆重，似乎超過成聖體聖血後的舉揚禮。

中國古代祭祀典禮，近代祭禮典禮，常行三獻禮，每次上香，每次奏樂。彌撒也可以看爲三獻禮；一獻，獻爲行祭的餅酒，唸「奉獻經」，唱「奉獻詠」，情形愉快。二獻爲成聖體聖血後，舉揚聖體聖血，全堂肅靜，祇有鈴聲和鐘聲，信友朝拜聖體聖血。三獻爲「小型舉揚」，舉揚聖體聖血，作贖罪犧牲，光榮聖父，又將賜給信友，作爲精神糧食，氣氛歡樂。

我行祭手捧聖體聖血，高舉聖父面前，口唸「一切崇敬和榮耀」天朝神聖，宇宙間太陽雲霧，花草樹木，都同聲歌頌。祇有人世的人，慾情滿胸腔，心想自身利益，不知生命的主宰。我手舉聖體聖血，以基督的犧牲，補足人世的人的無情：「藉著基督，偕同基督，在基督內，並聯合聖神，都歸於祢，真到永遠。」

一六、天主經

1. 天主經

彌撒的聖祭段已告結束，開始領聖體段，這一段拉丁禮儀原文稱爲「共融」（Communio），領受聖體聖血人與基督共融，領聖體者彼此又共融，共融在基督的生命裡。彌撒聖祭整體爲一大共融，人間旅途教會與天朝神聖教會，和煉靈的苦痛教會，互相共融，彼此「通功」，共成基督的妙體。基督是頭，率領全體向聖父致敬。

領聖體一段彌撒，主題「領聖體，乃聖餐禮，爲逾越奧蹟，即超渡死亡而入永生。死亡是罪惡生活，永生爲基督生命，領聖體逾越罪惡的死亡，復活超渡而入基督的聖愛中。

爲領體所以有彌撒，彌撒乃是聖餐，宗徒們開始行「劈餅禮」必定是聖禮，不是像中國的祭天，祭祀以後，皇上以犧牲祭品的肉，賜給陪祭的大員，稱爲「賜胙」。祭祀爲正典，「賜胙」爲「餘典」，爲剩餘節目。「劈餅禮」是領聖體，爲能領聖體，必須先祝聖聖體，祝聖聖體是爲領聖體，領聖體爲目標，祝聖聖體爲預備典禮。但是在教會所有文獻裡，從來沒有在餐會中祝聖聖體，劈餅領出，餐會在領聖體以後。宗徒們去世了，劈餅禮後沒有餐會，形成先讀經祈禱，祝聖聖體，分送聖體。祝聖聖體，基督自獻於天父，贖人罪衍，劈餅禮的聖餐意義便次於聖祭的意義了，但是彌撒中必要有領聖體，最少主祭者領取聖體聖血，古時參與彌撒中常領聖體，後來漸漸減少，並且有的學說反對每日領聖體，甚至也反對時常領聖體。近世紀教宗庇護十世才改正這種思想，提倡兒童早領聖體，信友時常領聖體。現在最新禮儀改革以後，恢復參禮者領聖體。

最初，成聖體以後，就分送聖體，後來加添預備領聖體的經文，都是主體者私自唸。但是東方禮儀開始公唸天主經，西方禮儀隨著也唸，在紀元第四紀時，幾乎已成普遍節目，聖大額我略教宗就聲明為預備領聖體，面對聖體聖血，最適宜誦唸基督自己所教的天主經。獻祭，呈獻基督聖體聖血於天父，作贖罪犧牲，現在求聖父把犧牲祭品賜給我們：

「求祢今天賞給我們日用的日糧。」

基督曾經說明祂自己的體血，是我們的飲食，我們必要吃必要喝，以得生命。在最後晚餐，祂變餅酒為自己的體血，分給宗徒們，又囑咐他們照樣做。「劈餅禮」彌撒就是領聖體聖血，向聖父求賜已獻上的體血給我們，作我們當天的精神食糧。

主禮者朗誦或高唱天主經，信友唸唱最後一句：「但救我們免於凶惡。」現行則由全體主祭，共祭，參禮人員，全體誦唸或高唱。

我行祭時，唸或唱天主經，心中想到同天朝神聖，地面信友，陰間煉靈，一同誦唱，體驗整個受造物為一家，有一個仁慈的全能天父。閉著眼睛，一遍都是白光。

2. 除免世罪的天主羔羊

第二篇公開朗誦或歌唱的預備領聖體經，「除免世罪的天主羔羊，求祢垂憐我們！」求了聖父賞賜基督的體血，聖父樂於應允。我們走向基督跟前時，便求祂寬赦我們的罪過，三次重覆求赦，賞賜心靈平安地領取聖體。

在開始時，主祭忙著劈分祭餅，信友們乃唱「除免世罪的天主羔羊」，紀元七世紀末教宗聖瑟基烏一世規定這種節目，劈餅時間多久，這段歌詞重覆多次。「劈餅禮」消失了以後，在紀元九世紀時，便以聖三的三數乃只重覆三次，就同「上主，求祢垂憐」一樣。不過，現行的禮儀本說：可唱多次，直到聖體分完，末句求祢垂憐我們」改為「求祢賜給我們平安！」和「平安禮」連接起來。

羅瑪禮儀的原則，正式祈禱經文是呈向天父，這一篇歌詞乃算例外，直接呈向基督。因此，主祭者不唸，直到紀元十世紀以後，主祭者才唸，或同歌詠團一起唱。在預備領聖體還有一篇經，也直接呈向基督，「主耶穌基督，祢曾對宗徒們說」，是篇求教會安定團結的經；但這篇是主祭者私人唸的，原來是低音唸，現在則平音朗誦。還有主祭默唸預備領聖體的兩篇短經，也是呼求基督的經，因爲是預備領聖體。

我不唸「除免世罪的天主羔羊」，我分了祭品，合掌默唸預備領聖體經：我祈禱以純淨的心靈，迎接基督到我心內，更好說我進入基督心內。

一七、平安禮

1. 分餅

彌撒聖祭在初期稱爲「劈餅禮」；基督在最後晚餐，建立聖體聖事時，劈開餅，分給宗徒們。初期彌撒禮，信友奉獻麵包，麵包放在供桌上，奉獻禮畢，主祭或六品選擇爲聖祭應用的麵包，劈開放在祭壇上，成了聖體後，再分開送給教友。後來應用大麵餅，在分送聖體前，劈成小塊。最後爲信友領聖體，應用小型麵餅，便不用分餅了。

但彌撒中所謂分餅禮，是指主祭者在領聖體前，將所領的聖體餅，古時分成三塊，一塊滲在聖爵的聖血裡，一塊自己領了，一塊放在祭壇上，有說爲下次彌撒時滲入聖血裡，有說送給在城外聖堂行彌撒時滲入聖血裡，表示聖祭的合一。有說爲放入一大爵內，爵內倒進葡萄酒，供信友領飲，聖體使酒聖化。近代和現行彌撒禮儀，主祭劈開聖體餅爲兩塊，從一塊分一小塊滲入聖爵聖血裡，象徵聖體聖血同爲一體。現在行共祭彌撒，分開祭品給共祭者領取，這是和古代分聖體給教友，爲應實際的需要，沒有所謂象徵的意義，古代也沒有共吃同一餅的傳統，即是說參禮者和主祭者領取同一的餅，把主祭者的聖體餅分開給參禮者領取，因爲實際上太不方便，有時不可能分做那麼多小塊。但有同飲一爵的傳統。

2. 平安禮

領聖體典禮，原來是聖餐禮。猶太的逾越節聖餐，全家共食，全家得福，有似我們家中的年根飯，全家慶賀新年，充滿天倫之樂。而且基督來是爲帶給我們和平，祂又吩咐過在奉獻祭品以前，要同有怨恨的兄弟和好。在彌撒典禮領聖體以前，乃有「平安禮」，參禮者互祝平安。

「平安禮」很古，古時在「讀經禮」以後，「奉獻禮」開始時舉行，古羅瑪聖大額我略教宗以「平安禮」爲預備領體，不領聖體的人不接受「平安吻」。「平安禮」的方式，在歷代各處有所不同，教宗行彌撒，教宗先吻親聖盤，或聖爵，或祭壇，表示平安來自基督，然後雙手伸開，擁抱六品執事，臉面相親，六品再以同樣方式傳平安與參禮的一位主教，再傳給參禮的一位神父，主教與主教，神父與神父互相擁抱親面傳平安。另一方式，用一銀鏡面，裝有手柄，六品執事提向主祭者，主祭者口吻平安鏡，六品執事捧著平安鏡給參禮聖職員和信友口吻。現在教宗行彌撒的平安禮，同主教彌撒的平安禮一樣，與教宗在祭壇上共祭的共祭者，一一到教宗前，與教宗擁抱，接受教宗所給平安，彼此不互相傳遞。不在祭壇上共祭者，彼此互祝平安。

在祝平安禮以前，主祭者先唸求平安經文，在天主經裡有「求祢寬恕我們的罪過，如同我們寬恕別人一樣」。接著就唸：

「上主，求祢一切災禍中拯救我們，恩賜我們的時代得享平安。……」

『主耶穌基督，祢曾對宗徒們說：「我將平安留給你們，將我的平安賞給你們，求祢不要看我們的罪過，但看祢祢教會的信德，並按照祢的聖意，使教會安定團結。

祢是天主，永生永王。」

然後伸手向信友們說：

「願主的平安常與你們同在。」

信友們答：

「也與你的心靈同在。」

主祭或六品執事向大家說：

「請大家互祝平安！」

我們中國不習慣行擁抱禮，原先也不互習慣拉手，主教團乃規定主祭向信友一鞠躬，共祭者參禮者互相鞠躬。目前則互相拉手，互相擁抱親面，互相鞠躬都有，一片笑容笑聲。但在殯禮彌撒中，有教外人參禮，可就不適合了。

我每天行彌撒，唸到「按照祢的聖意，使教會安定團結」，必定爲大陸的教會，懇求主耶穌基督，將祂的平安，賞給大陸的教會，使大陸教會安定團結，早日結束他們所受中共的迫害，得到安定；早日使地上地下教會同歸教宗，互相團結，救宗若望保祿二世每天也行這種祈禱，希望有一天能到大陸和台灣訪問，能在北京天壇舉行彌撒，敬拜我們民族的祖先所敬拜的同一天主，幾千傳教和平的白鴿，飛遍兩岸各城市鄉村，傳教基督和平。猗歟！盛哉！

一八、領聖體

「我實實在在告訴你們：你們若不吃人子的肉，不喝他的血，在你們內便沒有生命。誰吃了我的肉，喝了我的血，必得永生；在末日我且要叫他復活。因為我的血，是眞實的食品；我的血，是眞實的飲料。誰吃了我的肉，喝了我的血，便住在我內，我也住在他內。」（若望福音　第六章第五十三—五十六節）

「他們正吃（逾越節晚餐）的時候，耶穌拿起餅來，祝福了，擘開，遞給他們說『你們拿去吃罷！這就是我的身體（將爲你們而犧牲）』又拿起杯來，祝謝了，遞給他們，他們從杯中喝了，耶穌對他們說：這是我的血，新約的血，為大眾流出來的。」（馬爾谷福音　第十四章第二十二節）

彌撒聖祭，原來是爲給信友們領耶穌的體血。宗徒們開始舉行，稱爲「劈餅禮」，在場參加的人都領。過後一兩世紀有了在救難背主的信友，成爲公開懺悔的人，他們被禁止領聖體聖血，當時信友領聖體，可以多領而帶往家中供著，每天領取，或帶著出外旅行，當時祇在主日舉行彌撒。古羅瑪皇公斯當定領洗以後，羅瑪帝國成千成萬的人也領洗進教。古羅瑪帝國滅亡了，蠻族入侵，建立新的王國，蠻王領洗，蠻王的族群跟著一批一批地進教領洗。這些先後團體進教的信友，少懂教義，彌撒時不知道領聖體，舉行彌撒時，信友領聖體者逐漸減少。那時東羅瑪國內又興起異端邪說，主張耶穌或祇有天主性而無人性，或祇有人性而無天主性，這些邪說雖被教會禁絕，然而在教會裡影響了信友對聖體的信仰和熱情。中古以後，神學哲學興盛，講述天主的尊嚴。近代「楊森主義」更強迫天主的尊嚴可畏，信友不敢接近，雖然同時也興起了對聖心的敬禮，宣揚基督的愛，但是領聖體者仍舊不多。最近改革禮儀乃恢復參禮者都領聖體的古代傳統。當然在領聖體前，每人都默誦懺悔經文，潔淨心靈。

在開始時，信友站在各人參禮的地方，主祭者或六品執事捧聖體分給每人，每人伸手接納。後來，改爲信友成行往祭壇前領取，然總不接近祭壇，或由兩輔祭，拉一條長布，信友在布前領取，或在祭壇前建有欄杆，在欄杆前領取，先時，信友站著；後來，信友跪著領取。紀元九世紀時，信友不伸手接，開口伸舌領取聖體，近世紀，還要手捧小盤，防聖體掉地。目前各處又恢復用手接受聖體，但也不廢除開口伸舌頭領取。

在開始時，信友也領聖血，而且希望從同一聖爵。古時乃用一金銀小管，從爵中吸取。但信友既多，無法都飲一爵中聖血，乃另用一大爵，灌滿葡萄酒，這爵葡萄酒沒有祝聖爲聖血，祇在爵中倒半杯聖血，或在爵中放一塊聖體，遞與信友喝；後來改用聖體沾聖血，最後取消了信友領聖血的節目，因爲實際上常有許多不便。目前，共祭者必須領聖血，祝聖聖血時，用多數聖爵盛聖血，共祭者或喝，或沾，信友也可以領聖血，或喝或沾。我在梵蒂岡第二屆大公會議，教宗保祿六世破天荒第一次舉行共祭，我被邀在祭壇共祭，領聖血時，司儀給每位共祭者特製的小銀匙，用匙從爵中取小許聖血吸飲。銀匙上刻有月日，留與每位恭祭者作紀念，我把這小銀匙保存在輔仁大學天主教文物館。以後教宗共祭再沒有小銀匙；由小銀管從教宗聖爵中吸領聖血，我曾有經驗。

古時，信友祇在彌撒中領聖體，領彌撒中所祝聖，彌撒外不能領，病患者則准領。中世紀漸漸有彌撒外給信友送聖體，後來形成了普遍的習慣。現在最新的禮儀改革後，大家又高興領彌撒祝聖的聖體，但不是一項規矩。

我行彌撒，分開聖體爲兩半，又分一小片滲入聖血後，低著頭，合掌誦唸：

「主耶穌基督，永生天主之子，祢遵照聖父的旨意，在聖神合作下，藉祢的死亡，使世界獲得生命；因祢的聖體聖血，求祢救我脫免一切罪惡和災禍，使我常遵守祢的誡命，永不離開祢。」

「主耶穌基督，願我領受了祢的聖體聖血，因祢的仁慈，身心獲得保障和治療，而不受到裁判和處置。」

「請看，天主的羔羊；請看，除免世事者。蒙召來赴聖宴的人，是有福的。」

隆重地我向大家宣示，大家所要領取的，乃是除免世罪的天主羔羊，是天主聖子，祂來給人生命，信友們回答：

「主，我當不起祢到我心裡來，只要祢說一句話，我的靈魂就會痊癒。」

以往，信友重覆三次這篇經，同時搥胸悔罪。福音記載一位羅瑪軍官說了這段話，耶穌基督很讚美他的信德。聖教會要信友們唸這篇經，迎接基督，非常適合。

我領了聖體聖血，馬上給信友送聖體。

彌撒聖祭爲一愛的聖事，天主耶穌，我們的造主和救主，將自己在祭壇作了犧牲，奉獻於聖父，一切宗教和榮耀都歸於父。又將自己的體血賜給我們，降到我們心中，跟我們合成一體，我們領聖體的人彼此在耶穌內又互相結成一體。聖教會稱領聖體爲「相融」（Communio），乃愛心的嘉菓。

一九、領聖體後經

分送了聖體，我回到祭壇上，將聖盤上的屑碎，用聖布刷入聖爵中，倒水到聖爵內，喝乾水，再用聖布擦淨。以往，口中要念兩篇短經。

「口中所領受了，心靈也接受，從暫時的禮物，成為永恒的良藥。」

「我所領的聖體，我所領聖血，存在我胸臟內，使我內身既因聖事而革新，再不存絲毫罪污。」

現在禮儀書上已經沒有這兩篇短經，我私人仍舊默誦，在清潔盤爵時，心不散亂，聖盤聖爵聖布安置好了，我到主祭坐位上靜坐。

古代，分送聖體後，有多餘的聖體餅，或者焚燒，或者主祭者自己飯了，祇留下少許爲病人用。在朝聖地則存留聖體爲朝聖者領，因爲不一定有彌撒。後來，彌撒以外，也送聖體，便存留多餘聖體餅在聖櫃內，也供大家朝拜。

在羅瑪在教宗私人小聖堂，我和教宗若望保祿二世，四次共祭彌撒，看見教宗送了聖體後，坐在座位上，俯首靜默，我想他對基督要說的話必定很多。每天來的人和國務院所送的消息，都是關於全教會的事。教會是基督的教會，教宗是代祂管理，每早遇到基督，教宗還不是要把一切憂慮和希望都報告給基督嗎？

我們每個人領了聖體，也要將我們的生活報告給基督。當匝格福肥倭胖子，接耶穌進了家，立刻當眾聲明，從此改善生活，補償以往過失。耶穌說：「救恩今天進了這一家」。當馬爾大和瑪利亞姊妹款待耶穌時，瑪利亞坐在耶穌跟前，傾聽耶穌的談話，耶穌說：「瑪利亞選擇了最好的一份，誰也不能從她手中奪去。」我們領耶穌到心中，就要同匝格福向耶穌說明要改過，又要同瑪利亞傾聽耶穌教訓，我們真的「蒙召來赴聖宴的人是有福的」因爲救恩來到了心中。

當我領聖體時，信友唸「領主詠」。「領主詠」和「答唱詠」相同，是開始唱聖詠的獨唱經，信友答唱，當我送聖體時，歌詠團唱聖詠，送完聖體，信友唱感恩歌，感謝耶穌，但信友應有一片刻的靜默，每人靜對心中的基督，講自己要講的話。那有不知意講什麼或沒有話可講的人！對著自己生命的根源，生活的主人，怎能沓然無知！這一刻，是祈禱最適當的一刻。

彌撒禮儀在靜默片刻謝領聖體後，我回祭壇，誦唸：「領聖體後經。」

「領聖體後經」，爲彌撒中三篇公共祈禱經，來源很古，即「集禱經」，「獻禮經」，「領聖體後經」，這篇經是爲感謝領聖體的經，每天彌撒中所唸都不同，但有一個公共的格式：求天主聖父，因著所紀念的奧跡或所紀念的聖人的代禱，賜給我們聖體聖事的實效。

「上主，我們歡欣熱情地慶祝了祢聖子的誕辰，求祢加強我們的信心，以領悟這奧跡的眞義；並賜給我們熱誠的愛心，以實踐這慶節啓示我們的教訓。」（聖誕黎明彌撒）

「上主，我們飽饗了同一的天降神糧，求將祢的聖愛之神傾注在我們心中，使我們藉祢的愛能心心相印，精誠團結。」（常年期第二主日彌撒）

「上主，我們恭領了天上之糧，懇切求祢，使我們在教會中，常能遵循二位宗徒的訓施，虔誠地舉行這分餅聖事，並賴祢慈愛的照顧，使我們精誠團結，一心一德。」（聖伯譯聖保祿慶節彌撒）

「上主，我們已領受了長生不死之糧，求祢使我們以服從宇宙之王，基督的命令為榮，日後在天國也能與祂共度永生。」（耶穌吾王慶節彌撒）

聖體乃天降神糧，養育我們，形成一心一德的神聖大家庭，日後在天鄉永遠生活。

二〇、彌撒禮成

1. 降福

「以後，亞朗向人民舉起手來，祝福了他們。當他獻完了贖罪祭及和平祭以後，就由祭壇上下來。以後，梅瑟和亞朗走進了會幕，二人出來，祝福百姓時，上主的榮耀現給全體百姓；由上主前出來了火，呑噬了祭壇上的全燔祭品和脂肪。全體百姓見了，齊聲歡呼，俯伏在地。」（肋未紀第九章第二二—二四節）

猶太古教，司祭進殿獻香以後，出來，祝福百姓。若翰的父親匝加利亞進聖所獻香，天使報告他將生一兒子若翰，他沒有信，天使罰他成啞吧。他從聖所出來，不能說祝福的話，祇能打手勢。

猶太的逾越節晚餐，完結時，家長向全家唸祝福的經文。基督在最後吃餐，結束時唸了一篇很長的祝禱文。

宗徒們舉行「劈餅禮」，禮畢，便也降福參禮信友。在羅瑪開始祇有教宗主日行彌撒，在別的地區也祇有主教主日行祭，祭畢便都降福信眾。後來教友多，各地本堂神父行彌撒聖祭，祭畢也有祝福禮。有些禮儀家說這種祝福是來自旬嚴肅期彌撒，有一篇祝福守齋懺福的人，後來變爲祝福大家的經文。

歷代彌撒結束時祝福的方式和祝福的文字，都不一貫。近代羅瑪拉丁禮儀的祝福詞很簡單：

「願全能的天主，聖父，聖子，聖神，降福你們」。

主祭者，右手高舉劃一十字。主教則向左右中三方各劃一十字。最新改革的彌撒禮儀本，列有多篇祝福經文，有季節降福經文，有聖人聖女慶節降福經文，有其他祝福經文，即結婚喜事彌撒和追思亡者彌撒的降福文。這些祝福經文都是求天主從彌撒所紀念的奧跡，賜給信友相應的恩寵。普通常是三段，求聖父聖子聖神祝福，最後則是平日常用於祝福經文。例如聖母節福福經文：

「天主使救主基督由童貞瑪利亞誕生，救贖了整個人類，願祂以豐厚恩寵降福你們。亞孟。」

「你們透過聖母瑪利亞領受了生命之主—耶穌基督，願你們時時處處體驗到祂的護祐。亞孟。」

「願今天懷著熱情來參與她慶典的人，能滿載聖神的喜樂，和天上的恩寵而歸。亞孟。」

「願全能的天主，聖父，聖子，聖神，降福你們。」

信友輩懷著天主的降福，心靈平安喜樂，回到自己家。

2. 彌撒禮成

目前，社會各種典禮，典禮完成後，司儀員向大家報告：「禮成」。大家離開會場。彌撒完結了，主祭行了降福禮，六品執事或主祭者向信友說：「彌撒禮成。」拉丁原文是說：「你們散席，禮成。」（Ite Missa est）「彌撒」這個名字，原來是一個動字，即是動作，動作完了Missa est，後來這句話，竟成了聖祭的代名詞，彌撒聖祭，簡單就說行彌撒。

教會禮成了，信友答說「感謝天主」我俯身口吻祭壇，和祭壇告別。從神世界，再走入塵世界；從奧跡的象徵世界，再走入日常事件世界。脫下了祭服，我跪著唸「感恩頌」和「三聖童的讚美歌」，求天主耶穌使我不要忘記彌撒祭禮，而要在一天生活裡與祂同在，繼續彌撒的愛心和犧牲精神。